Theater

Hans Peter Doll/Günther Erken

Theater

Eine illustrierte Geschichte des Schauspiels

Belser Verlag

STUTTGART
ZÜRICH

CIP-Kurztitelaufnahme der Deutschen Bibliothek

Doll, Hans Peter:
Theater: e. ill. Geschichte d. Schauspiels /
Hans Peter Doll; Günther Erken. – Stuttgart;
Zürich: Belser, 1985
ISBN 3-7630-9032-0
NE: Erken, Günther:

© 1985 by Belser AG für Verlagsgeschäfte und Co. KG,
Stuttgart und Zürich
Alle Rechte vorbehalten
Satz: Utesch Satztechnik GmbH, Hamburg
Reproduktion: Gerd Preiss, Gerlingen,
Druck: Franz W. Wesel, Baden-Baden
Binden: C. Fikentscher, Darmstadt
Printed in Germany
ISBN 3-7630-9032-0

Inhalt

Für Peggy

Vorwort

Wie Theater funktioniert, welche Betriebsabläufe hinter einer Aufführung stehen und wie dieses ganze System entstanden ist, danach sind die beiden Autoren dieses Buches oft gefragt worden, der Intendant, seit er als Dramaturg, der Dramaturg, seit er als Theaterwissenschaftler begann. Schüler und Studenten, Freunde und kritische Beobachter des Theaters wollten Genaueres darüber wissen, und zwar aus den unterschiedlichsten Gründen. Die einen interessierte, warum der Apparat so „schwerfällig" sei und so viel koste, andere, wie es komme, daß sich ein Stück auf dem Weg vom Buch zur Bühne so „verändere". Wieder anderen ging es darum, Theaterarbeit zu entzaubern und der unnötigen Geheimnisse zu berauben, um ihre gesellschaftlichen Zusammenhänge besser zu erkennen. Die meisten aber wollten durch einen Blick hinter die Kulissen ihre Faszination davor steigern, genießt man doch den schönen Schein um so mehr, je mehr man seine Herstellung durchschaut, freut sich an der Leistung um so mehr, je genauer man die darin gemeisterte Schwierigkeit kennt.

Hans Peter Doll hat vor 30 Jahren begonnen, seine Auskünfte über die Struktur und Arbeitsweise des Theaters zu systematisieren, in Form eines Lichtbildervortrages, der seitdem unzählige Male gehalten und ebenso oft überarbeitet worden ist. Schon immer sollte ein Buch daraus werden. Schließlich fand sich ein Verlag, der es ernst damit meinte, und zugleich in Günther Erken ein Mitarbeiter, den es reizte, die Geschichte des europäischen Schauspiels als Vorgeschichte unseres heutigen Systems darzustellen, als einen Fundus, aus dem immer noch zu schöpfen ist.

So ist eine Einführung entstanden, die, anschließend an ein ebenfalls im Belser Verlag erschienenes Werk über Tanz und Ballett, auf historischer Grundlage deutlich macht, was Theaterarbeit heute konkret heißt. Wie man dazu kommt, wird ebenfalls kurz erläutert. Ein kleines Lexikon klärt Fachbegriffe, vor allem der Theatertechnik, Dramaturgie und Spielpraxis.

Die Autoren haben zu danken: dem Technischen Direktor Helmut Großer und dem Syndikus des Deutschen Bühnenvereins, Rechtsanwalt Ulrich-Jörg Bofinger, für wertvolle Hilfe beim Lexikon, Herrn Hans Rühl für seine aktuelle Bildfolge aus einer Produktion der Württembergischen Staatstheater Stuttgart und für die Fotos im Lexikon, dem Theatermuseum der Universität zu Köln, besonders Frau Dr. Roswitha Flatz und Herrn Helmut Grosse, für die Bereitstellung fast aller Bildvorlagen zur Theatergeschichte, von denen weit über ein Drittel hier zum erstenmal veröffentlicht wird, ferner für fachlichen Rat den Herren Martin Ankermann, Hermann Beil, Professor Dietrich Haugk, Professor Jakob Jenisch, Dr. Hellmuth Matiasek, Professor Dr. Felix Müller und Professor Dr. Hans-Joachim Newiger, und für die Überlassung von Fotos den Herren Joseph Gallus Rittenberg und Werner Schloske und Frau Abisag Tüllmann.

Erwin Piscator hat gesagt: „Ein Buch über das Theater kann nicht so unterhaltsam sein wie das Theater selbst." Das ist sicher richtig. Unsere Texte und Bilder wollen über Theaterarbeit informieren und gleichzeitig auf das Unterhaltende im Theater neugierig machen.

Hans Peter Doll
Günther Erken

Geschichte des Schauspiels in Europa

Das Theater der Antike

Unsere Theatertradition beginnt im 5. Jahrhundert v. Chr. in Athen. Hier kommen erstmals die wesentlichen Faktoren zusammen, die „Theater" als die gesellschaftliche Einrichtung begründen, als die wir es heute verstehen. Das Theater, das damals entstand, hat für unseren Kulturkreis gleichsam definitorische Bedeutung. Es unterscheidet sich von früheren theaterähnlichen Erscheinungen in Ägypten, dem alten Orient, Kreta und den fernöstlichen Theateransätzen in Indien oder China durch eine vollausgebildete und ihrer selbst bewußte Form, die es besonders überlieferungsfähig gemacht hat. Es ist also mehr als nur eine historisch konkrete Ausprägung der tänzerischen, mimischen oder dialogisch-dramatischen Urelemente, die wir bei allen Völkern in ihren Beschwörungsriten, Kulten und Huldigungsbräuchen, ihren Maskenspielen und Verwandlungszeremonien finden. Es ist ein Theater, das zwar noch in einem kultischen Rahmen steht, aber zugleich politische und künstlerische Geltung beansprucht, das Öffentlichkeit stiftet und der geistigen Auseinandersetzung dient, ein Theater, in dem sich ein Gemeinwesen seiner Lebensgrundlagen vergewissert, ein Theater schließlich auf dem Weg vom Laienspiel zur berufsmäßigen Perfektion.

Die Nachwelt sah in ihm eher ein Vorbild als eine Vorstufe, und so wurde es der Pate vieler Renaissancen und Erneuerungen in der europäischen Theatergeschichte. Einmal bewiesene Möglichkeiten und einmal gesetzte Maßstäbe erledigen sich ja nicht durch den historischen Wandel. Sie wachsen einem Erbe zu, das in jeder Zeit neu zu sichten und zu nutzen ist. Etwas dergleichen soll auch in dieser Darstellung versucht werden. Dabei geht es weniger darum, eine Entwicklung in möglichst vielen Einzelstationen zu beschreiben, als darum, jene Modellfälle von Theater herauszustellen, auf die man sich oft und oft berufen hat und die noch heute Impulse geben. Bei allem unmittelbaren Interesse daran, was das vergangene für das gegenwärtige Theater bedeuten könne, gilt es freilich auch, die zeitliche Ferne und geschichtliche Fremdheit nicht zu überspielen, sondern als kostbarstes Ferment der Tradition zu begreifen, denn sie lehrt uns umgekehrt, die Gegenwart historisch zu sehen. Was unsere Erfahrung von Theater verfremdet, macht uns offener für seine Veränderung.

Das antike Theater war eine Schöpfung der Polis, jenes verfassungsstaatlichen Gemeinwesens, das die Königs- und Adelsherrschaften der Alten Welt ablöste. Das erste abendländische Theater entstand zugleich mit der ersten Demokratie der Weltgeschichte. Daß auch sogenannte „Tyrannen" an seiner Wiege standen, Periander in Korinth, Kleisthenes in Sikyon, Peisistratos in Athen, widerspricht dem nicht, waren doch gerade sie, wenn auch ungewollt, Geburtshelfer der neuen politischen Lebensform. Erweiterte die demokratische Polis den Handlungsspielraum ihrer Bürger und machte Politik zu ihrer zentralen Beschäftigung, so mußte auch das Theater ein Organ des Politischen sein, mußte teilnehmen an dem öffentlichen Disput der Polis-Probleme, ihre Wertorientierungen prüfen und fördern.

Unsere Vorstellung vom antiken griechischen Theater ist stark bestimmt vom besterhaltenen Theaterbau, dem von Epidauros. Er wurde schon im Altertum wegen seiner Harmonie gerühmt. In vollkommener Kreisform schmiegt sich der Zuschauerraum, das „Theatron", in die Mulde des Hangs und umschließt, über die Hälfte hinaus, den Tanz- und Spielplatz des Chors, die „Orchestra". Ein Markierungsstein (kein Altar) auf der festgestampften Erde betont die Zentrierung: das Spiel vollzieht sich „inmitten" einer teilnehmenden Gemeinde. Rechts sind die Grundmauern des Bühnengebäudes, der „Skene", und des vorgelagerten „Proskenion" zu sehen. Mit diesen Merkmalen ist das Theater zwar ein rein griechisches ohne römische Zutaten, aber es stellt, wohl kurz nach 300 v. Chr. erbaut, einen späten, bereits hellenistischen Typ dar. Die Bühne, für die Aischylos, Sophokles, Euripides und Aristophanes geschrieben haben, sah etwas anders aus und war noch nicht aus Stein.

Das „Kurtheater" des weltberühmten Heilbades Epidauros faßte nach der Erweiterung um den oberen Rang (2. Hälfte des 2. Jahrhunderts v. Chr.) etwa 14000 Zuschauer. Bei der Ausgrabung 1881 wurde das westliche Eingangstor wieder errichtet. Seit 1954 gibt es hier wieder Festspiele. Die verfallenen Flügel des Theatron wurden zu diesem Zwecke restauriert.

12

Sofern Demokratie auf Dialog und Dialektik beruht, hat sie in Theater einen unentbehrlichen Austragungsort. Der erste Schauplatz theatralischer Darstellung war im Athen des 6. vorchristlichen Jahrhunderts denn auch die Agora, der Markt und zugleich das politische und religiöse Zentrum der Polis.

So sehr die Institution Theater der Volksversammlung nahekam, so fest blieb sie andererseits dem Kult verbunden. Politik und Religion waren ja keine Gegensätze. Es waren sozialpolitische Beweggründe, aus denen heraus Peisistratos einen speziellen Kult neu organisierte: den des Dionysos. Dieser Gott gehörte nicht zu den altetablierten wie etwa Zeus, Demeter, Poseidon und Apollo; sein Kult hatte sich erst spät in Griechenland verbreitet, und dies vor allem bei den niederen Volksschichten, auf die sich der Tyrann stützte. Was ursprünglich ein agrarischer Kult gewesen war, wurde nun verstädtert, das Rauschhafte, die Ekstase des Tanzens und Ausschwärmens gezähmt. Der junge Kult schien noch flexibel genug für die Aufnahme neuer Elemente. Daß er dem Gott der Verwandlung galt, mag die Anbindung des Theaters begünstigt haben. Jedenfalls führte Peisistratos um das Jahr 533 v. Chr. in die Städtischen oder Großen Dionysien – es gab in Athen noch andere Staatsfeste zu Ehren des Dionysos – den Tragödienwettkampf ein. Der legendäre Thespis gewann dabei den ersten Preis.

Wir stoßen hier neben dem politischen und kultischen auf ein drittes Moment des frühen antiken Theaters, das für die ganze griechische Welt typisch war: den Agon (Wettstreit). Wie die olympischen Spiele, so beruhten auch die Athener dramatischen Festspiele auf dem agonalen Prinzip. Drei Dichter und Produktionsgruppen traten bei den Großen Dionysien mit jeweils drei Tragödien und einem Satyrspiel (anfangs häufig Tetralogien) gegeneinander an, seit 486 v. Chr. bewarben sich außerdem fünf Autoren mit einer Komödie um Preise, die eine Jury vergab. So war das Theater in dreifacher Hinsicht ein Gemeinschaftserlebnis, im religiösen

Das Theatron und die Orchestra der klassischen Zeit mußten nicht kreisrund und symmetrisch sein. Der Grundriß des vielleicht ältesten griechischen Steintheaters (Mitte des 5. Jahrhunderts v. Chr. mit Spuren einer Anlage sogar vor 500) in der altattischen Bergbau- und Hafenstadt Thorikos nördlich von Sounion gilt der neuesten Forschung nicht mehr als Ausnahme sondern als Regel.

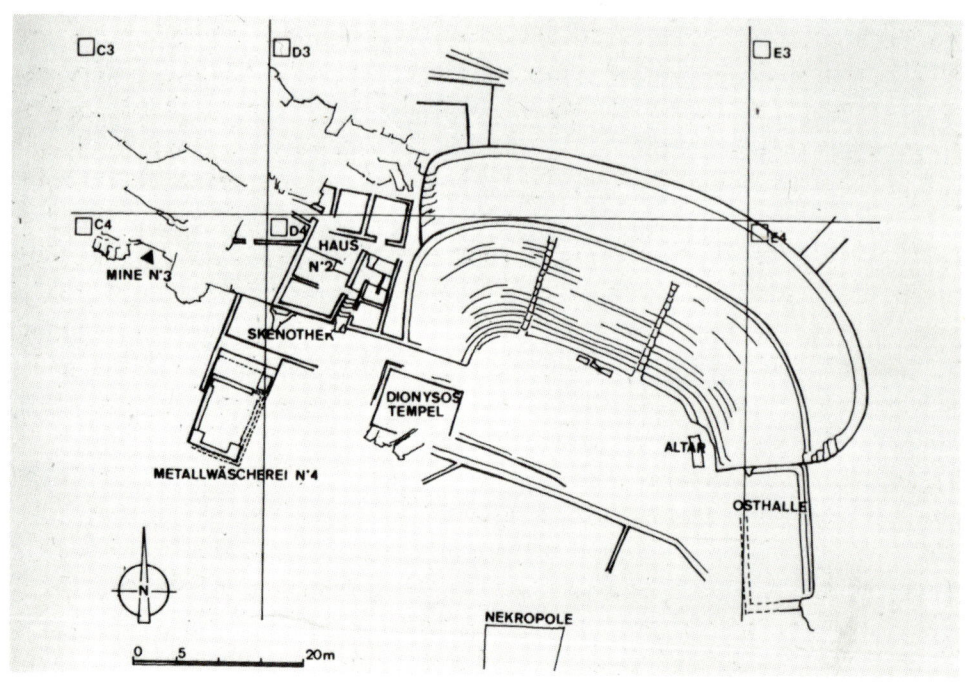

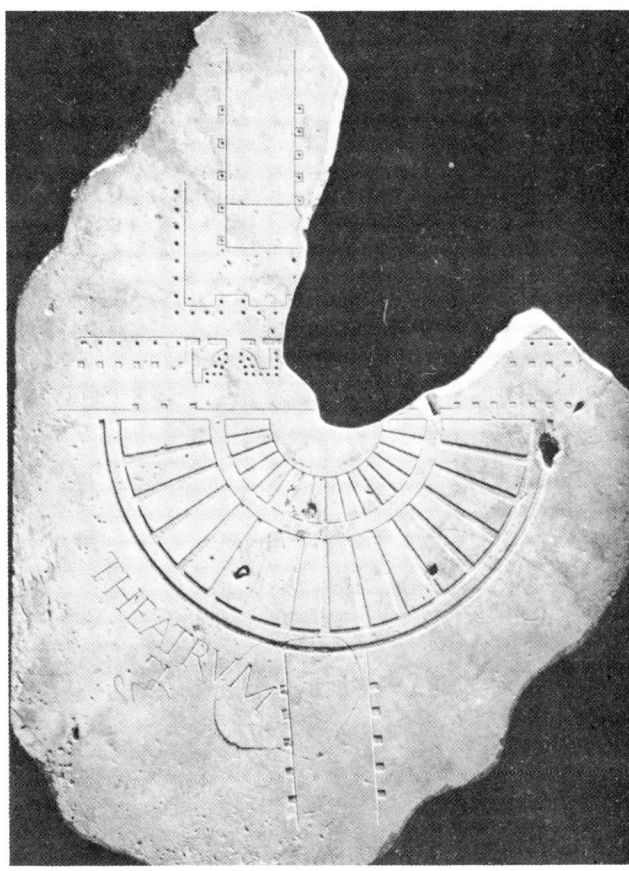

Im Unterschied zum griechischen Theater ist das römische ein freistehendes Gebäude, das Zuschauerhalbkreis (Cavea) und Bühnenhaus (Scaena) zu einem mehrstöckigen Baukörper zusammenschließt. Statt in der Orchestra wird nun auf dem „Proscaenium" gespielt, vor einer monumentalen Bühnenwand mit Bogennischen, Türen, Säulen und Giebeln. Publikum und Spieler treten einander frontal gegenüber.

Auf dem Plan des ersten, von Pompejus 55–52 v. Chr. erbauten Steintheaters in Rom sind der Venustempel auf der Höhe der Cavea und der Kolonnadenplatz als „Foyer" hinter dem Theater zu erkennen.

Vollzug, in der politischen Selbstdarstellung und Rechenschaft, im Appell an ein musisches Urteil. Es war kultische Handlung, staatliche Feier und künstlerische Leistungsschau in einem.

Seinen Ursprung und Kern hatte es im Chor, nach dem die Stücke oft auch benannt sind. Er agierte im Zentrum, auf der Orchestra (was Tanz-platz heißt) und war gegenwärtig, solange das Spiel dauerte. Nach Aristo-teles ist die Tragödie aus dem chorischen Kultlied für Dionysos, dem Dithyrambos, entstanden, und es war Thespis, der diesem Chor zum erstenmal einen „Antworter" oder „Ausleger" gegenüberstellte, jedenfalls einen dramatischen Sprecher, nicht oratorischen Vorsänger. Damit gab es die Rolle des Protagonisten, auch sie eine Schöpfung aus agonalem Geist. Aischylos entwickelte die Konfiguration weiter und führte den zweiten Schauspieler ein, Sophokles den dritten, welche Errungenschaft wiederum Aischylos in seinen letzten Werken übernahm. Bei dieser Zahl blieb es. Die Erweiterung des Personals vergrößerte das Gewicht der Handelnden gegenüber dem primär reflektierenden Chor und machte den Ablauf beweglicher. Denn nun konnten die jeweils abgegangenen Schauspieler sich umkleiden und neue Rollen übernehmen oder die alten weiterführen, gelegentlich sogar die ihrer Kollegen.

Thematisch hatten die Tragödien schon im 5. Jahrhundert v. Chr. nur ausnahmsweise noch etwas mit Dionysos zu tun. Zur Zeit der Perserkriege befaßten sie sich vereinzelt mit diesem aktuellsten Stoff – *Die Perser* des Aischylos ist das letzte Zeitstück und zugleich das erste erhaltene Drama (472) –, ansonsten aber mit mythologischen Helden- und Göttergeschich-ten, die als historische galten. Sie waren allbekannt, sollten aber neu gedeutet und auf die Gegenwart bezogen werden. So stellt Aischylos in den *Eumeniden*, dem Schlußteil seiner *Orestie* (458), im mythologischen Gewand nichts Geringeres als die Geburt der Polis dar. Wenn er die Göttin Athene ein öffentliches Gericht, den Areopag, einsetzen läßt, das über den Fall des Muttermörders Orest entscheidet, so behandelt er damit einen Rechtswandel, der Stammesbrauch durch Staatsdenken ersetzt. Das war von besonderer Aktualität, weil vier Jahre zuvor die radikalen Demokraten eben diesen Areopag entmachtet hatten. Wenn am Ende die Rachegeister, die Erinyen, umgestimmt werden zu hilfreichen Stadtgottheiten, den Eumeniden, und Athene ihren Kult stiftet, so wiederholt auch das nicht einfach einen Mythos, sondern zeigt, wie er entstanden ist, historisiert eine geltende Norm.

Eng verbunden mit der Tragödie durch den gleichen Entstehungsumkreis und die selben Autoren war das heitere Satyrspiel, im Dramen-Agon das Nachspiel zu den drei Tragödien, aber nicht deren Parodie. Hier gerieten die Helden und Götter an den Chor der Satyrn mit ihren Pferdeohren und -schwänzen und dem übergroßen Lederphallos. Diese etwas lächerlichen Begleiter des Dionysos waren der einzige (ironische?) Bezug des Theaters auf die Verehrung des Gottes. Gegen Ende des 5. Jahrhunderts erschöpfte sich die Gattung, von der nur ein einziges Stück vollständig erhalten ist, der *Zyklop* des Euripides. Schon 438 konnte Euripides seine *Alkestis* an die Stelle des Satyrspiels setzen, die freilich mit dem trunkenen Herakles noch an das Genre erinnert. Im Hellenismus war das Satyrspiel wieder beliebt, die Römer haben es nicht übernommen.

Die Komödie hatte andere Verfasser und eine andere Vorgeschichte. Sie kam von Fruchtbarkeitsriten her und behielt lange den Phallos im männlichen Kostüm bei. Die Figuren waren an Bauch und Gesäß grotesk ausgestopft. Obwohl möglicherweise die ältere Gattung, ist uns die Komödie erst ein halbes Jahrhundert nach der ersten Tragödie literarisch überliefert, in der hochentwickelten Form des Aristophanes (seit 425), aber immer noch von unbändiger Vitalität. Hier tritt bei allem Überschwang an Witz und Laune das zeitgenössische Alltagsleben deutlich in Erscheinung, werden politische Mißstände beim Namen genannt, spricht sich die Friedenssehnsucht vieler Bürger im Peloponnesischen Krieg aus. Scharfe Satire und eine Fülle von Anspielungen kennzeichnen den unmittelbaren konkreten Publikumskontakt. In einem festgelegten Formabschnitt, der Parabase, nahm sich der Chor sogar die Freiheit, völlig aus der Handlungsfiktion auszubrechen und die Zuschauer direkt anzusprechen. Das populäre Genre konnte sich auch literaturkritische Ausfälle gegen die Tragödie leisten – besonders Euripides wurde von Aristophanes mit Hohn und Spott verfolgt –, wobei die vielen Zitate zeigen, wie geläufig die Werke auch jener Gattung waren.

Leider kennen wir heute nur noch einen winzigen Bruchteil der antiken Dramen. Allein aus dem 5. Jahrhundert v. Chr. wissen wir die Namen von 46 Tragikern und die Titel von über 600 Tragödien (aufgeführt wurden wohl doppelt so viele); Satyrspiele und Komödien machen zusammen sicher ebensoviel aus. Erhalten haben sich von all den Stücken jedoch nur 7 des Aischylos (von etwa 90), 7 des Sophokles (von über 120), 18 des Euripides (von 88) und 11 des Aristophanes (von 44). Dazu kommen aus der späteren, quantitativ steigenden Produktion in Griechenland nur noch eine Komödie (und mehrere Fragmente) des Menander (von über 100) und eine Tragödie, die ihre Überlieferung der (falschen) Zuweisung zum Werk des

Euripides verdankt. Mit dem römischen Drama steht es noch schlechter. An Komödien besitzen wir nur 20 des Plautus und 6 des Terenz, an Tragödien nur die 10 unter dem Namen des Seneca bewahrten mit ihrem fraglichen Theaterbezug.

Was an Texten auf uns gekommen ist, hat allerdings nicht nur der Zufall bestimmt, sondern auch die frühe Vorbildwirkung gerade dieser Autoren. So wurden zum Beispiel von allen Stücken der drei großen Tragiker schon um 330 v. Chr. im Athener Staatsarchiv Musterabschriften hinterlegt, die ihren authentischen Wortlaut vor den Eingriffen der Theaterleute sichern und für künftige Aufführungen verbindlich machen sollten. Zwei Generationen später begann die hellenistische Literaturwissenschaft im ägyptischen Alexandria sich ihrer anzunehmen. Es entstanden kommentierte kritische Gesamtausgaben. Im Wechselspiel von Auswahl und Kanonisierung für den Schulgebrauch schrumpfte dieser Bestand dann aber mehr und mehr zusammen. Er verringerte sich ein weiteres Mal in den byzantinischen Abschriften des Frühmittelalters, die zumeist im 15. Jahrhundert nach Italien gelangten, wo man die übriggebliebenen Stücke kurz nach 1500 druckte. Von den früh ausgemusterten kam später noch einiges durch ägyptische Papyrusfunde ans Licht.

Das literarisch so kostbar Gewordene war ursprünglich für eine einzige vergängliche Theatervorstellung geschrieben. Im Dionysostheater von Athen gab es über ein Jahrhundert lang nur Uraufführungen; Wiederaufführungen sind erst ab 386 v. Chr. bezeugt. Nur für Aischylos beschloß die Volksversammlung nach seinem Tod eine Ausnahme. Die Dichter waren zugleich ihre Regisseure und anfangs auch Schauspieler. Ansonsten war die Theaterarbeit bereits vielfach aufgeteilt und komplex organisiert. Verantwortlich für die Städtischen Dionysien war der höchste Staatsbeamte, der auf ein Jahr gewählte Archon Eponymos. Er wählte die Autoren aus, bestellte für jeden einen Produzenten (Choregen) und verpflichtete und bezahlte die Hauptdarsteller. Als Choregen kamen nur Bürger in Frage, die reich genug waren, einen Chor von 12, später 15 Männern in der Tragödie bzw. 24 in der Komödie, die Musiker, allenfalls auch Nebenchöre, Statisten und technische Helfer zu honorieren und zu verköstigen und für die gesamte Ausstattung und geeignete Probenräume aufzukommen. Es war für die Wohlhabenden eine Art ehrenvoller Besteuerung, die politisch Ehrgeizige gerne wahrnahmen, um sich zu profilieren; Themistokles, Perikles, Alkibiades sind als Choregen aktiv gewesen. Erst Mitte des 4. Jahrhunderts v. Chr. mußten die Produzenten zwangsverpflichtet werden, bis schließlich (seit etwa 315) die Staatskasse einsprang. Der „Intendant" trat auf den Plan.

Wie liefen die Dionysien ab? Bevor die Feiertage Ende März begannen, wurden die Beteiligten öffentlich vorgestellt und das Kultbild des Dionysos aus einem Tempel außerhalb der Stadt ins Theaterareal eingeholt. Den ersten Tag eröffnete die Opferprozession der festlich gekleideten Bürgerschaft. Im Theater folgten politische Erklärungen und Ehrungen und der Dithyramben-Wettkampf der Männer- und Knabenchöre aus den zehn attischen Bezirken. Am zweiten Tag wurden, nach dem Opfer und der Berufung der Preisrichter, die fünf Komödien aufgeführt. Die nächsten drei Tage gehörten jeweils einem Dichter mit vier Inszenierungen; Chöre und Schauspieler hatten also vier Stücke hintereinander zu bewältigen. Nach der Bekanntgabe der Sieger, die in Listen („Didaskalien") protokol-

Die griechischen und römischen Schauspieler trugen Masken, die zusammen mit der Perücke den ganzen Kopf bedeckten. Hatte ein Tragöde den Schauspielerpreis errungen, so widmete er die Maske dem Dionysos und ließ sie als Weihgeschenk aufstellen. Ein Vorgang dieser Art ist hier dargestellt; das kniende Mädchen schreibt offenbar gerade die Siegesinschrift. Die Maske gehört einem späten Typus an, der vom Hellenismus bis in die römische Kaiserzeit gebräuchlich war. Ihr starrer Schreckensausdruck mit weitgeöffnetem Mundloch, verschatteten Augen und hohem bogenförmigem Haaraufsatz war auf Fernwirkung bedacht. Das Wandgemälde stammt aus der 79 n. Chr. verschütteten Vesuvstadt Herculaneum und ist vermutlich die Kopie eines hellenistischen Originals um 300 v. Chr.

liert wurden, fand noch eine Volksversammlung statt, bei der man die Veranstaltungen kritisch besprach.

Es war also ein Theaterfest mit großer Volksbeteiligung, innerer und äußerer. Allerdings muß der Begriff Volk wie in der attischen Demokratie eingeschränkt werden auf die männlichen Vollbürger; man schätzt sie auf etwa 40000. Die zugezogenen Fremden und die Frauen hatten nur begrenzte Teilnahmerechte, die Sklaven, die über ein Drittel der Bevölkerung ausmachten, gar keine. Bei der hohen Zahl der Mitwirkenden – allein beim Wettgesang des ersten Tages müssen es 1000 gewesen sein, bei den Aufführungen mindestens 200 Spieler –, die wochenlang zu proben hatten, waren sicher auch viele der Zuschauer schon einmal im Theater aktiv gewesen. Das Publikum „professionalisierte" sich ebenso wie sich unter den Darstellern Spezialisten herausbildeten. Seit 447 v. Chr. wetteiferten auch die tragischen Protagonisten um einen Schauspielerpreis, und im 4. Jahrhundert gab es regelrechte „Stars", die bürgerliche Sonderrechte und Immunität genossen. In hellenistischer Zeit schlossen sich Theaterkünstler und andere Angehörige des Schaugewerbes zu großen überstaatlichen Berufsverbänden zusammen, die sich immer noch nach ihrem „Patron" Dionysos nannten, obwohl gerade die Lösung des Theaters vom Dionysoskult seine Ausbreitung über den östlichen Mittelmeerraum ermöglicht hatte. Nirgendwo aber galt die öffentliche Darstellung wie später in Rom als unehrenhaft.

Über den Inszenierungsstil wissen wir wenig. Alle Schauspieler trugen Leinenmasken mit Perücken, die Tragöden lange, den ganzen Körper bedeckende Kostüme, so daß sie leichter die Rollen wechseln und auch Frauen darstellen konnten. Der Kothurn (Stiefel) bekam erst im 3. Jahrhundert v. Chr. eine dickere Sohle und wurde erst in der römischen Kaiserzeit das stelzenartige Unding, das wir gewöhnlich damit verbinden. Ebenso erhielten die Masken erst um 300 v. Chr. die weitaufgerissenen Mund- und Augenlöcher und den hohen Haaraufsatz. Man erklärt diese „Theatralisierung" aus einer Verlegung des Spielorts im hellenistischen Theater auf eine hohe, dem Zuschauer ferngerückte „Bühne" hinter der Orchestra.

An den Theaterbauten muß man sich auch orientieren, wenn man sich Inszenierungen der klassischen Zeit vorstellen will. Die Größe und Offenheit der Theateranlagen, ihre Einbettung in die Natur, oft mit dem Blick aufs Meer, das der Seemacht Athen so viel bedeutete, das Miteinander der Zuschauer im Rund des Theatron und die Ausrichtung aller Kommunikation auf die Orchestra „inmitten" der Menge – das waren Spielbedingungen, die viele spätere Epochen bei ihrer Suche nach der „rituellen Einheit" von Bühne und Publikum zum Idol erhoben und baulich nachgeahmt haben. Wer sich für Einzelheiten interessiert, stößt allerdings auf erhebliche Lücken. Es gibt vom Theater des 5. Jahrhunderts kaum Überreste, denn es war weitgehend aus Holz gebaut. Nach der neuesten Forschung müssen wir wohl auch Abschied nehmen von der beliebten Vorstellung einer kreisrunden Orchestra zur Zeit der Tragiker. Nirgendwo findet sich ein Beleg dafür, aber über ein Dutzend Theater (noch des 4. Jahrhunderts) waren nachweislich rechteckig. Auch rechnet erst die *Orestie* mit einer

Die griechische Neue Komödie (um 330–260 v. Chr.) ist ein Spiegel des privaten bürgerlichen Lebens. Liebesgeschichten, Familienstreit und komische Torheiten haben die politischen Themen ersetzt. Die Szene auf dem pompejanischen Relief zeigt typische Figuren, wie sie bei Menander vorkommen: der zornige Vater erwartet seinen Sohn, der – sein Stirnband schwenkend und von seinem Sklaven gestützt – vom Gelage heimkehrt. Ein Mädchen begleitet das Spiel auf der Doppelflöte (Aulos). Der kleine Vorhang auf der Bühne, schon hellenistisch bezeugt, heißt im römischen Theater Siparium.

19

Bühne, bei der die Zentralachse (Palasttor) und die Symmetrie von Bedeutung sind, während man zuvor wohl recht flexibel mit unregelmäßigen Gegebenheiten des Geländes umging.

Über die „szenische" Gestaltung der Schauplätze sollten wir uns nicht zu sehr den Kopf zerbrechen. Was „Skene" hieß, war ursprünglich nur eine simple Baracke zum Umkleiden, womöglich auf steil abfallendem Hang hinter der Stützmauer der Spielterrasse den Blicken ganz entzogen, und später höchstens eine niedrige hölzerne Schirmwand, auf die das Spiel sich zeitweilig beziehen konnte, wie in der *Orestie*. Die „Skenographie", die zu dieser Zeit aufkam, meinte keineswegs Bühnenbilder im modernen Sinne; sie bezeichnete perspektivische Architekturmalerei, vielleicht schon auf eingehängten Holzplatten, und zielte weder auf Illusion noch Illustration, sondern sollte einfach ausschmücken. Die beiden Seitenzugänge zur Orchestra (Parodoi) bedeuteten, was sie real waren: Wege vom Meer oder vom Land her. Der Bühnenwagen (Ekkyklema), der Schaubilder hereinrollte, und der Kran (Mechane), der Figuren wie den „deus ex machina" hereinhievte, wiesen sich durch ihre offen einsehbare, knarrende Mechanik demonstrativ als pure Theatertechnik aus. Als die Theater im Hellenismus in schönen geometrischen Steinformen verewigt, vergrößert und über die ganze von Alexander dem Großen für das Griechentum erschlossene Welt verbreitet wurden, mutierte nur noch die Skene: sie wurde zweistöckig hochgezogen und bekam eine flache Säulenhalle, das Proskenion, vorgeblendet, auf dessen Dach, dem Logeion, die Schauspieler nun dem Chor in der Orchestra wie dem Publikum gegenübertraten. Diese „Reliefbühne" war seitlich von kurzen Flügelbauten, den Paraskenien, eingefaßt, wodurch die Zentralachse stabilisiert und der bauliche Zusammenschluß im römischen Theater angebahnt wurde.

Die Römer haben die meisten Elemente ihres Theaters von den Griechen übernommen, aber in der Synthese, vor allem im Theaterbau, auch Eigenständiges geschaffen. Begründet wurde es 240 v. Chr. durch den Auftrag der Republik an den Griechen Livius Andronicus, lateinische Tragödien und Komödien bei den staatlichen Kultfesten aufzuführen. In der Folge entstand eine ganze Literatur heroischer Erbauungs- und lustiger Unterhaltungsstücke, die sich vor allem an Euripides und Menander orientierten (Plautus schrieb 210–184, Terenz 166–159 v. Chr.). Als die dramatische Produktion so gut wie versiegt war, erhielt Rom durch Pompejus sein erstes ständiges Theater. Als Symbol demokratischer Verständigung gefürchtet und lange verhindert, genügte es jetzt nur noch dem Popularitätsstreben Einzelner und der politischen Notwendigkeit, eine unruhige großstädtische Menge mit Brot und Spielen zu füttern. Und so spielte es – in Konkurrenz mit Gladiatorenkämpfen, Tierhatzen und Wagenrennen – immer ausschließlicher jene geistlosen Pantomimen und ordinären Mimen, die die stolzen, überall im Weltreich errichteten Theatergebäude gänzlich um ihren kulturellen Ruf brachten.

Vom Mittelalter zur Renaissance

Die letzten Nachrichten über Aufführungen in den antiken Theatern West-
europas stammen aus dem 5. Jahrhundert. Zu dieser Zeit gehörte das
Theaterspiel schon zur Subkultur, jedenfalls zur Gegenkultur gegen die
allgemein christliche. Die lateinischen Kirchenväter hatten zwar nicht die
schauspielerische Darstellung schlechthin verdammt, wohl aber ihre
Inhalte und die Umstände, unter denen die „spectacula" vor sich gingen.
Tertullian und Novatian widmeten ihnen eigene Schriften, und auch Augu-
stin polemisierte gegen diesen „Pomp des Teufels". Damit waren alle
Sensationsspiele der Römer gemeint und von den theatralischen besonders
die beliebten Mimen, in denen nicht nur Ehebruch und schlüpfrige Abenteuer vorkamen, sondern oft auch der Christ – solange er noch der Außen-
seiter war – als komischer Typ verspottet und die Taufe als groteske
Plantschnummer travestiert wurde.

Mit der kulturellen Wende zum Christentum verschwand das Theater für
mehrere Jahrhunderte als öffentliche Institution. Wer also von zweieinhalb
Jahrtausenden europäischer Theatergeschichte spricht, darf nicht unter-
schlagen, daß sie ein gutes Drittel dieser Zeit ohne profilierte gesellschaftliche Einrichtung blieb und die Repertoiretradition sogar länger unterbrochen als intakt war. Zwar klammern sich manche um den Nachweis von
Kontinuitäten bemühte Historiker gerne an die immer wieder bezeugten
Spielleute und Unterhaltungskünstler, die „ioculatores" und „histriones",
die sich gelegentlich sogar zu Berufskörperschaften zusammenschlossen.
Aber ihr sporadisches Auftreten füllte nur Lücken der Geselligkeit und
stiftete kein Theater als gesellschaftlichen Zusammenhang, zumal es ein
darstellerisches Wirken und Treiben ohne die Stütze des Dramas war.

Es bedurfte der besonderen Lebensformen, Bedürfnisse und Organisa-
tionsmöglichkeiten des erstarkenden Stadtbürgertums, um Theater in
einem langen Prozeß beginnend mit der Mitte des 12. Jahrhunderts wieder-
entstehen zu lassen. Doch auch dieses von der Stadtkultur getragene Spiel-

Die mittelalterliche Bühne
war eine Simultanbühne:
alle Schauplätze waren
nebeneinander aufgebaut
und wurden nacheinander
bespielt. Auf der
Mysterienbühne von
Valenciennes waren dies
1547: das Paradies,
darunter ein neutraler Saal,
Nazareth, der Tempel, das
Tor von Jerusalem, der
Palast des Pilatus, das Haus
der Hohenpriester, die
Goldene Pforte, das Meer
von Galiläa, die Vorhölle
als Gefängnis der Altväter
und die Hölle. Das Titelbild
der Handschrift wurde 1577
von Hubert Cailleau
gemalt, der in dem 25 Tage
dauernden Spiel mitgewirkt
hatte.

wesen schuf noch keine dauernde Praxis; es blieb Laientheater ohne gesellschaftliche Verankerung, feste Gebäude und geregelten Betrieb, in vielem eher dem Brauchtum zuzurechnen als mit dem antiken und neuzeitlichen Begriff von Theater zu fassen. Und so mußte, um endlich jene Tradition wiederzubegründen, das Theater in der Renaissance noch ein drittes Mal neu entstehen.

Die mittelalterliche Kirche gab dem Theatralischen einen bescheidenen Spielraum im Rahmen der Liturgie. Wie der Bischof Ethelwold von Winchester um 970 zum erstenmal belegt, begann der Klerus die Osterfeier – und später analog die Weihnachtsfeier – mit bestimmten Wechselgesängen und Zeremonien auszuschmücken, die man als Vorformen des geistlichen Spiels verstehen kann. Nun enthält die christliche Liturgie selbst ja schon viele Züge symbolischer Darstellung und dialogische Momente. In gewisser Hinsicht ist das Osterfest auch ein „dramatischer" Höhepunkt des Kirchenjahrs mit der Wende vom Tod zur Auferstehung Christi und der „Theatralik" des Übergangs vom Dunkel zum Licht, von Trauer zu Jubel. Das Neue der Ausgestaltung bestand darin, daß einige Geistliche jetzt eine Situation – die drei Marien besuchen das Grab und begegnen dem Engel – durch Wechsel der Meßgewänder, Gänge und zeichenhafte Gesten andeuteten und wenige Zeilen wie aus dem Munde dieser Figuren sangen. Daraus entstanden freilich noch keine Szenen und Rollen und erst recht keine Handlung. Die Hinzufügung weiterer Situationen, etwa des Laufs der Apostel Johannes und Petrus zum Grab und der Erscheinung des Auferstandenen selbst, erfolgte nicht nach dramaturgischen Gesichtspunkten, sondern als Montage von liturgisch verfügbaren Elementen, wobei es auf die Stimmigkeit der logischen und zeitlichen Folge oder der Textzuweisung nicht ankam.

Immerhin lockerte sich in solchen Spielansätzen die alte Theaterfeindlichkeit der Kirche. Darstellungsimpulse konnten daran anknüpfen, die bald auch bibelfremde Gestalten wie den Krämer, bei dem die Marien die Salbe kaufen, und komische Episoden ins Spiel brachten. Die geistlichen Spiele des Hoch- und Spätmittelalters sind dennoch kaum aus diesen liturgischen Festbräuchen abzuleiten. Sie entstanden nicht aus ihnen wie die Frucht aus dem Keim und lösten sie auch nicht ab, ersetzten sie nicht. Statt einsträngige „Entwicklungen" zu konstruieren wollen wir lieber den qualitativen Sprung festhalten. Fünf Merkmale unterscheiden die geistlichen Spiele deutlich von ihren Vorläufern: sie werden nicht mehr lateinisch gesungen, sondern in der Volkssprache gesprochen, sie wachsen, wo die liturgische Bindung wegfällt, zu immer größeren Gebilden an, sie werden immer häufiger außerhalb der Kirche, vor ihr oder auf dem Marktplatz, aufgeführt, die Darstellung wird zunehmend realistischer, und als Träger treten neben dem Klerus mehr und mehr Laienbruderschaften, Zünfte, Gilden und Magistrate in Erscheinung.

Aus dem 12. Jahrhundert sind nur wenige, meist noch lateinische Spiele aus Italien, Frankreich und Süddeutschland überliefert, und diese oft nur in Fragmenten. Das älteste volkssprachliche ist das französische *Adamsspiel*, von einem unbekannten normannischen Autor zwischen 1140 und 1174 geschrieben. Seine ausführlichen Regieanweisungen – in Latein, also wohl einem geistlichen Spielleiter zugedacht – geben das anschauliche Bild einer Inszenierung vor dem Kirchenportal, die bereits Dekorationselemente, Requisiten und Kostümwechsel kennt, lebhafte pantomimische Einlagen

Im Spätmittelalter spielte man häufig auf Marktplätzen, wie in Luzern auf dem seither kaum veränderten Weinmarkt. Das Osterspiel von 1583 hielt der Leiter Renward Cysat in detaillierten Plänen und Regienotizen fest, so daß die Anordnung der Spielorte im Modell zu rekonstruieren ist. Man erkennt rechts vom Spielpodium am Brunnen (Bildmitte) den Höllenrachen, in der Mitte des Platzes die Säulen mit der ehernen Schlange und dem goldenen Kalb, am Rand den Tempel und einige „Höfe" der insgesamt fast 200 Spieler, die zwei volle Tage präsent sein mußten.

vorsieht und ein Rudel von Teufeln ins Publikum ausschwärmen und es direkt ansprechen läßt. Im 13. Jahrhundert verdichten sich die Beispiele in Frankreich, wo wir im Gegensatz zu anderen Ländern oft sogar die Verfasser kennen; im 14. Jahrhundert setzten auch in Deutschland und England breitere Spieltraditionen ein. Seine volle Ausbildung und gesamteuropäische Blütezeit erlebte das geistliche Spiel im Spätmittelalter, etwa zwischen 1450 und 1550.

Wandelten sich im Laufe einer so langen Entwicklung auch die Funktionen und gingen die Initiativen von Klostergemeinden (wie St. Gallen, Benediktbeuren, Limoges oder Winchester) an Industrie- und Handelsstädte (wie Coventry, Frankfurt, Luzern, Florenz, Mons oder Valencia) über, so blieb das Hauptanliegen doch stets, die christliche Heilsgeschichte zu vergegenwärtigen, das Laienvolk zu missionieren, die Gläubigen religiös zu erziehen. Dabei konnte sich das Interesse der Zuschauer am

23

Eine Übergangsform vom Mittelalter zur Renaissance war das Theater der niederländischen „Rederijkers" (Rhetoriker), den deutschen Meistersingern vergleichbare Bürgervereinigungen, die anfangs geistliche Spiele, später bei jährlichen Wettkämpfen allegorische Sinnspiele aufführten. Bei Fürstenbesuchen zeigten sie Lebende Bilder auf prächtigen, von Fackeln bekrönten Schaugerüsten. Als 1582 der Herzog von Anjou in Antwerpen einzog, spielte die „Kammer der Dotterblume" mit Szenen vom Machtwechsel Saul – David auf die politische Umorientierung von Spanierherrschaft zu Franzosenbündnis an. Auf der Unterbühne die eingekerkerte Zwietracht.

Gezeigten durchaus verlagern. Für ihre passive und aktive Teilnahme in der Spätzeit gelten wohl auch sozialpsychologische Aspekte. So hat man am Osterspiel vor allem das Teufelsspiel hervorgehoben: Satans Komik diente nicht einfach der Unterhaltung, sondern der Kompensation, das Spiel von der Auferstehung des Herrn fungierte als rituelle Entlastung vom Druck der Dämonenfurcht, den „Kollektivneurosen" wurde das geistliche Spiel zu einem Mittel der Sublimation.

Das korrigiert jedenfalls die überkommene Sichtweise, die in der fortschreitenden Theatralisierung nur eine „Verweltlichung" der liturgischen Feier wahrnahm. Gerade umgekehrt: der Kirche gelang mit den Spielen ein starker Einbruch in die Welt. Ein wichtiger Anstoß dazu war auch die Einführung des Fronleichnamsfestes, das 1264 verkündet und 1311 verbindlich beschlossen wurde. Sein erklärter Zweck war es, das Heilige in den profanen Bereich zu tragen und die Laien in der Prozession zu Mitwirkenden liturgischer Handlungen zu machen. Da es nicht dem Gedächtnis eines einzelnen heilsgeschichtlichen Ereignisses gewidmet, sondern eine Stiftung war, die mit der Eucharistie das Faktum der Erlösung überhaupt feierte, konnte es zum Kristallisationspunkt von theatralischen Darstellungen werden, die das gesamte Heilsgeschehen umfaßten und sich von den partikularen Anlässen des christlichen Kalenders lösten. Der Ausweitung zum universalen geistlichen Spektakel setzte dann die Reformation in den Gebieten, wo sie bestimmend wurde, ein jähes Ende.

Bei aller dogmatischen Ausrichtung kannte das mittelalterliche Theater eine überraschende Fülle von Themen und Spielarten. Seine Loslösung von der Liturgie vollzog sich zuerst und am einfachsten bei Stoffen, die den beiden Zentren des Kirchenjahrs, Christi Geburt und Auferstehung, und den biblischen Berichten überhaupt fernstanden. Das waren Legenden der Heiligen, Nothelfer und Märtyrer mit den Wundern ihres Eingreifens in die Alltagswelt. Viele dieser Mirakelspiele dienten dem Marienkult; der heilige Nikolaus und der Teufelsbündler Theophilus waren bevorzugte Gestalten. Zum weiteren Umkreis gehörten Parabeln, etwa vom verlorenen Sohn, und eschatologische Spiele vom Antichrist und Weltgericht. Bei den deutschen und französischen Osterspielen lag das Gewicht zunächst auf der Vorführung der Passion, aber es konnte nicht ausbleiben, daß sie nach und nach das ganze Leben Jesu darstellten und, der typologischen Denkweise der Zeit gemäß, „Entsprechungen" aus dem Alten Testament heranzogen. So entstanden immer größere Szenenkombinationen und schließlich ganze Zyklen, in denen von Luzifers Sturz bis zum Jüngsten Gericht nichts mehr fehlte. In Frankfurt dauerte schon Anfang des 14. Jahrhunderts eine Aufführung zwei volle Tage, und in Bourges zog sich 1536 ein Apostelspiel von 60 000 Versen über 40 Tage hin; 300 Spieler teilten sich dabei in 494 Rollen.

Dem weitgespannten theologischen Programm, das sich hier entfaltete, verdankten die biblischen Festspiele in Frankreich und England den auszeichnenden Namen „Mysterien". Unter „Moralitäten" hingegen verstand man dort lehrhafte Stücke, in denen Allegorien, personifizierte Begriffe eines Moralsystems, handeln und argumentieren, also zum Beispiel Tugenden und Laster sich um die menschliche Seele streiten. Das bekannteste Spiel dieser spätmittelalterlichen Gattung ist der *Jedermann*.

Die „Bühnen" waren vielgestaltig, hatten aber ein gemeinsames Prinzip: die verschiedenen Schauplätze lagen alle im selben Spielfeld, waren also samt ihrem Personal immer sichtbar und sozusagen auf Abruf spielbereit.

In der Renaissance will die Bühne die Illusion eines Tiefenraums geben. Dazu wird die perspektivische Architekturmalerei teilweise ins Dreidimensionale zurückübertragen mit Hilfe von stumpfwinklig aneinandergefügten bespannten Holzrahmen, deren Maße stark auf einen Fluchtpunkt hinter dem gemalten Abschlußprospekt hin verkürzt sind. Nach der antiken Baukunde des Vitruv unterschied man drei Dekorationstypen: für Tragödien Paläste, für Komödien Bürgerhäuser und für Schäferspiele die Natur. (Sebastiano Serlio: scena tragica, Holzschnitt 1545)

Für die wichtigsten wurden sinnfällig-einfache „Orte" (loca) oder „Häuser" (mansiones) errichtet, die übrigen auf dem offenen, bedeutungsneutralen Gerüst oder „Platz" (platea) einzig durch die jeweilige Spielaktion bestimmt. Himmel und Hölle aber waren als die beiden Pole dieses Welttheaters einander auch räumlich gegenübergestellt.

Beim Spiel auf dem Marktplatz boten Häuserfassaden, Treppen oder Brunnen schon reichlich Möglichkeiten der „szenischen" Definition. Durch wenige Zurüstungen wurde der Alltags- zum Symbolraum, in dem die Zuschauer einfach den nicht bespielten Platz einnahmen. Manchmal gingen sie buchstäblich von Station zu Station mit. Oder die Szenen kamen auf Wagenbühnen zu ihnen, wie bei den englischen Fronleichnamszyklen. Da wir von diesen „pageants" keinerlei Abbildungen haben und die früheste Beschreibung aus der Shakespearezeit stammt, ist allerdings unklar, ob es sich hier um Prozessionsspiele handelte oder nur um Umzüge mit lebenden Bildern.

In England und Frankreich war auch der Typus des Rundtheaters verbreitet, bei dem Zuschauer und Spieltribünen, ohne deutliche Trennung beider Bereiche, einen inneren Spielkreis umschlossen. In diesem konnte ebenfalls ein „Ort" aufgebaut sein, wie die titelgebende *Burg der Beharrlichkeit* in der englischen Moralität, von der ein Bühnenplan (1440) erhalten ist. In Valenciennes schließlich wurde 1547 in einem Palasthof auf einer breiten, reliefartigen Simultanbühne gespielt, der das (zahlende) Publikum auf zeltüberdachter Tribüne mit Logen gegenübersaß. Hier schlossen sich die aneinandergereihten „Häuser" zu einem Gesamt-„Bild" zusammen. Die Bezeichnung „Bühne" war erstmals wieder gerechtfertigt. Der Typ war übertragbar auf geschlossene Räume, wie sie denn auch in Paris seit 1411 als Spielorte nachgewiesen sind.

Im „Teatro Olimpico" (beide Abb.) in Vicenza zeigen sich zwei Tendenzen des Renaissancetheaters als Widerspruch: die Wiederherstellung der Antike und das Streben nach szenischer Illusion. Andrea Palladio entwarf ein vitruvianisches Idealtheater; als er kurz nach Baubeginn 1580 starb, fügte Vincenzo Scamozzi die perspektivischen Straßen hinter den Bühnentoren hinzu. Sie wurden wie in der Frührenaissance fest aus Holz und Stuck gebaut, als man andernorts das Problem der Verwandlung „barock" zu lösen begann. (Grund- und Aufriß aus der ersten wissenschaftlichen Bestandsaufnahme der Werke Palladios von Ottavio Bertotti Scamozzi, 4 Bde., Vicenza 1776–83)

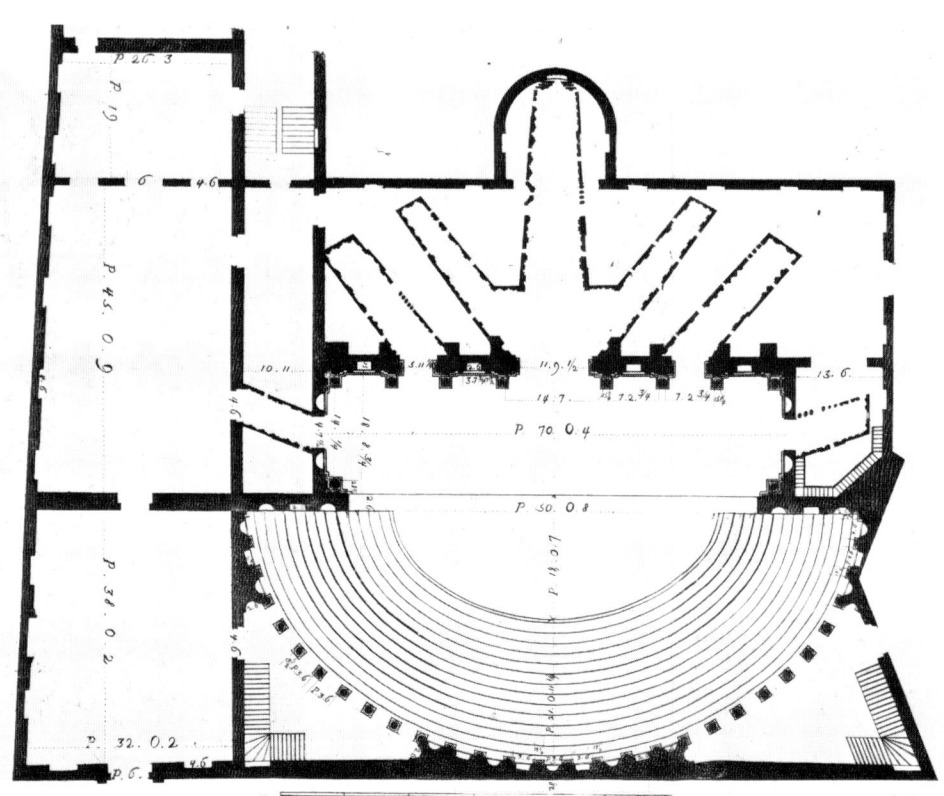

1548 verbot das Parlament Mysterien-Aufführungen in Paris. Zwar gab es sie andernorts weiter bis ins 17. Jahrhundert hinein (Luzern), doch sollte die Zukunft einem ganz anderen Theater gehören, das sich in Italien schon Ende des 15. Jahrhunderts angebahnt hatte und im Laufe des 16. exemplarisch ausbildete. Mittelalter und Neuzeit liefen in der Theatergeschichte also über ein Jahrhundert lang parallel; in keiner Epoche war die Ungleichzeitigkeit des Gleichzeitigen größer.

Was sind die Kennzeichen des neuen Theatersystems, das in der Renaissance entstand? Die Funktion betreffend: Theater löst sich von kirchlichen Zielen und Anlässen, kann weltlichen Mächten huldigen, als Mittel der Bildung dienen, versteht sich als „kulturelle" Äußerung und wird theoriewürdig. Es behandelt wieder geschichtliche und antik-mythologische Stoffe und stützt sich auf eine Dramaturgie, die an antiken Vorbildern geschult ist und die Gattungen der Tragödie und Komödie wiederbelebt; es führt alte Stücke aus historischem Interesse auf. – Die Organisation betreffend: Theater wird zur Angelegenheit professioneller Spezialisten und tendiert zu einem ständigen Spielbetrieb in eigens dazu eingerichteten Innenräumen. – Die Erscheinungsform betreffend: Die Bühne entwickelt sich zum „Bild" mit eigenräumlicher Illusionswirkung durch Anwendung von Techniken vor allem der Perspektivmalerei. Sie gibt also das Simultanprinzip auf und wird zum strukturell einheitlichen Raum, der nur noch einen einzigen Schauplatz abbildet. Wird ein weiterer verlangt, so muß sie „verwandelt" werden.

Das Interesse an der Antike gab anfangs den stärksten Impuls. Es konzentrierte sich auf die nie ganz vergessenen römischen Dramatiker. Terenz war von jeher ein Schulklassiker, mit Seneca hatte man sich schon im 13. Jahrhundert literarisch auseinandergesetzt, und die Plautus-Kennt-

nis wurde sensationell erweitert, als Nikolaus von Kues 1429 zwölf verschollene Komödien fand. 1470, 1472 und 1484 erschienen die ersten Druckausgaben dieser Autoren. Es lag nahe, sie auch zu spielen. Durch einen folgenreichen Lesefehler hatte sich im Mittelalter die Vorstellung durchgesetzt, die Stücke seien zu ihrer Zeit von einem Vorleser am Pult rezitiert und dabei von Spielleuten pantomimisch begleitet worden, wie es Terenz-Handschriften und -Drucke noch immer illustrierten. Der Humanist Pomponius Laetus, der sich selbst durch seine Kleidung als alter Römer gab, wußte es besser und ließ seit den 1470er Jahren von seiner Römischen Akademie lateinische Komödien und Tragödien dramatisch aufführen. Ging es hier vor allem um rhetorische Schulung, so konnten Terenz und Plautus doch auch unterhalten, wenn man sie in italienischer Übersetzung inszenierte, wie seit 1486 fast jährlich am Hof des Herzogs von Ferrara, Ercole I. d'Este. Das regte wiederum Autoren an, Komödien nach ihrem Muster zu schreiben. Lodovico Ariosto (seit 1508), Bernardo Dovizi, späterer Kardinal Bibbiena (*La Calandria* 1513), Niccolò Machiavelli (*La Mandragola* 1518) und Pietro Aretino (seit 1525) waren die Schöpfer der „commedia erudita" (wie man die angeblich „gelehrte" Gattung später nicht gerade glücklich von der Stegreifkomödie unterschied), und mit Giangiorgio Trissinos *Sofonisba* entstand 1519 auch die erste Tragödie nach den „Regeln" des Aristoteles seit der Antike.

Erneuerte sich das Theater einerseits vom Drama her, so fand es andererseits in Renaissance-Architekten und -Malern wichtige Partner. Auch hier gab es eine antike Vorgabe, die *Zehn Bücher über Architektur* des Baumeisters Vitruvius, unter Augustus geschrieben, 1414 wiederentdeckt, 1486 erstmals gedruckt und in der Folge mehrfach übersetzt, kommentiert und mit Illustrationen versehen. Sie beeinflußten schon den ersten, speziell für dramatische Darstellungen entworfenen Bau, ein 1513 von dem theaterfreudigen Mediceerpapst Leo X. auf dem Kapitol errichtetes Holztheater, das allerdings nicht lange bestand. Prägend wurden sie für den ältesten erhaltenen Theaterbau der Neuzeit, Andrea Palladios „Teatro Olimpico" in Vicenza, wo die mehrstöckige Bühnenwand hinter der Spielfläche, die „scaenae frons" mit dem großen Mittelportal und zwei Seitentoren, wie im römischen Theater zum beherrschenden Bauteil wurde.

Teils erfüllte diese Konstruktion die neuen Ansprüche an eine Bildbühne übermäßig, teils stand sie ihnen im Wege, da sie weder eine bestimmte Raumillusion noch deren Veränderung zuließ. Diese war nur durch die Perspektiv- und Maschinenkünste zu gewinnen, die im Laufe des 16. Jahrhunderts immer einfallsreicher und aufwendiger auf die Bühne angewandt wurden. Leonardo, Bramante und Raffael hatten nur gelegentlich fürs Theater gearbeitet, mit Baldassare Peruzzi und seinem Schüler Sebastiano Serlio begegnen uns die ersten Spezialisten der Szenographie. Sie entwickelten den perspektivisch gemalten Spielhintergrund zu einem gebauten weiter, indem sie „Winkelrahmen" in genau berechneter Verkürzung auf den ansteigenden Bühnenboden vor einen „Prospekt" stellten. Den so vorgetäuschten Tiefenraum bespiel- und verwandelbar zu machen, blieb die Aufgabe der italienischen Bühnenbildmeister des Manierismus und Barock.

Die Commedia dell'arte

Waren die spätmittelalterlichen Spiele Ereignisse, an denen ganze Städte tagelang teilnahmen, so entfalteten sich die Errungenschaften des italienischen Renaissancetheaters, die klassische Dramaturgie und die Bildbühne, nur im engeren Rahmen einer höfisch-akademischen Elitekultur. Doch hat Italien im 16. Jahrhundert auch eine Spielgattung hervorgebracht, die zum Inbegriff des Volkstheaters geworden ist. Mehr als das: die Commedia dell'arte ist uns Symbol für die Autonomie des Theaters, für selbstherrliches, von keiner Literatur in die Pflicht genommenes, entfesseltes Schauspielertheater, gleichsam ein Urphänomen des Theaters und deshalb auch sein unerschöpflicher Rekreationsbereich, sein archaischer Fundus, auf den es immer wieder zurückgreift, um zu sich selbst zu kommen.

Hinter solchen Idealvorstellungen und Wunschprojektionen wird die historische Erscheinung der Commedia dell'arte kaum mehr wahrgenommen. Ihre lange Rezeption hat einen Mythos geschaffen, der die Phantasie stärker inspiriert als es die Rekonstruktion ihrer Anfänge vermöchte. Was uns von der historischen Commedia dell'arte begegnet, sind meist späte Zeugnisse ihrer Ausstrahlung. Wenn wir an sie denken, mögen wir zuerst an Goldonis Komödie *Der Diener zweier Herren* in Giorgio Strehlers Inszenierung denken, die, von 1947 bis in die achtziger Jahre mehrfach einstudiert und verändert, auf ihren ausgedehnten Gastspielreisen weltberühmt wurde. Aber schon dieser Fall ist vielschichtig: Goldonis Stück von 1747 war die pietätvolle Literarisierung einer ihrem Wesen nach unliterarischen Darstellungstradition, ein Überwindungsversuch und eine Überformung, die Strehler wiederum nur nutzte, um darunter die alten Kräfte der Improvisation und des hemmungslosen komischen Spiels zu erwecken.

Die Commedia dell'arte wurzelt im volkstümlichen Straßentheater, von Wandertruppen auf einfachen Bretterbühnen gespielt. Jacques Callot betont das Groteske ihrer Figuren. (Radierung aus den *Balli di Sfessania*, um 1622)

Ansonsten stammt unser Bild von der Commedia dell'arte vor allem von Gemälden, Stichen und Porzellanfiguren des Rokoko, die sie ins Zierliche und Drollige abwandelten und einer aristokratischen Kultur einverleibten – welch ein Gegensatz zu dem Wunschbild von Volkstheater und elementarer Komik!

Wie mächtig dieses Idol ist, zeigen die Ursprungstheorien. Sie leiten die Commedia dell'arte entweder von der antiken süditalienischen Volksposse her oder von den Gauklern und Spielleuten des Mittelalters oder schließlich vom venezianischen Karneval des 13. Jahrhunderts. Da mag es Parallelen und Vorformen gegeben haben, doch hebt das namengebende Definitionsmoment „dell'arte" dieses Komödienspiel gerade ab von Folklore und anonymen subkulturellen Aktivitäten. Es betont das Professionelle in zweierlei Hinsicht: einmal „artistisch", als Kunstfertigkeit, wie sie nur lange Berufserfahrung ermöglicht, und zum anderen korporativ, als Selbstorganisation von Truppen voller Ehrgeiz und berufsständischem Selbstvertrauen. Mit dem Ersteren setzte sich die Commedia dell'arte vom Laienspiel der Commedia erudita ab, das Letztere unterschied sie von den professionellen Ansätzen in England und Frankreich und ihrem heimischen „Vorläufer" Angelo Beolco, der ab 1520 in Padua und Venedig als Schauspieler und Stückeschreiber wirkte und die volkstümliche Figur des Ruzzante schuf, aber keine ständige Truppe zur Verfügung hatte.

Solche Truppen sind jedoch seit der Jahrhundertmitte nachgewiesen. Ihr Können machte sie rasch berühmt und führte sie an die Residenzen des In- und Auslands. Kaum erschien also dieses Volkstheater auf dem Plan, war es auch schon Hoftheater. Oder besser gesagt: nur weil es auch Hoftheater war, kennen wir es; denn die Überlieferung, die nicht vom Volk besorgt wird, zeigt uns naturgemäß nur diese Seite. Sicher war die Commedia dell'arte, vor allem in der Phase ihrer Begründung, hauptsächlich ein Medium der Unterschichten. Das ergibt sich schon aus der Signifikanz und Sichtweise ihrer populärsten Figuren. Konkreter faßbar sind uns jedoch

Derbe Späße gehörten zum Volkstheater, wurden aber auch am französischen Hof nicht verschmäht, wo man diese Szene zeigte. Harlequin, noch im ursprünglichen Flickenkostüm, und Francisquina werden vom alten Pantalon beim Liebesspiel beobachtet. Die Männer spielen mit Masken. (Holzschnitt aus der Sammlung Fossard, um 1577)

30

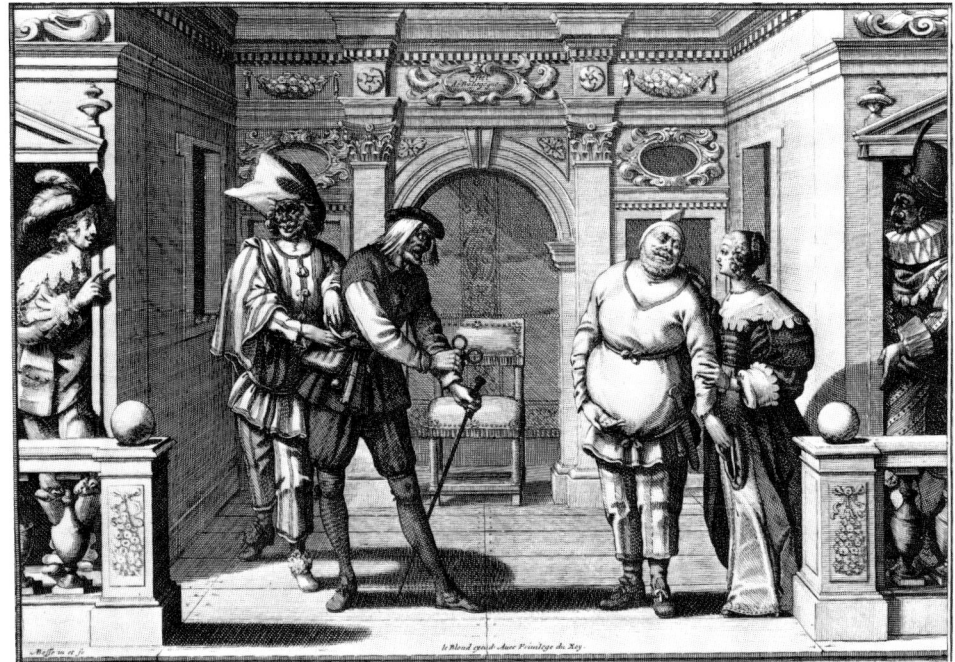

Die berühmten Farcen-Spieler im Pariser Hôtel de Bourgogne waren deutlich von den dort gastierenden Italienern beeinflußt: Turlupin (links) entsprach Brighella, Gaultier-Garguille hatte Züge des Pantalone, und Gros-Guillaume gehörte zur Familie des Pulcinella. (Kupferstich von Abraham Bosse, um 1630)

ihre Beziehungen zur Oberschicht. Oft waren Fürsten die Protektoren und Gönner (aber nicht Dienstherren) der Truppen, die Herzöge von Mantua kümmerten sich besonders um sie, und die Könige von Frankreich und der deutsche Kaiser holten sie bereits in den 1570er Jahren mehrfach über die Alpen. Die an vielen Höfen verehrte Isabella Andreini, die bei den prominenten „Comici Gelosi" die erste Liebhaberin spielte, schrieb den Gonzagas völlig undevote, launige Briefe, und der Darsteller des zweiten Dieners in der Truppe der „Accesi", Pier Maria Cecchini, beeindruckte den Kaiser Matthias 1614 bei einem Wiener Gastspiel so sehr, daß dieser ihn in den Adelsstand erhob. Gleiches geschah dem gefeierten Schöpfer der französischen Mezzetin-Figur Angelo Costantini, als er nach der Vertreibung aus Paris (1697) einem Ruf an den kurfürstlichen Hof zu Dresden folgte. Er bekam nach der Gunst freilich auch die Macht Augusts des Starken zu spüren: als er sich in dessen Liebesleben einzumischen wagte, wurde er für zwanzig Jahre in den Kerker geworfen. (Danach spielte er wieder in Paris.)

So zwiegesichtig wie ihr sozialer Standort erscheint auch die Spielweise der Commedia dell'arte. Sie wurde zunächst als Stegreifkomödie (Commedia all'improvviso) bezeichnet und auch solcherart von der Commedia erudita abgegrenzt. Das heißt aber nicht, daß sie sich einzig auf spontane Einfälle verließ. Es sollte nur so wirken. Die „Improvisation" wollte keine Lücke überbrücken, keinen Mangel ausgleichen, sondern künstlerisch mehr erreichen als die Umsetzung dramatischer Vorlagen durch Amateurgruppen bis dato geleistet hatte. Um den Eindruck größtmöglicher Lebendigkeit und Unmittelbarkeit zu erzielen, verzichteten die Schauspieler auf die wörtliche Wiedergabe literarischer Texte. Das war keine Erleichterung, sondern stellte erhöhte Ansprüche, erforderte Ausbildung, Übung, sensibles Eingehen auf den Partner, eben das, was den Komödianten „dell'arte" auszeichnete.

Diese Spielweise machte nicht Front gegen das literarische, „gelehrte" Theater, sie beerbte es in vielen Punkten. Volkstümlich hieß nicht ungebildet sein. Von zahlreichen Schauspielern wissen wir, daß sie belesen und sprachenkundig, in Rhetorik und Philosophie voller Kenntnis und an der Literatur schon deshalb interessiert waren, weil sie die Spielphantasie anregen und das Formgefühl schulen konnte. Isabella Andreini schrieb Sonette von großer Eleganz, ihr Mann Francesco und beider Sohn Giovan Battista, vielbewunderte Akteure, waren auch als Literaten anerkannt, und so waren es viele bis hin zu Angelo Costantini, der 1695 eine anekdotenreiche Schauspieler-Monographie *(La vie de Scaramouche)*, und Luigi Riccoboni, der eine Generation später die erste Geschichte und die erste Theorie seiner Profession verfaßte.

Die Truppen, das sieht man schon ihren Motti und Namen an, verstanden sich in ähnlicher Weise als „Akademien" wie die humanistischen Zirkel der Zeit, etwa die „Accademia Olimpica" in Vicenza, die das Theater ihres Mitglieds Palladio 1585 mit einer Festaufführung des *Ödipus* von Sophokles einweihte. Auf ihren Spielplänen standen, wenngleich nur vereinzelt, auch Tragödien und Schäferspiele, und ihre Komödien zehrten ganz unverhohlen von der Commedia erudita; die Figuren und Mentalitäten der „Innamorati", der jungen Liebenden, waren samt den dazugehörigen Handlungsmustern direkt von ihr übernommen, für andere vermittelte sie die Vorbilder: den aufschneiderischen Offizier (miles gloriosus) und den alten Vater (senex) der antiken Komödie und den Pedanten der neueren. Man darf sich die Commedia dell'arte also nicht zu geist- und sprachlos und literaturfern vorstellen, ihre Fabeln waren immerhin dramaturgisch durchorganisiert und kein Possenchaos, und ihr Witz beruhte nicht zuletzt auf dem Wort, der schlagfertigen Replik oder der parodistischen Rede. Daß sie sogar Autorenehrgeiz besaß, zeigte spätestens 1611 die erste Buchausgabe

Pulcinella aus Neapel war häßlich und körperlich wie sozial benachteiligt. Da er ansonsten kaum individuelle Eigenschaften besaß, konnten sich viele Rollen aus ihm entwickeln und viele Nationen ihn adaptieren. Auch in der bildenden Kunst wurde er eine beliebte Figur und trat meist in Scharen auf, wie etwa bei Domenico Tiepolo. (Federzeichnung von Georg Friedrich Schmidt, 2. Hälfte des 18. Jahrhunderts)

32

von fünfzig Szenarien, Inhaltsangaben mit detaillierten Rede- und Spielhinweisen, von Flaminio Scala.

Den improvisierenden Schauspielern waren die Szenarien ein unentbehrliches Korsett. Sie benutzten aber auch vorformulierte Textelemente wie Abgangsreime, witzige Antworten oder Vielzweckmonologe, die in Repertorien zusammengestellt wurden. Schließlich legten sie auch Sammlungen ihrer „Lazzi" an, nämlich der spielerischen, sprachlichen und szenischen Erfolgsnummern und Gags. Francesco Andreini hat sie, als er sich von der Bühne zurückzog, sogar veröffentlicht (1607).

Deutlicher und weitergehend als andere Formen des komischen Theaters hat die Commedia dell'arte einen festen Grundbestand von Personentypen ausgebildet; man kann sie geradezu gleichsetzen mit dem Ensemble solcher stehenden Figuren. Da diese mit Ausnahme der Innamorati und der Dienerin alle Masken trugen, hat man auch die Figuren einfach „Masken" (maschere) genannt, was ihren stereotypen, theaterhaften Gattungscharakter unterstreicht. Sie existierten unabhängig von den Rollen, die in den Fabeln für sie vorgesehen waren, und standen zugleich in immer wiederkehrenden Spielzusammenhängen, gerieten ständig in ähnlichen Situationen aneinander. Ihre Charakteristik und Konfiguration lagen fest und hatten sich nur an verschiedenen Stoffen und Motiven auf der Bühne erneut zu entfalten.

Die meisten Schauspieler verkörperten lebenslang dieselbe Figur. Daß Andreini Sohn noch mit 73 Jahren den Liebhaber Lelio spielte, bezeugt, wie wenig es dabei auf Psychologie und einen Abbild-Realismus ankam, wie sehr aber auf Erfahrung und Technik. Tiberio Fiorilli wurde noch mit 80 als Scaramouche bejubelt (derselbe, dessen Lebensgeschichte sein Kollege Costantini erzählte), und Giovanni Pellesini führte seinen Pedrolino zuletzt im Alter von 87 vor.

Bei solch festgefügter Typologie überrascht, ja verwirrt die Vielzahl der Namen und Varianten, die im Laufe der Entwicklung auftauchen. Aus der Unmenge von Doppelgängern, Namensvettern und sonstigen Verwandten lassen sich für jede Figur lange Ahnenreihen zusammenstellen, die von der alten Commedia dell'arte über ihre französische Filiale, die „Comédie italienne", in viele Theaterregionen reichen und sich bis in benachbarte Sparten verzweigen, wie die Pulcinella-Reihe in die Pantomime und ins Puppentheater (Punch, Petruschka, Kasperl). Darin spiegelt sich nicht nur der allgemeine kulturelle Wandel und der Wechsel von regionalen und nationalen Spielarten, auch ganz individuelle Erfindungen setzten ihre Akzente und stifteten Traditionen. So haben fast alle bisher genannten Schauspieler neue „Masken" eingeführt oder tradierte verändert und umbenannt. Am weitesten ging dabei der besagte Tiberio Fiorilli, der sogar ein Definitionsmerkmal aufgab, indem er die Maske ablegte; sein Scaramouche wirkte vor allem durch seine stummen mimischen Reaktionen. Doch blieb die normierende Kraft des Genres groß genug, um noch die spektakulärsten Ausnahmen zu Triumphen der Regel zu machen.

Schon die ersten Nachrichten über die Commedia dell'arte und die ältesten Abbildungen (in Frankreich und Bayern, bei Hof entstanden: das Gemälde von Porbus, die Holzschnitte aus der *Sammlung Fossard* und die Fresken im Schloß Trausnitz über Landshut) unterscheiden drei Figurengruppen: die jungen Verliebten mit wechselnden Namen, den alten Verliebten und Gefoppten Pantalone und die Diener, von denen einer immer

Zanni heißt. Der Name ist venezianisch und kommt vermutlich von Giovanni; das deutet bereits auf eine lange Familiengeschichte, denn diese Typen hießen in ganz Europa fast immer Hans und hatten Hunger: Hans Wurst, Jean Potage, Jan Pickelhering, Jack Pudding, Hans Knapkäse...
Der Vorname Zanni wurde dann zum Plural und Gattungsnamen der Diener. Unter ihnen ist Harlekin (Arlecchino) die Hauptfigur, und das bedeutet der eigentliche „Held" der ganzen Gattung. Er stammt aus Bergamo und steht für die vielen Bauern aus dem Umland dieser Stadt, die sich in Venedig als Lastträger verdingen mußten. Sein geflicktes Gewand, bald zum grün-rot-gelben Dreiecks- und Rautenmuster stilisiert, deutet seine Armut an. Er trägt einen Gürtel mit Beutel und Holzschwert oder Pritsche, eine formlose Mütze und eine schwarze Maske bis über die Oberlippe. Sein Kollege Brighella, ebenfalls aus Bergamo und im dortigen Dialekt sprechend, vertritt dagegen das städtische Proletariat, das es bis zu herrschaftlichen Diensten bringen konnte. Sein Kostüm, weite weiße Bluse und Hose mit grünen Querstreifen an Hosennaht, Ärmeln und Brust, ähnelt deshalb einer Livree. Dazu kommt eine Art Kochmütze, eine verwegene Visage mit Hakennasenmaske, Bart und zotteligen Haaren und ebenfalls Gürtel, Beutel und Schwert. Will man sie „charakterlich" unterscheiden, so ist Brighella der Aktivere, der schlaue und skrupellose Leiter der Intrige, während Arlecchino meist die Prügel dafür bezieht.

Beider Handeln und Schwatzen aber ist gegen die städtische Oberschicht gerichtet. Deren Hauptvertreter ist Pantalone, der geizige Kaufmann aus Venedig, Familienvater, aber an Amouren noch durchaus interessiert, nicht ungefährlich und doch am Ende stets das Opfer der Intrigen. Er hat ein enges rotes Wams und rote Kniehosen an, darüber einen langen schwarzen Mantel, am Gürtel Börse und Dolch; unverkennbar seine Gesichtsmaske mit der langen spitzen Nase, dazu der spitze Kinnbart und die Wollmütze mit langem Zipfel. Er geht oft etwas knickebeinig und hat eine Hand auf dem Rücken. Ihm beigesellt, aber meistens mit ihm zerstritten ist der Dottore, der die akademische Führungsschicht vertritt, ein lächerlicher Jurist aus Bologna, unentwegt redend, ein Muster weltfremder, unanwendbarer, schematischer Gelehrsamkeit. Er trägt eine Art Amtsrobe mit Wams, Kniehosen, Strümpfen, weitärmeligem, kurzem Mantel und Schlapphut, alles in Schwarz, eine weiße Halskrause, Degen, und im Gürtel immer ein Papier oder ein Taschentuch. Charakteristisch ist seine schwarze Stirnmaske mit Knollennase und Knebelbart. Auch er ist Vater einer Tochter oder eines Sohns im Heiratsalter, und auch seine Pläne mit diesen scheitern an der List der Innamorati und Diener.

Dieses Kernpersonal, das für die gängigsten Verwicklungen ausreicht, wird in der Regel erweitert um den Capitano, einen Offizier der jeweils verhaßtesten Militärmacht auf italienischem Boden, also häufig einen Spanier mit eisenfresserischen Beinamen wie „Matamoros" (Maurentöter) oder „Spaventa nella valle inferna" (Schrecken des Höllentals) und entsprechend bombastischer Kleidung: spanischer Hut mit Feder, Pluderhosen, Puffärmel, drapierter Mantel, Riesenschwert oder -säbel. Er ist ein Schwadronierer, Phantast und Feigling und macht die Liebes-, Ehe- und Mitgiftgeschichten komplizierter als sie sein müßten, weil er sich als Mitbewerber einschaltet. Als möglicher Rivale von jedermann in jeder Sache, sozusagen der dramaturgische Libero, belebt er die Handlung mit unverhofften Händeln.

Dic Commedia dell'arte
hatte ein festes
Figurenschema mit
ungewöhnlich vielen
Abwandlungen im
einzelnen. Gian Fritello
(links) variierte bei Callot
den Brighella-Grundtypus.
(Feder- und Kreide-Studie
zu den *Balli*, vor 1622)

Der venezianische
Kaufmann Pantalone
(rechts) gehörte zu den
ältesten Figuren. Er
veränderte sich auch in der
französisierten Commedia
dell'arte nur wenig, trat
aber in den Hintergrund.
(Radierung von Jean-
Antoine Watteau, um 1715)

Pierrot und Arlequin
(links) waren Hauptfiguren
der Comédie italienne und
beliebte Bildmotive. Dieses
Blatt kopierte sie
seitenverkehrt aus einem
Stich von Cochin (um 1720)
nach einem verlorenen
Gemälde von Watteau.

Angelo Costantini (rechts)
kreierte 1683 diese sanges-
und trinkfreudige fidele
Figur in modischen
Kleidern und gab ihr den
eingeführten Namen
Mezzetin. (Stich von C.
Vermeulen nach einem
Gemälde von François de
Troy, 1694)

Um auch den Zanni erotische Aufregung zu bescheren, gibt es schließlich eine Dienerin, Franceschina, Smeraldina, Colombina oder sonstwie geheißen. Ihr Kostüm übernimmt später das Rautenmuster, was Arlecchino eigentlich beruhigen könnte. Endlich spielen Frauen die weiblichen Rollen. Das hatte es bisher nur bei den römischen Mimen und ausnahmsweise in drei oder vier geistlichen Spielen des 15. Jahrhunderts gegeben. Diese Neuerung der Commedia dell'arte wurde besonders vom französischen Theater bald aufgegriffen.

Die norditalienischen Grundtypen blieben ein recht konstantes Gefüge, wenn sie auch ständig anders hießen. So war Brighella nur der verbreitetste Name einer ganzen Familie von Francatrippas, Scapinos, Mezzetinos oder Sganarelles, und Arlecchino wurde noch bei Goldoni Truffaldino genannt. Solche Varianten hingen häufig nur mit einer anderen musikalischen Fähigkeit zusammen. Stärkere Bewegung ins System brachte der Zuzug von Figuren aus dem neapolitanischen Volkstheater. Der dort kreierte Stotterer Tartaglia und der freche Mandolinenspieler Coviello konnten das alte Ensemble wohl einmal unterwandern und Dottore und Brighella ersetzen, Scaramuccia den Capitano überflüssig machen und Pulcinella, die eigentümlichste Schöpfung Neapels, zur Konkurrenz aller Zanni werden. Dieser Pulcinella mit der zu weiten weißen Bluse und Hose, ursprünglich einem Bauerngewand, mit Buckel, Bauch und Hakennase, dem hohen Hut und der Halskrause, blieb immer ein etwas rüder Possenreißer und Clown ohne ausgeprägte Individualität und fehlt deshalb in den künstlerisch anspruchsvolleren toskanischen Szenarien. Er wurde jedoch zur beliebtesten Karnevalsmaske seiner Heimat. Der Comédie italienne hatte er keinen „Charakter", aber ein Kostüm zu vermachen, in das der französische Bauer Pierrot schlüpfte, ein nüchterner Faulpelz, der die Narrheiten der anderen durchschaut. (Zum sensiblen Ironiker wurde er erst bei Watteau.)

Daß die Commedia dell'arte eine so breite und andauernde historische Wirkung hatte, lag nicht zuletzt an ihrer Aufnahme in Frankreich. Von den Gastspielen der Truppe des Zan Ganassa, die 1572 zu dem Fest beitrug, das zur berüchtigten Bluthochzeit werden sollte, bis zur vorläufigen Verbannung durch den bigott gewordenen Sonnenkönig, der seine Madame de Maintenon durch ein Stück über eine falsche Prüde verspottet sah (1697), war es ein Siegeszug von fast logischer Folgerichtigkeit. Von Anfang an verbanden die Wandertruppen die königlichen Einladungen und das Spiel bei Hof mit Aufführungen in öffentlichen Gebäuden in Paris, wo sie oft monatelang auftraten. Die wachsende Popularität und der Schutz des Italieners Mazarin, der Frankreich regierte, ließen die italienischen Komödianten 1653 in Paris seßhaft werden, wo sie bald mit Molière den Saal des Petit Bourbon und dann das Palais Royal teilten und sich 1680, als Ludwig XIV. mit der Fusion der beiden französischen Schauspielensembles die Comédie Française schuf, als Comédie Italienne allein im freigewordenen Hôtel de Bourgogne etablierten. Natürlich war das auch ein Prozeß der Anpassung an französische Theatererwartungen. Den entscheidenden Schritt vollzog Domenico Biancolelli, als er den Charakter des Harlekin veränderte, gleichsam das Herz der Gattung wandelte, und der Figur einen „esprit" verlieh, der ihr bis dahin fremd gewesen war. Bald wurde Colombine eine ebenso beherrschende Figur von hellem Witz, mit dem sie auch Standesgrenzen leichter übersprang als andere. Am Ende sprach man französisch, spielte geschriebene Stücke und benutzte die szenische Tech-

nik der Barockbühne. So dokumentiert es die sechsbändige Ausgabe der Texte des *Théâtre italien*, die Dominiques Arlequin-Nachfolger Evaristo Gherardi 1700 herausgab. Sie vor allem vermittelte das Genre weiter in andere Länder.

Als Ludwig XIV. achtzehn Jahre nach der Ausweisung der italienischen Komödianten starb, holte der Regent eine von Luigi Riccoboni zusammengestellte Truppe ins Hôtel de Bourgogne zurück. Für sie schrieb Marivaux

Im Jahrmarkttheater bieten Harlekin, Mezzetin, Pierrot und Hanswurst (oben) ihre Dienste als Quacksalber und Zahnärzte an. (Holländisch, um 1700)

seine frühen Komödien. Doch der alte Glanz stellte sich nicht mehr ein.
1762 vereinigte sich das Nouveau Théâtre Italien mit der Opéra Comique,
1780 wurden seine letzten italienischen Schauspieler entlassen. Der bewegliche Geist der Commedia dell'arte aber hatte längst das Medium gewech-
selt und fand sich romantisch verklärt in den Gemälden von Watteau,
anmutig-heiter in den Meißener und Nymphenburger Porzellanfiguren
eines Johann Joachim Kändler und Franz Anton Bustelli oder den Fresken
eines Joseph Lederer (Maskensaal im Schloß von Böhmisch-Krumau/
Krumlov) oder Domenico Tiepolo wieder. Im 20. Jahrhundert kehrte er im
Triumph auf die Bühne zurück: bei Reinhardt, Meyerhold, Copeau, in der
Oper, bei Strehler, Dario Fo, Ariane Mnouchkine ...

Nicht nur in der höheren
Theaterkultur der
Nachwelt hat die
Commedia dell'arte eine
illustre Rolle gespielt; zum
Ferment wurde sie auch in
der handfesteren
Geschichte des Unfugs und
des Volksvergnügens. Als
die Comédie italienne aus
Paris verbannt war,
schöpften die beiden
Unterhaltungsbühnen der
„Foires" bereits aus ihrem
komischen Fundus.
In Deutschland beschränk-
te sich die Wirkung auf den
Spaßmacher. Als erster
deutscher Harlekin ist 1707
Leonhard Andreas Denner
belegt. Aber schon die
lustigen Personen, die von
den Clowns der bei uns
einflußreicheren englischen
Komödianten abstammten
(vor allem Hanswurst und
Pickelhering) trugen
manchmal Züge des
Commedia dell'arte-
Personals, im Kostüm, in
ihren Lazzi.
(Titel der wohl frühesten
Abhandlung über die
Figur; als Autor nennt sich
ein sonst unbekannter
Filamon aus Miseinen,
1666)

Das elisabethanische Theater

Ein weiteres Theater-Modell – und -Muster bis heute – hat im 16. Jahrhundert England hervorgebracht. Sein epochaler Wert und fortwirkender Vorbildcharakter ist jedoch kaum auf ein paar Begriffe zu bringen. Es ist die Vorstellung einer besonders intensiven und vielschichtigen Kommunikation, die sich mit dem elisabethanischen Theater als einem der glücklichsten Momente der Theatergeschichte verbindet, und da es sich in einem Werk wie dem Shakespeares niedergeschlagen hat, hört es nicht auf, uns zu beschäftigen und zu faszinieren.

Warum ist dieses Theater in unseren Hoffnungen und Konzepten so lebendig geblieben, obwohl seine Bedingungen unwiederbringlich dahin sind? Es liegt sicher nicht nur an der bunten Fülle und Mannigfaltigkeit, die es uns in Shakespeares Stücken darbietet, sondern an einem zugrundeliegenden „dramatischen" Prinzip: diese Kunst weist geradezu exemplarische Gegensätze auf. Sie ist einfach und äußerst komplex, kennt das Derbe und das höchst Verfeinerte, verbindet krude theatralische Sensation mit hochartifizieller Sprachkunst, stellt knappe Direktheit neben blühende Metaphorik, verknüpft menschliche Alltäglichkeit mit allegorischer Stilisierung, mischt das Komische mit dem Tragischen, das Historische mit dem Phantastischen – um nur weniges zu nennen. Die Spannung zwischen diesen Polen ist die denkbar größte, und doch bleibt alles in der Balance. Diese spannungsvolle Balance, die etwas anderes ist als indifferente Ausgewogenheit, erscheint als das bestechendste Merkmal der Shakespeareschen Stücke wie des elisabethanischen Theaters.

Historisch ist das begreifbar aus den gesellschaftlichen und kulturellen Verhältnissen in der Regierungszeit Elisabeths I. (1558–1603). Balance ist auch hier das Kennwort. Es war eine Zeit des Umbruchs, in der vieles miteinander in Berührung kam und spannungsreiche Verbindungen einging, was lange getrennten Entwicklungen unterlegen hatte. Im raschen Wandel von der Natural- zur Kapitalwirtschaft lösten sich die alten feudalen Strukturen auf und wichen einem kurzfristigen Interessenbündnis von Krone, neuem Kleinadel und Bürgertum, das auch kulturell bestimmend wurde. Die Bewegung, in die alle erstarrten Ordnungen gerieten, wurde andererseits in Fassung gehalten durch eine neue mächtige nationale Orientierung. London wurde weltstädtisches Zentrum eines politisch und

London wurde unter Elisabeth I. zur Weltstadt auch des Theaters. Auf den beliebten Stadtansichten, von denen bis zum großen Brand im Jahre 1666 über hundert erschienen, sind die beflaggten Rundtheater von Bankside (unten links) immer deutlich hervorgehoben. Matthäus Merians Kupferstich (1638) nach verschiedenen Vorlagen zeigt einen Zustand von etwa 1616.

39

ökonomisch erstarkten englischen Staates, den nach dem Untergang der spanischen Armada (1588) auch von außen nur noch wenig bedrohte. Die geistigen Kräfte der Renaissance kamen in einem Gemeinwesen, das sich durch die raschen Umschichtungen seiner lebendigen Gegenwärtigkeit besonders bewußt geworden war, vielfältig und breit zum Tragen. Nationales und individuelles Selbstgefühl trat in Widerstreit zu den tradierten Forderungen nach gesellschaftlicher und konfessioneller Unterordnung und bestärkte das Bedürfnis nach Erörterung und Selbstdarstellung; die neue Kunst der Rhetorik lieh ihm bisher unentdeckte Ausdrucksmöglichkeiten.

Das Theater wurde zum wichtigsten Kristallisationspunkt dieser neuen Öffentlichkeit. In stetiger Folge entstanden seit 1576 an den Rändern der City von London jene großen öffentlichen Theaterbauten, die das bisher nur sporadische Spiel der Truppen auf eine ganz neue Basis stellten. Geschützt und gestützt durch Patronate etablierte sich ein gut durchorganisiertes Berufstheatersystem, das der ungeheuren Theaterleidenschaft eines aus allen Schichten zusammengesetzten Publikums mit großem Formenreichtum begegnete. Auch hier wieder das Gleichgewicht und die Verschmelzung von gegensätzlichen Traditionen: der einer vorliterarischen Volkstheaterkultur und der einer humanistischen Buchdramatik. Theater und Drama gingen zusammen wie selten in der Kulturgeschichte, vereinigten sich auf höchstem Entwicklungsstand. Dem entsprach die Kombination von Aktivitäten, etwa auch Shakespeares als Autor, Schauspieler und Teilhaber eines genossenschaftlichen Theaterunternehmens. Die Fähigkeit zur Synthese zeigte sich bis in die Praxis der Bearbeitung und Koproduktion, die Hälfte aller Stücke hatte mehr als einen Autor. Mobilität, Austausch und Balance schließlich auch zwischen den beiden entgegengesetzten Typen des offenen Rundtheaters und des rechteckigen Saaltheaters, zwischen denen Shakespeares Truppe pendelte.

Es war eine Synthese auf Zeit. Das elisabethanische Theater blühte, solange die konträren Kräfte in dem empfindlichen Gleichgewicht blieben, das sie füreinander produktiv machte. Doch bereits in der Regierungszeit Jakobs I. begannen sie wieder auseinanderzustreben. Die glückliche Disposition, die Shakespeares Werk begünstigt, wenn nicht ermöglicht hatte, ging schon in seinen späten Schaffensjahren mehr und mehr verloren und hatte sich bis 1642 ins Gegenteil verkehrt, als das puritanische Bürgertum durch Parlamentsbeschluß die Schließung aller Theater erwirkte. Achtzehn Jahre, solange das Regiment der religiösen Eiferer währte, durfte in England nicht mehr öffentlich gespielt werden. Bis zur Restauration des Stuart-Königtums waren alle Theaterbauten, bis auf einen, abgerissen. Der Erbfeind des Theaters hatte endlich gesiegt, gründlich und auf ganzer Linie.

Schon immer war den Londoner Großbürgern, den Kaufleuten und Manufakturbesitzern, die den Magistrat beherrschten, das Theater ein Dorn im Auge gewesen. Es sei ein Ort der moralischen und physischen Ansteckung, wo Aufrührer, Diebe und Dirnen ihr Unwesen trieben, es halte die Lehrlinge von der Arbeit und die Gläubigen vom Kirchgang ab und was dergleichen Vorurteile mehr waren, die die Puritaner gegen Freizeitvergnügen im allgemeinen und die darstellende Kunst im besonderen hegten. Der Staatsrat nahm ihre Beschwerden nur in einem Punkt ernst, nämlich darin, daß das Theater die Pest zwar nicht verschulde aber verbreite, und so wurden oft monatelange Spielverbote erlassen, wenn die Seuche wieder wütete. Gegen die Drohungen und den Verordnungseifer der Londoner Stadtbehörden hatten die Schauspieltruppen ansonsten einen doppelten Schutz: den der Königin (und später in noch höherem Maße der Stuart-Könige) und den der einflußreichsten Adligen, deren Hofstaat sie nominell angehörten und deren Livree sie pro forma trugen, um nicht unter die strengen Antivagabundengesetze zu fallen.

Die Begründung des elisabethanischen Theatersystems begann mit juristischen Scharmützeln. 1572 wurde das Bettler- und Vagabunden-Statut erneuert, was die darin ausdrücklich erwähnten Schauspieler zwang, sich ihre Schirmherrschaften verbriefen zu lassen. Eine Parlamentsakte erschwerte die Lizensierung, ein königliches Patent schlug dagegen eine Bresche für die Truppe des Earl of Leicester und bekräftigte bei dieser Gelegenheit auch die Zensurhoheit des Hofes. Die Londoner Stadtväter hinwiederum untersagten alle Aufführungen in den Höfen der Wirtshäuser und blockierten damit die wichtigsten Spielstätten. So wurden neue an Plätzen gesucht, die der Verfügungsgewalt des Stadtrats entzogen waren. James Burbage, der Leiter der Leicester-Truppe, errichtete 1576 vor den Toren Londons im nordöstlichen Erholungsgelände von Shoreditch das erste öffentliche Theatergebäude und nannte es schlichtweg „das Theater". Gleichzeitig wurde im Baukomplex des ehemaligen Konvents der „Blackfriars" (Dominikaner) ein kleineres Privattheater eingerichtet, die einzige Bühne innerhalb der Stadtmauern, aber rechtlich in einer höfischen Enklave gelegen. Im Jahr darauf entstand nahe dem „Theatre" das „Curtain". Die nächsten Theater baute man im Vergnügungsviertel Bankside südlich der Themse, wo bereits die Stierkampf- und Bärenhatzarenen standen: das „Rose" (1587), das „Swan" (1595) und – mit dem Holz des abgerissenen „Theatre" – das durch Shakespeare berühmte „Globe" (1599). Es folgten im Norden das „Fortune" (1600) und „Red Bull" (1605) und im Süden das zweite „Globe" für das 1613 abgebrannte erste und das „Hope" für den alten „Bear Garden" (1614). Letzteres diente fortan beiden Zwecken, der Tierhatz und der Menschendarstellung. So kam in jedem Jahrzehnt, die Schließungen eingerechnet, ein ständig bespieltes großes öffentliches Theater hinzu.

London war um 1600 unbestritten das Theaterzentrum der Welt, sein Theaterleben eine auch von ausländischen Besuchern bestaunte Attraktion. Den Berichten der Fremden verdanken wir einen Großteil unserer Kenntnisse. Mit 3000 Plätzen gaben sie die Kapazität eines Hauses an, und neueste Untersuchungen zum zweiten „Globe" bestätigen diese Zahl. Ebensoviele Zuschauer gingen im Tagesdurchschnitt in die Vorstellungen, das waren anderthalb Prozent der Einwohner! Wenn auch die bürgerlichen Mittelschichten schwächer vertreten waren und die Privilegierten, die genügend Zeit und Geld für Theaterbesuche hatten, überwiegen mochten, so bot das Publikum doch ein vielfarbiges Spektrum. Es kam einem Querschnitt durch die Gesamtgesellschaft gleich und spiegelte deren Spannweite und extreme Gegensätze. Das Theater aber, das mit seinen komplexen Mitteln alle ansprach und zu einer gemeinsamen Reaktion brachte, war ein lebendiges Symbol für die Balance ihrer Widersprüche.

An dieser Leistung hatten die Bauten keinen geringen Anteil. Sie waren aus der Spielpraxis heraus entstanden und nicht, wie etwa die italienischen Renaissancetheater, durch den Stilwillen von Architekten. Plattform und

Das erste Globe-Theater
1599–1613
A – Haupteingang
B – Der „Hof", wo die
    „Gründlinge" standen
    (für 1 Penny Eintritt)
C – Einlässe zur unteren
    Galerie (Bezahlung
    eines weiteren Penny)
D – Treppe
E – Korridor
F – Mittlere Galerie
G – Logen für die „Lords"
    oder „Gentlemen"
H – Bühne
J – Abhängung
K – Die „Hölle" genannte
    Unterbühne
L – Bühnenfalltüre
M – Auftritts- und
    Abgangstüren
N – Zugehängter „Raum
    hinter der Bühne", der
    für besondere Szenen
    enthüllt wurde
O – Galerie, für die
    Musiker, für
    Zuschauer, bisweilen
    bespielt
P – Bereich hinter der
    Bühne im
    Garderobenbau
    („tiring-house")
Q – Künstlereingang
R – Garderoben
S – Fundus und Magazin
T – Winden und Züge für
    Flugerscheinungen
U – Der „Himmel"
W – Hissen der
    Theaterfahne
    während der
    Vorstellungen
(Rekonstruktionszeichnung
von C. Walter Hodges,
1958)

Bühnenhaus perfektionierten die geläufige Budenbühne, und die Zuschauergalerien verbanden die Struktur der Wirtshaushöfe mit der Rundform der Arenen. Der Bautyp selbst, das freistehende Gebäude, wollte nichts anderes sein als die Lösung eines organisatorischen Problems, indem er es ermöglichte, von allen Zuschauern systematisch und einfach das Eintrittsgeld zu kassieren. Derart funktional bestimmt, Metiererfahrungen nutzend und gleichsam von innen nach außen gebaut, ermöglichte das elisabethanische Rundtheater auch räumlich eine optimale Kommunikation. So ist es ein großes Vorbild des Theaterbaus geworden, oft in Einzelheiten und im Prinzipiellen kopiert und als ganzes noch immer Gegenstand einer konkreten Utopie: seit 1900 will man das Globe-Theater historisch getreu am alten Platz wieder errichten und neuerdings auch in Detroit (U.S.A.).

An Shakespeares Bühne und die antike Bühne hat man sich stets gehalten, wenn man eine Alternative zum Guckkasten suchte. Wie die altgriechische Orchestra war die elisabethanische Plattform der zentrale Spielplatz, auf den hin sich alles ausrichtete, ein tief in den nichtüberdachten Hof vorspringendes, offenes, neutrales Gerüst, auf dem sich die Spieler „vollplastisch", in einem dreidimensionalen Aktionsraum exponierten. Die „Theatralik" dieses Theaters war eine imaginierte, nicht visuell festgelegte, Sprache und Spiel allein lenkten die Vorstellungen der Zuschauer. Und wenn einmal ein Sprecher direkt an ihre Phantasie appellierte, wie der „Chorus" in Shakespeares *Heinrich V.*, so war das kein epischer Notbehelf und Ersatz für Dekorationen, sondern ein virtuoses Spiel mit dem Fiktionscharakter des Ganzen.

Wer diese Plattformbühne als Errungenschaft und nicht als Mangel begreift, wird es auch überflüssig finden, von einer „dreiteiligen" Bühne zu sprechen. Was einmal unauthentisch als „Hinterbühne" oder „inner stage" bezeichnet worden ist, hat sich in der Forschung längst reduziert zu einem flachen Kabinett oder bloßen Wandvorhang, der gelegentlich als Versteck (etwa für Polonius im *Hamlet*) oder für eine „Entdeckung" benützt wurde, aber beileibe keine „Innenszenen" abtrennte. Was auch zu Shakespeares Zeit manchmal „Oberbühne" genannt wurde, waren Galerieplätze, die statt Zuschauern oder Musikern auch einmal einer Julia als „Balkon" oder einem Herold als „Zinne" dienen konnten. All dies lokalisierte nicht „Schauplätze" – die Frage, wo eine Szene spielt, war zweitrangig gegenüber der Frage, was in ihr geschieht; man unterschied dramaturgisch nicht wie später nach „Bildern" –, aber es erweiterte die räumlichen Bezugsmöglichkeiten des Spiels auf der Plattform, wie andere Einrichtungen auch: die Bodenklappe zur Unterbühne, wo Ophelias Grab sein konnte, die Luke im Bühnenhimmel, wo vielleicht ein Gott erschien, die Türen und Tore des ganzen Hauses.

Obwohl die elisabethanische Bühne keine Szenenbilder zeigte, war sie doch nicht karg. Schnitzwerk und Malereien schmückten ihre Bauteile und erhöhten ihren Schauwert. Von allergrößtem Prunk aber waren die Kostüme. Der Theaterunternehmer Philip Henslowe, von dessen Geschäftspapieren sich einiges erhalten hat, gab für ein Gewand manchmal weit mehr aus als für ein neues Stück. Die Ausstattung der Figuren erhöhte ihr dramaturgisches Gewicht und ihre Plastizität und betonte ihre Konfiguration statt ihres „Milieus". Das konnte die Spieler bis zu einem gewissen Grad sogar unabhängig machen von den besonderen Kontaktchancen der Plattformbühne. Was von Bedeutung war, denn sie hatten diese nicht

Neben den öffentlichen Rundtheatern wie dem „Globe" gab es kleinere Saalbühnen, die denen in den Adelspalästen glichen und deshalb Privattheater genannt wurden. Das bedeutendste war das zweite „Blackfriars"-Theater, 1596 von James Burbage gebaut, wo zunächst Knabentruppen und dann Shakespeares „King's Men" spielten. Bis 1629 wurden drei weitere eröffnet. Die Eintrittspreise waren höher, das Publikum exklusiver. (Rekonstruktionszeichnung von J. H. Farrar, 1921 von G. Topham Forrest in der *Times* veröffentlicht)

immer zur Verfügung. Im übrigen enthielten die Stücke selbst „rampennahe" und „rampenferne" Figuren. Manchen Volkstypen, Narren und Schurken war es häufiger erlaubt, sich mit den Zuschauern direkt ins Benehmen zu setzen.

Um das englische Theatersystem jener Zeit zu verstehen, muß man auch seinen ausgeprägt kommerziellen Charakter im Auge behalten. Die Truppen waren kaum mehr nach dem Muster von Zünften organisiert, sondern Wirtschaftsunternehmen von acht bis zwölf Schauspielern, die sich meist mit einem bestimmten Betriebskapital in die Gesellschaften eingekauft hatten. Diese Teilhaber stellten drei oder vier „boy actors" als Lehrlinge ein, zumindest sprechtechnisch schon ausgebildete Knaben, die die Frauenrollen spielten, dazu einige „hired men", wöchentlich entlohnte Angestellte für Kleinrollen, Statisterie und technisch-organisatorische Aufgaben. Der wichtigste unter diesen war der „book-keeper" oder „prompter", der die Basisfunktionen eines Dramaturgen, Inspizienten und Souffleurs versah.

Die erfolgreichsten Truppen dieser Art waren die „Lord Chamberlain's Men" (später „King's Men") und die „Lord Admiral's Men" (später „Prince Henry's Men"). Für die erstere schrieb und spielte Shakespeare seit 1594; ihr Hauptteilhaber Richard Burbage, Sohn des Theater-Besitzers, war zugleich ihr Star und der erste Darsteller von Richard III., Hamlet, Lear, Othello und anderen tragischen Shakespeare-Rollen. Ihre wichtigsten Komiker waren William Kempe, der bis 1599 die Clown-Figuren und vielleicht den Falstaff spielte, und sein Nachfolger Robert Armin, der eine verfeinerte Spielart einführte, wie sie die weisen Narren in *Was ihr wollt* und *König Lear* charakterisiert. Die Admirals-Truppe wurde von dem erwähnten Henslowe, dem einflußreichsten Impresario und Erbauer mehrerer Theater, finanziert; sein Schwiegersohn Edward Alleyn, der die großen Marlowe-Helden verkörperte, war hier der geschäftliche und künstlerische Leiter.

Zum Erfolg gehörte, daß die Truppen auch bei Hof spielten. Die Einladung dorthin bedeutete Prestigegewinn und hohe Zusatzeinnahmen. Es spricht für die Flexibilität auf beiden Seiten, daß die Königin für ihre Festlichkeiten, mit Schwerpunkt von Weihnachten bis Epiphanias, einfach Sondervorstellungen aus dem laufenden Programm der öffentlichen Theater buchte, und die Truppen ihre Inszenierungen ohne weiteres den unterschiedlichen Festhallen und Bankettsälen von Whitehall, Hampton Court oder den vielen anderen königlichen Residenzen an der Themse anpaßten. Geändert wurde dabei nicht viel, höchstens die Ausstattung „szenisch" bereichert. Das ließ der „Master of the Revels", Chef des Hofamts fürs Vergnügen, besorgen, der im Auftrag des Lordkämmerers auch die Vorzensur des gesamten Repertoires vornahm und dafür hohe Gebühren von den Truppen verlangte. (Diese Zensur bestand bis 1968! Sie wurde erst auf langjährigen Druck der öffentlichen Meinung aufgehoben.)

Im Sommer und wenn in London Epidemien herrschten, zogen die Truppen auch durch die Provinz. Das füllte die Kasse, wie es den Ruhm mehrte, wenn sie in den „Inns of Court", den Juristenakademien westlich der City spielten. Eine starke Konkurrenz erwuchs ihnen eine Zeitlang in den Chorknaben der Königlichen Kapelle und der Lateinschule von St. Paul's, deren Spieltalente in den Privattheatern von geschickten Managern kommerziell ausgewertet wurden. Da die Knaben sich jedoch allzu gut auf Satiren verstanden, wurden ihre Truppen häufig verboten und aufgelöst. Durch einen solchen Fall kamen die King's Men 1608 sogar in den glücklichen Besitz des (zweiten) Blackfriars-Theaters, wo sie nun zusätzliche Winterspielzeiten bestritten.

Bei einem solchermaßen blühenden Spielbetrieb brauchten die Truppen in der Regel alle zwei Wochen ein neues Stück. Das machte einige Autoren reich, aber keinen „literarisch" berühmt. Als Dichter wurde auch Shakespeare nur deshalb angesehen, weil er Versepen und Sonette veröffentlicht hatte. Stückeschreiben dagegen galt als ein Handwerk, das man eines Tages auch aufgeben konnte, wie Francis Beaumont, als er eine reiche Heirat machte, oder Shakespeare, als sein „Globe" abbrannte. Daß der selbstbewußte Ben Jonson 1616 seine Stücke als *Werke* – und noch dazu im Folioformat – drucken ließ, war ein provokanter Aufwertungsversuch, der bald auch Shakespeare, nein uns, zugute kommen sollte: 1623, sieben Jahre nach seinem Tod, erschien in Folio die Gesamtausgabe, ohne die wir nur die Hälfte seiner Dramen hätten.

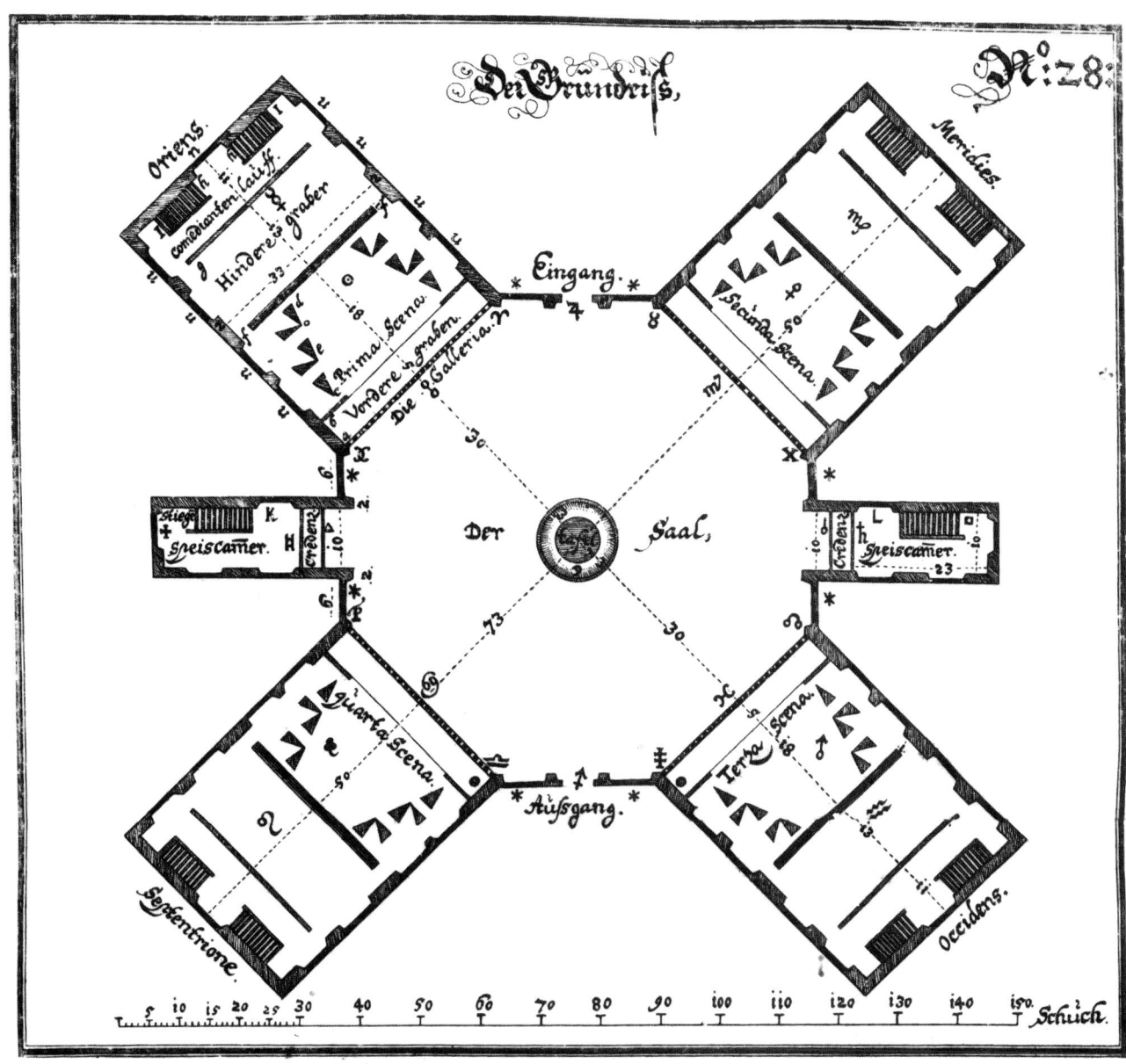

Bühnen des Barock

Den Ehrentitel eines Dichters, den Jonson seinem Kollegen Shakespeare in dem berühmten Nachruf des Foliobandes zuerkannte, beanspruchte er für sich selbst noch an einer ganz anderen Front. Seit 1605 hatte er sich darauf eingelassen, zusammen mit dem neuen königlichen Architekten Inigo Jones jene „Court Masques" zu gestalten, die bald zur Hauptattraktion der Stuart-Hoffeste wurden, dies allerdings weniger durch die allegorisch-mythologischen Erfindungen und die Verse des Poeten Jonson als vielmehr durch die ingeniösen Maschinen- und Ausstattungskünste des Inszenators Jones. Die „Masques", hervorgegangen aus höfischen Festbräuchen mit Aufzügen Maskierter, unter die sich auch das Herrscherhaus gerne mischte, wurden jetzt zu aufwendigen Spektakeln, Pracht- und Machtdemonstrationen der Krone, die den Hof unterhielten und seine Gäste beeindrucken sollten.

Theaterbau und Bühnenbild entwickelten sich im Barock zu großer Pracht und Perfektion. Man suchte nicht nur das Zweckmäßige, sondern auch das Originelle, Erstaunliche, den Rekord. So entwarf der Ulmer Architekt Joseph Furttenbach 1650 einen Speisesaal mit der Tafel in der Mitte, umgeben von vier Bühnen mit Verwandlungstechnik: Totaltheater. Die hier paarweise verwendeten Drehprismen waren freilich schon veraltet. (*Mannhaffter Kunstspiegel*, Augsburg 1663)

Da geschahen Wunderdinge folgender Art: ein riesiger, von innen beleuchteter Globus drehte sich unter der Figur der Vernunft, einer schimmernden Grotte entstiegen die vier Temperamente und tanzten einen Schwertertanz, Wolken zerteilten sich und gaben ein ganzes Panorama von Göttern und Halbgöttern frei, die qualmende Hölle setzte elf Hexen dagegen, die aber bald zwölf Königinnen Platz machten und sich später als Begleiterinnen eines von Löwen gezogenen monarchischen Triumphwagens wiederfanden. Ein andermal erschienen die Königin und ihre Damen als schwarze Nymphen, Töchter des Niger (so war es ihr Wunsch gewesen), und wurden in einer Muschel über eine Wasserfläche bewegt. Und immer Tänze, Lieder und Erläuterungen.

Den Augenschmaus, den sein Partner zubereitet hatte, pflegte dann Jonson zu beschreiben, meist grämlich pflichtbewußt und einmal sarkastisch schließend: „Soviel zum leiblichen Teil". Die „Seele", den dichterischen Entwurf und sein bleibendes Zeugnis im Buch, wollte aber niemand so hoch wie er veranschlagen. So kam es in der Zusammenarbeit immer wieder zu Reibereien und endlich (nach immerhin 26 Jahren) zum Bruch, weil sich die beiden „Autoren" nicht einigen konnten, welcher Name zuerst auf einem Titelblatt genannt werden sollte. Als Karl I. sich in dem Streit erwartungsgemäß für Inigo Jones entschied, machte sich Ben Jonson in polemischen Ausfällen gegen das Theater der Ingenieure, Anstreicher und Schreiner Luft.

Der Fall ist bezeichnend für einen theaterhistorischen Wandel in ganz Europa. Nach den Dramatikern und Schauspielern beherrschten jetzt die Ausstatter und Architekten die Szene, und mit ihnen die Musiker und Choreographen. In Spanien vollzog sich der Wandel nicht weniger krass als in England. Lope de Vega zum Beispiel berichtete 1630 ernüchtert, was seiner Ekloge *Der Wald ohne Liebe* bei der Hofaufführung widerfahren war: „Meine Verse waren das wenigste". Und als Calderón fünf Jahre später sein erstes Festspiel in Buen Retiro produzierte, hatte er erst einmal klarzustellen, daß er als Dichter mitarbeite und nicht als Librettist, der die Vorwände für szenische Effekte liefere.

Das Prioritätsgerangel verweist hier wie anderswo auf Umstellungsprobleme bei der Ausrichtung aller Künste auf eine neue aristokratische Festkultur. Das theatralische Gesamtkunstwerk, dem sich die Einzelkünste bald ohne Sträuben einfügten, hatte nun vor allem den Auftrag, fürstliche Größe zu bezeugen, nach innen wie nach außen. Es gehörte zum politischen Ritual der Herrscher. Diese wetteiferten nicht nur in Aufführungsglanz miteinander, sondern suchten sich auch mit der Dokumentation in Festbüchern gegenseitig zu übertrumpfen. Das höfische Festtheater löste die bisher beschriebenen Theaterformen freilich nicht einfach ab, wie ja auch der Absolutismus nicht urplötzlich und überall als das dominierende politische System hereinbrach. Aber es zeigte sich deutlich als zukunftsträchtige Alternative an, weil hier Techniken erfunden und entwickelt wurden, die früher oder später in alle europäischen Theaterbereiche eingingen. Der Ursprung lag wieder einmal in Italien.

Florenz war schon früh neben Rom, Ferrara und Mantua das Zentrum der theatralischen Festkultur geworden und blieb es konkurrenzlos hundert Jahre lang. Bei der heiratspolitischen Tüchtigkeit der Medici waren es meist Hochzeiten, gelegentlich auch Staatsbesuche, die sie mit prunkvollen Einzügen, Turnieren, Seeschlachten (auf dem Arno oder auch im Hof des

Das höfische Fest gab den stärksten Impuls und weitesten Rahmen für die Entfaltung der theatralischen Bildkünste. Führend war Florenz, besonders seit in den Uffizien ein Theatersaal mit moderner Bühne eingerichtet war. Die Radierung von Callot (1617) ist die einzige Abbildung dieses Hoftheaters.
Aus Anlaß einer Hochzeit zwischen den Häusern Medici und Gonzaga wurde eine dramatisch-musikalisch-tänzerische Abendunterhaltung geboten, die in wunderlicher Mischung von Geschichte und Sage beide Geschlechter auf ein mythisches Liebespaar zurückführt. Am Ende des 1. Aktes ist das Paar von den Göttern, die in den Wolken erscheinen, aus Circes Bann und der Gewalt des Riesen Typhon befreit, und die Begleitchöre tanzen nun über die Rampe ins Parkett, wo sich bald das Publikum beteiligt. (*Die Befreiung des Tyrrhenus und der Arnea, der Erzeuger des toskanischen Blutes*, in Bühnenbildern von Giulio Parigi)

Palazzo Pitti), Pferdeballetten und Bühnenspielen feierten. Dafür zogen sie Architekten und Maler wie Giorgio Vasari (uns besser bekannt als Künstlerbiograph und Erbauer der Uffizien), Bernardo Buontalenti und Giulio Parigi heran, deren Theaterkünste wiederum durch Schüler und ausländische Besucher ins Weite wirkten: Inigo Jones vermittelte als Baumeister, was er von Palladio, als Szenengestalter, was er von den Florentinern sah, nach England; Jacques Callot aus Lyon lernte und arbeitete 1612–21 bei Parigi und verhalf dessen Entwürfen mit seinen Radierungen zu internationalem Ruhm; Joseph Furttenbach aus Ulm studierte dort zur gleichen Zeit und breitete, was er erfuhr, zu Hause in mehreren Büchern aus; Parigis Rivale Cosimo Lotti schließlich wurde 1626 vom toskanischen Großherzog zum spanischen König geschickt, um an dessen Hof eine neue Theaterära nach heimischem Muster zu begründen.

Um welche Errungenschaften ging es? Die Bühne der Renaissance, wie sie noch Serlio dargestellt hatte, war ein unbetretbarer Schauraum von Architektur-Attrappen gewesen. Um ihn zum mobilen Spielraum zu machen, war einmal mehr die Baubibel des Vitruv von Nutzen. Im 5. Buch ist da von sogenannten „Periakten" die Rede, dreiseitig bemalten, drehbaren Prismen in den Toren der Bühnenrückwand, mit denen die Hellenen die drei Szenentypen angedeutet haben sollen. Das beschäftigte die Phantasie der Theateringenieure: konnten diese „telari", wie sie bald hießen, nicht die unbeweglichen Winkelrahmen ersetzen und durch gleichzeitige Drehung die Szene verwandeln? Offenbar ist schon um 1540 in diesem Sinne experimentiert worden, ihre Verwendung 1565 durch Vasari ist wahrscheinlich, in den 1580er Jahren waren sie gebräuchlich.

Sie lösten vor allem das Aufführungsproblem der Intermedien: seit man an den Höfen Komödien und (seltener) Tragödien spielte, war es üblich, zwischen den Akten musikalische und pantomimische Einlagen zu bringen. An diesen Intermezzi fand das Publikum oft mehr Gefallen als an den Stücken selbst mit ihrem Einheitsbühnenbild. Sie entwickelten sich zu immer ehrgeizigeren Zwischenspielen in veränderter Szenerie, bis Ende des 16. Jahrhunderts selbständige Gattungen daraus wurden, das Ballett und die Oper. Der entstehungsbedingte „Varieté"- Charakter der Intermedien nahm sie von Anfang an aus vom poetologischen Dogma der drei Einheiten, jener pseudo-antiken Forderung nach Einheit der Zeit, des Ortes (!) und der Handlung. Das freieste theatralische Genre taugte somit am besten zur stofflich-thematisch weitausgreifenden Verherrlichung des Festgebers. Hatten die Komödienbühnen der Renaissance gelegentlich mit einer erkennbaren Stadtansicht von Ferrara oder Venedig, Pisa oder Florenz irgendeinem Anlaß sozusagen in aller Unschuld gehuldigt, so setzte die barocke Intermedienbühne um des fürstlichen Beilagers willen buchstäblich Himmel und Hölle in Bewegung. *Die Hochzeit der Götter* hieß eines der letzten bedeutenden Spektakel der Medici (1637). Der Titel bezeichnet sinnfällig das Doppelte, um das es immer ging: die irdischen Götter und die olympischen, das dynastische Ereignis und seinen szenischen Reflex.

Wo die symbolischen Geschichten das ganze Universum durchliefen, wo Wasser, Luft und Feuer am Fest auf Erden teilnahmen, da waren der Bühne auch technisch neue Dimensionen erschlossen. Die Dekorationen von Buontalenti und Parigi zeigten tiefe, teils reale, teils illusionistische, den Blick ins Unendliche ziehende Räume und benutzten unentwegt Flugapparate und Versenkungen, um die Szene auch nach oben und unten auszuweiten. All diese Maschinerien der Erscheinungs- und Verwandlungstechnik bedurften letztlich der festen Einrichtung von Theaterhäusern. Ein gutes Dutzend temporäre, nur für einige Aufführungen oder Spielzeiten errichtete sind schon vor Palladios Teatro Olimpico nachgewiesen, darunter zwei von ihm selbst. Aber gerade das architektonische Wunderwerk der Bühne von Vicenza war, inszenierungsgeschichtlich gesehen, nicht auf der Höhe der Zeit. Ihre Scaenae frons störte das Illusionsstreben Scamozzis, der den Bau vollendete; seine Zutaten wogen für ihn den Grundfehler nicht auf. Als er deshalb wenige Jahre später in Sabbioncta bei Mantua ein kleineres Teatro Olimpico zu bauen hatte, entwarf er es ohne diese Schauwand, ersetzte sie gleichsam durch ihr vergrößertes Mitteltor und skizzierte dahinter die bekannte (altmodische) Straßenperspektive mit Winkelrahmen. Entscheidend an diesem Schritt war die Einführung des Portalrahmens, des Proszeniumsbogens, der die Bildbühne baulich einfaßte und als Realitätsausschnitt kennzeichnete. Das geschah in Sabbioneta nicht zum ersten Mal, wird hier jedoch in seiner Folgerichtigkeit besonders faßbar. Um die ästhetische Realität des Bühnenraums von der Wirklichkeit des Auditoriums vollends zu scheiden, diente gelegentlich der Vorhang, der nach dem Vorbild des römischen „aulaeum" nach unten abzusenken war. Er enthüllte und verhüllte das Illusionsbild am Anfang und am Ende, hatte aber keine Funktionen bei seiner Verwandlung.

Das erste ständige Theater, das den Anforderungen des Szenenwechsels entsprach, war das 1585 von Buontalenti in den Uffizien eingerichtete Teatro Mediceo. Es wurde bis 1628 für höfische Festaufführungen benutzt, genau bis zu dem Jahr, in dem in Parma ein anderer moderner Prachtbau mit einem Hochzeitsspektakel eröffnet wurde, das bereits 1618 von Giovanni Battista Aleotti im Obergeschoß des Palazzo della Pilotta eingebaute Teatro Farnese. Als Hoftheater war auch dieses ein Mehrzweckgehäuse mit einem Parkett als bislang undefinierter Zwischenzone, die sowohl einem Stehpublikum als auch Spielaktionen Raum bieten konnte. Wieder war sie arenaartig umgeben von einer steilen, diesmal zwölfstufigen Estrade. War deren Grundriß in Vicenza halboval, in Florenz rechteckig und in Sabbioneta glockenförmig, so in Parma stadionähnlich. Schon bei der Einweihung griff die Handlung von der Bühne aufs Parkett über, Turniere wurden dort ausgetragen, und am Schluß setzte man es gar unter Wasser, um einen florentiner Schaueffekt zu übertreffen.

Darüber konnte die wichtigste Neuerung des Teatro Farnese leicht übersehen werden: sein vollausgebildetes Kulissensystem. Die Kulisse, ein flacher, mit bemalter Leinwand bespannter Lattenrahmen, der in Gleitrinnen auf dem Bühnenboden rampenparallel in die Szene zu schieben war, diese letzte entscheidende Erfindung der barocken Verwandlungstechnik, war von Aleotti schon 1606 in Ferrara verwendet worden. Der Vorteil gegenüber dem Periakten-System lag neben der einfacheren Handhabung darin, daß jetzt mehr als drei Bilder einander ablösen konnten, wenn man entsprechend viele Kulissen hintereinanderschichtete oder austauschte. Mit der Einführung von Kulissen, ergänzt durch Soffitten und bewegliche Abschlußprospekte, war das Renaissance-Prinzip des plastischen Bühnenbaus endgültig zurückgenommen und die Erzeugung einer Tiefenraumillusion einzig malerischen Mitteln anvertraut. Die Perspektivkünste waren weit genug entwickelt, um alle denkbaren Raumformen, auch Kurven,

Die Radierung von Callot auf der folgenden Doppelseite zeigt das Schlußbild der Tragödie *Il Solimano* von Prospero Bonarelli. Das syrische Aleppo brennt, Adrasto (Ad) rächt die ungerechte Hinrichtung seines Herrn, vor ihm Acmat (Ac), der Rat des Sultans. Ein Stück voller Palastintrigen, vom Autor 1619 dem Großherzog der Toskana gewidmet, der in den Türkenkriegen Verdienste erworben hatte.
Man hat das Bühnenbild Giulio Parigi zugeschrieben, doch ist keine Aufführung in Florenz belegt. Wohl aber diente ein florentiner Szenenentwurf Buontalentis von 1589 als Vorlage. Das erklärt, daß die Einheitsdekoration noch mit Winkelrahmen gebaut ist. Ohne orientalische Züge gehört sie zum alten Typ der „scena tragica", erweitert durch das oft kopierte Motiv der drei Straßenfluchten. Das Feuer auf der Bühne war technisch kein Problem.

Ad.

Diagonalen und übergroße Motive, so auf die einzelnen Kulissenflächen zu projizieren und zu verteilen, daß Dreidimensionalität vorgetäuscht wurde. Mit der Schrägstellung von Kulissen löste man Spezialprobleme, die Malweise berücksichtigte die „Luftperspektive" durch entsprechende Abtönung der Farben, Beleuchtungswechsel verfeinerte die Wirkung.

Den letzten technischen Mangel beseitigte Giacomo Torelli 1641 mit einem neuen System zur schnellen synchronen Verschiebung der Kulissen. Er verlängerte sie durch Schlitze im Bühnenboden bis zur Unterbühne, wo sie auf Schienen-Wagen befestigt und durch Seile über Rollen und Walzen so miteinander verkoppelt waren, daß (wie es hieß) ein fünfzehnjähriger Junge im Handumdrehen alle auf einmal zur programmierten Verwandlung bewegen konnte. Solche raschen Bildwechsel vollzogen sich nun nicht allein am Szenen- oder Aktende, sondern vorzugsweise mitten in der Aktion. Sie wurden zu Überraschungseffekten und dramaturgischen Angelpunkten, bestaunte Wunder und Symbole der wandelbaren Welt.

Hatte bisher das höfische Fest die Entwicklung der Szenographie bestimmt, so gehörte Torellis Neuerung einem anderen Theatertyp zu. Triebfeder war zwar nach wie vor die junge Gattung der Oper, nun aber die kommerziell betriebene. Im republikanischen Venedig entstand ab 1637 ein Opernhaus nach dem anderen. Die Theaterleidenschaft, die hier ausbrach, machte auch im Theaterbau Epoche. Denn nun wurde, um möglichst viel Publikum unterzubringen, der Zuschauerraum nicht mehr in Form einer Arena mit Stufenreihen angelegt, sondern mit mehreren hufeisenförmigen Rängen übereinander in die Höhe gezogen. Seine Verdunkelung lenkte die Aufmerksamkeit ganz auf das Kunstereignis auf der Bühne. Das Parkett war nun eindeutig für die Besucher da; hier stand und drängte sich das wenig zahlende Volk. Für Patrizier, Adlige und Touristen, die auf gesellschaftliche Absonderung Wert legten, wurden die Ränge in Logen

Giacomo Torelli erfand in Venedig ein System zur schnellen Verwandlung der Szene. Diese hier spielt im Hafen von Patera und zeigt die Unschuld zu Lande, Neptun zu Wasser und die Gerechtigkeit in der Luft. Als der Meergott das Lob der Lagunenstadt verkündete, erschien auf seinen Wink ein Prospekt mit der Piazzetta. (Kupferstich von Giovanni Giorgi zum drama musicale *Il Bellerofonte* von Vincenzo Nolfi/Francesco Sacrati, Venedig 1642)

54

unterteilt. Diese waren teurer und wurden langfristig vermietet, eine Früh-
form des Abonnements, die das Geschäftstheater absichern half.

Die venezianische Szenenkunst strahlte noch einmal weit aus in andere
Länder. Torelli wurde 1645 von Mazarin nach Paris geholt und machte die
Franzosen mit der Oper und seinem Kulissensystem bekannt. Obwohl das
gerade wiedereröffnete Théâtre du Marais mit ebenso perfekter Bühnenmaschinerie lockte, errang er einen Riesenerfolg, den er wie in Venedig
durch die Veröffentlichung seiner Szenenentwürfe festigte. So weit ging die
Verherrlichung seiner Dekorationen und Maschinen, daß Mazarin den
prominenten Corneille, Mitglied der Académie Française, bat, zu Torellis
Bühnenbildern einer Orpheus-Oper, die nur sechsmal hatte gespielt werden können, ein neues Drama zu schreiben (*Andromède,* 1650), damit sie
weiter gezeigt werden konnten.

Eine andere Erfolgsspur führte von Venedig nach Wien. Giovanni Burnacini, Parigi-Schüler und Torelli-Konkurrent, wurde 1651 an den Kaiser-
hof berufen, um ein „venezianisches" Opernhaus mit Kulissenbühne zu
bauen. Er brachte seinen Sohn mit, der zum Vollender des barocken
Festtheaters werden sollte. Ein halbes Jahrhundert lang wirkte Ludovico
Ottavio Burnacini am Hof Leopolds I. und stattete über hundert Inszenierungen aus. Seine berühmteste Arbeit als Architekt, Ausstatter und Thea-
teringenieur war 1668 die Prunkoper *Il pomo d'oro (Der goldene Apfel).*
Sie war Gipfel und Abschluß der anderthalb Jahre während Feierlichkei-
ten zur Hochzeit des Kaisers mit der spanischen Infantin und zugleich eine
gezielte Antwort auf die Versailler Festtage des Sonnenkönigs von 1664.
Natürlich mündete der Riesenaufwand in ein Kompliment an die Kaiserin:

Was dem Kaiser recht, war dem Kurfürsten billig. Auch an kleineren Höfen gab es hochgemutes historisch-mythologisch-allegorisches Theater, so im Heidelberger Schloß auf der 1663 von Furttenbach eingerichteten Bühne. (Kupferstich von Johann Ulrich Kraus zum Festspiel *Die Über alle Tugende Triumphirende Tugend Der Beständigkeit* des kurpfälzischen Hofbibliothekars Lorenz Beger, 1684)

statt Juno, Minerva oder Venus bekam sie den mythologischen Zankapfel zugesprochen. Bis zu dieser Pointe durchlief die Fabel nicht weniger als 22 Bilder von Burnacinis Erfindung, die wir als Kupferstiche alle noch bewundern können.

Wir brauchen hier nicht weiter zu verfolgen, wie sich der italienische Kulissenzauber durch Künstlerdynastien wie die der Vigarani, Galli-Bibiena, Mauro, Galliari oder Gaspari im Hochbarock und Rokoko in einem wahren Siegeszug durch ganz Europa verbreitete, auch Höfe wie die in München, Dresden, Petersburg, Prag oder Bayreuth erglänzen ließ und selbst Theaterzentren im protestantischen Norden (Braunschweig, Hamburg, Stockholm) erreichte. Da gab es Mengen- und Größenexzesse, die dem barocken Kunstwollen ja nicht fremd waren, wie Gasparo Vigaranis 1662 eröffnete „Salle des Machines" im Nordflügel der Tuilerien mit der Rekord-Bühnentiefe von 46 Metern (natürlich ein akustisches Desaster) oder ein 1675 in Rom in die Höhe geschossenes Logentheater mit sechs Rängen. Da gab es um 1700 aber auch eine letzte qualitative Veränderung des szenischen Gestaltungsprinzips. Ferdinando Galli-Bibiena, Haupt einer Familie von acht Szenographen, deren bekanntester sein Sohn Giuseppe war, reklamierte sie als seine Idee und beschrieb sie als „maniera di veder le scene per angolo", als Schrägansicht der über Eck gestellten Szenenräume. Die Zentralperspektive, bei der Fluchtpunkt und Blickpunkt auf derselben Mittelachse lagen, wurde also abgelöst durch eine

Winkelperspektive, bei der es keine Frontale und keine Symmetrie mehr gab. Tafelbilder zeigten das zwar schon seit zweihundert Jahren, auf Kulissen gemalt vermittelte es jedoch eine neue theatralische Anschauung. Bühne und Zuschauerraum wurden durch ihre verschiedenen Raumordnungen noch stärker getrennt, die Szene wirkte eigenständiger und „real" wie ein Schauplatz, in den man durch den schrägen Raumanschnitt des Portals wie zufällig Einblick erhielt, der Spielort öffnete sich und trat in Spannung zu einem Raum außerhalb, den sich die Phantasie des Zuschauers ergänzend ausmalte. Voll ausgeschöpft wurden diese Gestaltungsmöglichkeiten erst durch Ferdinandos Söhne und den in Rom und Turin wirkenden Meisterarchitekten Filippo Juvara.

Der Bericht von den Bühnen des Barock wäre aber unvollständig ohne einen Blick nach Spanien. Denn dort standen sich beispielhaft Volkstheater und Hoftheater, neutrale und Illusionsbühne gegenüber und fanden beide die höchste dichterische Rechtfertigung. Die Situation ähnelte der gleichzeitigen englischen. Auch in Spanien gab es die ungedeckten öffentlichen Theater mit Plattformbühne, Stehparterre und Galerien. Sie waren festinstalliert in den „corrales", den Höfen geeigneter Häuserblocks. Madrid war wie London Weltstadt eines zentralistischen nationalbewußten Staats. Entsprechend fand sich auch hier ein urbanes, aus vielen Schichten sich mischendes Theaterpublikum ohne dominierenden bürgerlichen Anteil. Im Parterre herrschten die gefürchteten „mosqueteros", die zu lärmen liebten wie bewaffnetes Fußvolk, aber auch sprachempfindlich, poesieempfänglich auf ihre vergötterten Autoren reagierten. Schließlich gab es auch in Spanien die glückliche Verbindung eines blühenden Theaters mit einer Vielzahl ungemein produktiver Dramatiker. Lope de Vega hat, wie er

Ohne Allegorie und Mythologie behandelte der Staatssekretär beim Herzog von Modena den Fall des englischen Königs Karl I., den das Parlament Cromwells 1649 hatte hinrichten lassen. Dem aktuellen politischen Stoff entsprach ein realistisch wirkender Innenraum ohne große Tiefe. Die Kostüme sind jedoch „all'antica", folgen also der Gattungstradition der Tragödie. (Kupferstich zur Tragödie *Il Cromvele* von Girolamo Graziani, Bologna 1671)

selbst sagte, etwa 1500 Stücke geschrieben, von denen wir die Hälfte dem Titel nach kennen und 470 als Texte besitzen. Ein „Ungeheuer an Natur" hat Cervantes ihn nicht zuletzt wegen dieser Leichtigkeit des Schaffens genannt. Tirso de Molina soll 300 bis 400 Stücke verfaßt haben, 86 sind erhalten; und Calderóns Werk umfaßt etwa 110 weltliche und 70 geistliche Dramen.

Kurz nach den Londoner Theatergründungen wurden auch in Madrid die beiden wichtigsten Spielhöfe eröffnet, der Corral de la Cruz (1579) und der Corral del Principe (1583). Karitative Bruderschaften hatten sie eingerichtet, verwalteten sie und vermieteten sie an die Schauspieltruppen. Anfangs gab die Commedia dell'arte den Ton an, die Italiener des Zan Ganassa gastierten sogar mehrere Jahre. Doch bald beherrschte die spanische Comedia, wie Lope de Vega sie schuf, die Nationalbühne. Nur die stehende Figur des Gracioso erinnerte noch entfernt an Arlecchino, doch war sie weniger ein Typ als eine Funktion: sie parodierte die Liebes- und Ehrenhändel der „Mantel- und Degen-Stücke" ebenso wie sie die heroischen Schicksale und Wunderbegebenheiten der Schauspiele auf die materialistische Ebene der Diener herunterspielte. Hohes und Niederes, Ernst und Komik waren bedenkenlos vermischt. Es gab keinen Stoffbereich, an dem sich die Comedia (Sammelbegriff für alle weltlichen Versdramen) nicht versuchte. Die ganze Welt kam auf die arme Bühne.

Daneben bestand eine Tradition der Fronleichnamspiele, die durch die Gegenreformation großen Auftrieb erhalten hatte. Die spanischen Autoren, die meist auch Geistliche waren (Tirso trat 1601 in einen Orden ein, Lope erhielt 1614, Calderón 1651 die Priesterweihe), schrieben dafür einaktige „autos sacramentales" (von lateinisch „actus"), oft als allegorische Varianten ihrer Comedias. Aufgeführt wurden sie auf Bühnen, die aus mobilen Teilen, einem leeren Spielgerüst und zwei oder drei Wagen mit doppelstöckigem Dekorationsaufbau, zusammengestellt waren. Hier wurde an Ausstattung nicht gespart, die ganze übersinnliche Welt im theatralischen Bild vergegenwärtigt.

Seinen sinnlichen Gipfel sollte das Bildtheater auch in Spanien im höfischen Fest erreichen. Eine merkwürdige Szene ging dem voraus: 1607 baute sich der Hof in einen Palasthof einen Bühnen-„Hof" nach Art der Corrales ein, lud Spieler und Volk zur Vorstellung und ergötzte sich voyeuristisch an der Aufführung ortsversetzten „Volkstheaters", machte ein ganzes Theater seinerseits zum Theater. Philipp IV. (1621–65 auf dem Thron) orientierte sich dann am italienischen Standard und inszenierte mit Hilfe des erwähnten Cosimo (Cosme) Lotti ein blendendes Königstheater, während die reale Macht von Krone und Reich rapide verfiel. In Calderón aber hatte er einen Mythologen, Festspieldichter und Hofbühnenleiter, der nicht nur dieses, sondern das ganze Illusionstheater des Barock geistig adelte, indem er es zugleich als Desillusionstheater begriff. Wie er sprachlich in seinen Metaphernketten alle irdischen Dinge glänzen läßt und zerstäubt, so fand er diesen Sinn im Bild des Theaters: wo die Bühne die Welt ist, ist die Welt nur Bühne.

Seconde Journée
Theatre fait dans la mesme allée sur lequel la Comedye, et le Ballet
de la Princesse d'Elide furent representez.

Klassisches französisches Theater

Auch in Frankreich hielt das Barocktheater seinen Einzug, zunächst mit
königlichen Tanzfesten, an denen sich der ganze Hof beteiligte, seit den
1640er Jahren auch mit der italienischen Oper und den beliebten „Maschi-
nenstücken" (pièces à machines) im Théâtre du Marais. Daß das Schauspiel dieser Richtung keineswegs fremd gegenüberstand, bezeugt Corneilles schon erwähnte *Andromède* und sein Festspiel *La Toison d'or (Das
Goldene Vlies,* 1660) zur Feier des Pyrenäenfriedens und der Hochzeit

Ludwig XIV. feierte 1664
im Park von Versailles ein
dreitägiges Fest mit dem
Titel *Les plaisirs de l'île
enchantée,* zu dem Molière
unter anderem mit einer
Ballettkomödie beitrug.
(Kupferstich von Israel
Silvestre aus dem Festbuch,
das in zwei Luxus- und
mehreren Duodez-
Ausgaben erschien)

59

Ludwigs XIV. mit der spanischen Infantin Maria Theresia. Von Molières Werken war ein gutes Drittel zuallererst für die Festlichkeiten des Königs geschrieben, ganz abgesehen von seiner führenden Mitwirkung an so spektakulären Inszenierungen wie den dreitägigen *Lustbarkeiten der Zauberinsel* in Versailles. Beide Autoren vereinigten sogar ihre Kräfte mit denen anderer Künstler in der „Tragédie-ballet à machines" *Psyché,* die 1671 als großes königliches „Divertissement" im 7000 Zuschauer fassenden Tuilerientheater unter Verwendung alter Operndekorationen in Szene ging.

Das war die extreme Schauseite, der „leibliche Teil" des französischen Theaters im 17. Jahrhundert, worin es dem anderer Länder glich. Trotzdem ist es berechtigt, von einem „klassischen" Theater in Frankreich zu sprechen, klassisch durch die erneute Anknüpfung an die Antike, die Harmonisierung und rationale Ordnung des barocken Unmaßes und die normsetzende, schulbildende Wirkung. Diese Klassik kam vor allem durch drei Faktoren zustande: den Kulturanspruch eines Publikums, das sich mit der Formel „la cour et la ville" selbst bezeichnete, also eine Koalition des Geschmacks von Hof und gehobenem Pariser Bürgertum, das Diktat einer Theorie und Kritik, die sich bisher ungekannter publizistischer Mittel bediente, und das Schaffen großer Dramatiker, die sich dieses kulturpolitische Programm zu eigen machten.

Nach der Blüte der Shakespeare-Ära und des spanischen Siglo de oro stand das Theater also zum drittenmal in einem Zeitraum von weniger als hundert Jahren im Zeichen einer epochalen dichterischen Vollendung. Die Klassizität von Corneille und Racine beschränkt sich heute freilich auf das französische Theater allein und ist auch da nicht mehr unangefochten. Den Deutschen ist der Ruhm dieser Klassiker umsonst gepredigt: es fehlt, noch schmerzlicher spürbar als bei Calderón, an Übersetzungen, die etwas von ihrem Menschenbild und ihrer Ästhetik sprachlich angemessen vermittelten. Dazu kommt die vorsätzliche literaturstrategische Verdammung seit Lessing, die selbst durch eine Bemühung wie Goethes Weimarer Spielplan 1800–1806, mit seiner Wiedergutmachung auch an Voltaire, nicht mehr aufzuwiegen war. Hier ist ein Defizit des Repertoires und Literaturverständnisses geblieben.

Die klassische Wende setzte für die französische Bühne um 1630 ein. Verglichen mit London und Madrid war das Theaterleben in Paris bis dahin eher ärmlich. Der einzige, schon 1548 von der „Confrérie de la Passion" eingerichtete Theatersaal im Hôtel de Bourgogne befand sich noch immer im Besitz der einst das geistliche Spiel pflegenden Laienbruderschaft, die ihn an wechselnde Truppen verpachtete. 1629 konnten sich in ihm die „Comédiens du Roi" mit einem Spielplan von Tragikomödien und Farcen für länger etablieren. Gleichzeitig ließ sich im Stadtteil Marais eine Truppe nieder und baute nach fünfjährigem Provisorium eine Tennishalle zu ihrem ständigen Domizil um. Diese Truppe unter dem Schauspieler Montdory führte sich mit einer neuartigen Komödie ein, dem Erstlingswerk eines Advokaten aus Rouen, Pierre Corneilles *Mélite.* Neuartig war der Anspruch: das komische Theater suchte die Anerkennung jener Gesellschaftsschichten, die für eine höhere Lebenskultur eintraten. Die Bühne schloß sich den Prinzipien der Verfeinerung an, die in den Salons seit 1618 formuliert wurden.

Dabei ging es um Ideale nicht nur der Poetik, sondern allgemein des gesellschaftlichen Umgangs, des sprachlichen Ausdrucks, des ästhetischen

Stils. Gesittung und Bildung, Lebensart und Anstand, Geist und Sinn für das Schickliche, all diese Tugenden waren mit „honnêteté“ und „bienséance“ gemeint, den Zentralbegriffen dieser neuen „vornehmen“ Lebenseinstellung und Kunstauffassung. Vertreten wurde sie einerseits von einer Aristokratie, die mit Richelieus Stärkung der Zentralgewalt mehr und mehr aus ihrer alten feudalen Opposition in Hofämter gedrängt wurde und statt politischer Macht kulturelle Funktionen erhielt, und andererseits von einem Bürgertum, das zunehmend Eingang in die käuflich-erblichen Staatsämter fand und so zum höheren Stand aufschloß. Richelieu schaltete sich in das kulturpolitische Bestreben dieses Geistesadels ein, indem er einem der Zirkel 1635 die Statuten einer „Académie Française“ gab.

Um die dramatische Produktion kümmerte er sich, indem er fünf Autoren, darunter Corneille, damit betraute, je einen Akt eines von ihm entworfenen regelgerechten Stückes zu verfassen. Die „Regeln“, die jetzt verpflichtend sein sollten, waren zwar schon vor gut hundert Jahren von den Humanisten in Anlehnung an Aristoteles verkündet worden, bekamen nun aber eine neue Begründung durch den glanzvollen Rahmen eines ganzheitlichen Kulturkonzepts. Gefordert war die Idealität der Dramenfiguren, die Bewunderung hervorruft, eine rhetorische Überformung der

Als Molière gestorben war und Corneille und Racine nicht mehr für das Theater schrieben, gründete Ludwig XIV. die Comédie Française. Sie blieb die Hochburg des klassischen Stils. Der Tragödienheld trug das typische Kostüm „à la romaine“ mit Brustpanzer, Hüftrock, Ärmeldrapierung und Federbusch, die Heldin und ihre Vertraute den zeitgenössischen Reifrock. Eine ironische Zutat des Malers ist im Hintergrund die Figur des Crispin aus der Comédie italienne. (Kupferstich von Jean M. Liotard nach einem Gemälde von Watteau, etwa 1720)

REPETITION DE MAHOMET.
Mr De Voltaire. ZOPIRE et Mr Le Kain. MAHOMET

Voltaires 55 Stücke, zur Hälfte Tragödien in der Nachfolge der Klassiker, wurden von seinem Debüt 1718 an für die Comédie Française zu einer wesentlichen Stütze ihres Spielplans. Obwohl er fast lebenslang von Paris verbannt war, nahm Voltaire leidenschaftlichen Anteil an den Inszenierungen. 1749 entdeckte er den Schauspieler Henri-Louis LeKain, der bald darauf Mitglied der Comédie wurde und fortan die großen Voltaire-Rollen spielte, mit besonderem Erfolg den Mahomet, den er hier unter Voltaires Anleitung einstudiert. (Miniatur auf Pergament von Johann Ludwig Wernhard Faesch, 1772)

Wirklichkeit, die sich jedoch an den Maßstäben der Vernunft und Wahrscheinlichkeit orientiert. Dazu gehörte, daß das Ernste nicht mit dem Komischen gemischt würde, die Tragödie nur unter hochgestellten, die Komödie nur unter niederen Personen spielte, und jene drei Einheiten eingehalten wurden, die in der Geschichte der literarischen Kritik nur zu oft als kleines Einmaleins mißverstanden und von banalen Köpfen als Anlaß zum Dreinreden mißbraucht worden sind. So auch in dem berüchtigten Streit um Corneilles hierin noch freizügigen *Cid* (1637), bei dem die Regeln zur Maßregelung des ungebärdigen Autors herhielten.

Die Einheit des Ortes, die ursprünglich nur das als unsinnig empfundene mittelalterliche Simultanprinzip ersetzen sollte, reduzierte die tragische Szene wieder wie in der Renaissance darauf, dem Spiel eine Aura und der Gattung eine allgemeine Würde zu geben. Meist wurde ein Allerweltspalast gezeigt, der den barocken Möglichkeiten der szenischen Verzauberung Hohn sprach. War das Bühnenbild also fast beliebig und unwichtig geworden, so wurden die Kostüme dafür immer mehr zu Kreationen, die sogar für die Mode der Zeit eine Rolle spielen konnten. Die dramaturgische Normierung nahm im übrigen eine gewisse theatralische Verarmung in Kauf, um die Bühne zum Ort einer geistigen Auseinandersetzung in exemplarischer Haltung und Rede zu erheben. Auf den dahinterstehenden politischen Anspruch antwortete Corneille politisch, indem er die Monarchie, die Richelieu so absolut über die Nation und den Einzelnen zu stellen im Begriff war, seinerseits zum Gegenstand des öffentlichen Räsonnements machte. Er präsentierte die Gegenrechnung: der loyalste Untertan

darf den Monarchen an die Utopie seines Amts erinnern, der „verstaat-
lichte" Mensch den menschlichen Staat fordern.

So brisante Themen hinderten Ludwig XIII. nicht, in einem Erlaß von
1641 eine Ehrenerklärung für den Schauspielerstand abzugeben und das
Theater zu subventionieren – eine Aufwertung, die freilich die Einstellung
der Kirche nicht änderte, wie Molière, Voltaire und andere erleben sollten.
Im selben Jahr eröffnete Richelieu in seinem Palast eine eigene Musterbühne, die zwanzig Jahre später als „Palais Royal" zur Spielstätte Molières
wurde.

Corneille hatte bereits 22 Stücke, meist für das Marais-Theater,
geschrieben und schwieg verbittert seit sechs Jahren, als Molière 1658 im
Louvre vor dem jungen Ludwig XIV. sein Probespiel absolvierte. Es war,
nachdem sein „Illustre Théâtre" 1644/45 gescheitert war, der zweite Versuch, in Paris Fuß zu fassen; dazwischen lagen dreizehn Wanderjahre in der
Provinz. Das Stück, das er für die alles entscheidende Vorstellung gewählt
hatte, war – eine Tragödie, *Nicodème* von Corneille. Erst mit dem Nachspiel, einer eigenen, nicht erhaltenen Farce von einem verliebten Doktor,
hatte er Erfolg. Der König wies Molières Truppe das Petit Bourbon am
Louvre zu und überließ ihr, als dieses 1660 wegen des Kolonnadenbaus
abgerissen wurde, das Palais Royal; 1665 verlieh er ihr den Titel einer
„Troupe du Roi".

Der Vorgang zeigt, daß der Souverän nun persönlich die Theaterdinge
regelte, und er zeigt außerdem, wie wenig festgelegt die Komödie in dieser
Situation noch war. Molière ließ auch später nicht davon ab, Tragödien, vor
allem von Corneille, zu spielen und brachte zwei von dessen Spätwerken

Voltaires *Mahomet* wurde
1742 von der Comédie
Française gespielt und bald
wegen Verletzung der
Religion abgesetzt. 1751
wiederaufgenommen, war
er ab 1755 fest im
Repertoire. Ist das
Probenbild bei einer der
halböffentlichen
Aufführungen entstanden,
die Voltaire auf seinen
vielen Privatbühnen
veranstaltete und in denen
er oft mitspielte, so zeigt
das Kostümbild LeKain in
gleicher Pose in der
Comédie. Sein Partner ist
jetzt Jean-Baptiste Brizard,
der dort von 1757 bis 1786
die Vaterrollen spielte.
(„Zeichnung nach der
Natur" von Whirsker in *Les
Métamorphoses de
Melpomene et de Thalie*,
Paris 1782)

und die ersten beiden Tragödien von Racine sogar in Uraufführung heraus. Die Komödie dagegen galt als Gattung zweiter Klasse und war der klassischen Doktrin weniger verpflichtet. Deshalb bot sie mehr Gestaltungsfreiheit und unerprobte Wirkungschancen.

Um diese zu erkunden, „springt" Molière geradezu von einem Genre zum anderen, vom Bewährten zum Experiment und vom Neuen wieder zum Alten. Darin ist nichts von einer „organischen" dichterischen Entwicklung. Keineswegs nur am Anfang greift er auf traditionelle Schemata von Plautus, der französischen Farce, spanischen Comedia und Comédie italienne zurück; immer wieder bedient er sich ihrer Intrigenmotive, Generationskonflikte, Spielmacherfiguren, ja selbst der akrobatischen Nummern und Lazzi seiner italienischen Kollegen im selben Haus. Doch wie er sie verarbeitet, das zeugt noch in der Burleske von klassischer Formkultur. Sprachliche Eleganz und dramaturgische Klarheit, die Kunst, eine Szene von ablenkenden Momenten reinzuhalten, Sinn für Proportion und die „Musik" der Entsprechungen, die Genauigkeit der Ironie – all das sind Kennzeichen einer Klassik ohne Korsett auch im komischen Theater. Eine besondere Grazie erreicht sie in der eigentümlichsten Gattungsform, die Molière geschaffen hat, der Ballettkomödie. Leider ist sie auch die am meisten verkannte, als bloße Hofkunst abgetane. Ein Dutzend Stücke zählt dazu, auch der *Bourgeois gentilhomme,* der eben nicht nur die Charakterkomödie eines Bürgers als Edelmann ist, sondern eine Comédie-ballet, die ohne die Tanzpartien ihren Sinn verliert.

In den Charakterporträts macht Molière das klassische Maß auch inhaltlich geltend. Geiz, Hypochondrie, Prinzipienreiterei und Menschenfeindlichkeit sind komische und manchmal tragisch getönte Monomanien, die gegen „nature", „raison" und den „bon sens" gleichermaßen verstoßen. Wo Molière aber Maßlosigkeit auch in der Gesellschaft satirisch aufdeckte, bekam er es mit starken Feinden zu tun. Der Ärzte-Ulk blieb harmlos, doch die „preziösen" Schöngeister machten Skandal, und die „lächerlichen Marquis" schlugen sogar handgreiflich zurück. Am schlimmsten war die Wut der Devoten: *Tartuffe* durfte fünf Jahre nicht öffentlich gespielt werden, *Don Juan* blieb zu Molières Lebzeiten verboten.

Molière starb 1673, im Jahr darauf zog sich Corneille endgültig vom Theater zurück und 1677 auch Racine. Die Ernte der Klassik wurde von den Schauspielern eingebracht. Racine hatte ihrer Kunst noch entscheidend zugearbeitet durch psychologische Abstufung und Sensibilisierung, eine unerhört flexible und betörend musikalische Verssprache und endlich große tragische Frauenrollen, die er mit der Du Parc und der Champmeslé selbst monatelang einstudierte. Ludwig XIV. aber spielte wieder einmal den Generalintendanten und legte 1680 die beiden königlichen Truppen zusammen, die des Hôtel de Bourgogne und die des Hôtel de Guénégaud, wo sich die Molière- und Marais-Akteure vereinigt hatten. Er wollte möglicherweise nur Kosten sparen und schuf das älteste Nationaltheater, die Comédie Française. Ihre 27 vom König ausgewählten Schauspieler waren Gesellschafter des Unternehmens, das somit höfisch regiert und zugleich „demokratisch" verfaßt war. Sie konservierten das klassische Theater und trugen seinen Ruhm und Reiz weiter.

In Deutschland gab es nach dem Dreißigjährigen Krieg nur primitive Schul- und Wanderbühnen. Ihre Kulissen und Soffitten, Prospekte und Kronleuchter, Vorder- und Zwischenvorhänge waren dem höfischen Theater entlehnt. Davor saßen die Bürger und genossen ausländische Klassiker (hier vermutlich den *Cid*) als Haupt- und Staatsaktionen. (Titelkupfer der *Teütschen Schawbühne*, hrsg. von Isaac Clauss, Straßburg 1655)

Vom höfischen zum bürgerlichen Theater

Bald nach der Gründung der Comédie Française zog sich Ludwig XIV. weitgehend vom Theaterleben zurück, zumal der Hof endgültig vom Louvre nach Versailles übersiedelte. In der Comédie wurde nun das bürgerliche Parterre tonangebend, was aber die „doctrine classique" nicht außer Kurs setzte. Im ganzen 18. Jahrhundert verstand sich das Théâtre Français als eine Nationalbühne, die ihre Pflege des klassischen französischen Repertoires problemlos mit der Produktion neuer Stücke aus dem Geist der Aufklärung verband. Voltaire, der meistgespielte zeitgenössische Tragödienautor, ist Kronzeuge dieser Haltung. Er fühlte sich zum Bewahrer des klassischen Erbes berufen und sah doch keinen Widerspruch darin, daß er die Tragödie zum Thesenstück umfunktionierte, daß er politische und philosophische Ideen der Aufklärung in Form von klassizistischem Theater propagierte. Die Comédie Française war als Institution stark genug, um dieses Kulturprogramm wirksam in der Öffentlichkeit zu vertre-

Das englische Theater hat Shakespeare zwar nie vernachlässigt, entdeckte im 18. Jahrhundert jedoch besonders in seiner Charaktergestaltung die starken Gefühlswerte, die das bürgerliche Publikum suchte. David Garrick entwickelte an Shakespeare eine neue realistische Darstellungskunst mit Sinnbetonung und Pausen beim Sprechen der Verse, viel stummem Spiel, lebhafter Mimik und raschem Wechsel der Haltungen. In seiner berühmtesten Rolle, als Hamlet, war er nach der Tagesmode gekleidet: offener langer Schoßrock, Knöpfweste, Halsbinde und weite Manschetten. (Schabblatt von James McArdell nach einem Gemälde von Benjamin Wilson, London 1754)

ten. Sie spielte täglich und festigte ihren Betrieb, nachdem sie zum letztenmal einer pauschalen Theaterverketzerung hatte weichen müssen und aus der Nachbarschaft des neueröffneten Kollegs der Vier Nationen vertrieben worden war, ab 1689 im neuen eigenen Haus, das im übrigen keine 300 Meter vom alten entfernt lag. Große Schauspieler standen ihr zur Verfügung, von der Champmeslé und Michel Baron, der schon als Kind bei Molière gespielt hatte, sich 1691 zurückzog, aber 1720–29 noch eine glanzvolle Alterskarriere erlebte, – beide auch als Stückeschreiber erfolgreich – über Adrienne Lecouvreur, die 1717–30 Triumphe feierte, bis hin zu den Protagonisten der Jahrhundertmitte: der Clairon, die mit ihrem Rücktritt 1766 ein Zeichen des Protests setzte gegen die immer noch andauernde Mißachtung der Theaterkünstler von seiten der Kirche und des Adels, und Henri-Louis LeKain. Einen vielbeachteten Sieg errangen sie ihrer Kunst, als es ihnen 1759 mit Voltaires Hilfe gelang, die adligen Zuschauer von der Bühne zu verbannen und damit ein jahrhundertaltes Gewohnheitsrecht abzuschaffen.

Waren das nun Schritte in Richtung auf ein „bürgerliches" Theater? Was sind dessen Merkmale? Aus dem Blickwinkel der deutschen Theatergeschichte neigt man dazu, die Begründung eines bürgerlichen Theaters mit dem Seßhaftwerden der Wandertruppen, dem Ende des Stegreifspiels und der Etablierung von „Nationaltheatern" gleichzusetzen. Diese Entwicklung war jedoch in einigen Ländern längst abgeschlossen und in anderen noch in weiter Ferne und vollzog sich selten durch das spezielle Zutun des Bürgertums. Selbst im deutschsprachigen Gebiet verdankt sie Entscheidendes dem Patronat der Höfe des aufgeklärten Absolutismus. Auch

In Deutschland wurde Shakespeare zum wichtigsten Geburtshelfer eines Nationaltheaters, zuerst in der dramaturgischen Theorie, seit den 1770er Jahren auch auf der Bühne. Die Abbildung zeigt den ersten deutschen Hamlet-Darsteller Joseph Lange (1773 am Wiener Burgtheater) in der selben Szene wie Garrick: Hamlet erblickt den Geist seines Vaters. Den tragischen Ausgang wagte der Bearbeiter Franz Heufeld seinem emotionssüchtigen und -gefährdeten Publikum allerdings noch nicht zuzumuten.
(Stich von Karl Hermann Pfeiffer nach einem Gemälde von Josef Hickel und der Zeichnung von Vincenz Georg Kininger im *Wiener Theater-Almanach für das Jahr 1795*)

begreift man bürgerliche Theaterkultur aus deutscher Sicht allzu leicht als Einheitsfront und Gegenwehr gegen den vermeintlich unverändert höfisch-aristokratischen Kultureinfluß der Franzosen in ganz Europa. Das Frankreich der Enzyklopädisten, der Aufklärung, der Revolution bleibt dabei unbeachtet. Was die Entwicklung vom höfischen zum bürgerlichen Theater, also zu den Grundlagen unseres heutigen Systems, kennzeichnet, deckt sich weder mit einem institutionellen Wandel noch mit einer Nationalidee. Es ist nur mit einem ganzen Bündel von Gesichtspunkten zu umschreiben.

Bürgerliches Theater ist ein wesentlicher Teil und geradezu das Symbol der bürgerlichen Öffentlichkeit, die sich Anfang des 18. Jahrhunderts in vielen Monarchien und Fürstentümern als Alternative zur „repräsentativen" Öffentlichkeit der Höfe herausbildete. Das Kaffeehaus, der Club oder die Lesegesellschaft waren neue Kommunikationsstätten, wo sich eine öffentliche Meinung ebenso formulierte wie im räsonnierenden Dialog der neuen publizistischen Medien, vor allem der Wochenzeitschriften. In diesen Zusammenhang wurde nun auch das Theater gestellt. Es sollte mehr sein als ein Status-Symbol und Ort des Vergnügens, es sollte – wie Voltaire sagte – „Lektionen der Tugend, der Vernunft und Wohlanständigkeit" erteilen und – wie Gottsched es ausdrückte – seine Zuschauer „allezeit klüger, vorsichtiger und standhafter" nach Hause schicken. Die Schaubühne wurde in der Programmatik der bürgerlichen Aufklärung also danach beurteilt, welchen Beitrag sie zur individuellen Lebensbewältigung und zum Fortschritt der menschlichen Gesellschaft leiste. Vor allem aber erwartete man von ihr die Förderung einer neuen Gefühlskultur: „sensibilité" trat neben „moralité", Empfindsamkeit neben Sittlichkeit im Katalog der höchsten Wirkungsziele, die Fähigkeit zum Mitleid gelte es zu entwickkeln, den edelsten Grundzug des humanen Charakters. So ist die „Einfühlung" ein Hauptmerkmal bürgerlichen Theaters geworden.

Die Theaterleute selbst hatten sich ihrer Leistungsmöglichkeit bewußt zu werden. Dem diente eine Theorie der Schauspielkunst, die ein hohes, erst im 20. Jahrhundert wieder erreichtes Reflexionsniveau besaß. Der Jesuitenpater Franciscus Lang, Luigi und Francesco Riccoboni, Aaron Hill, Rémond de Sainte-Albine, Claude-Josephe Dorat, Denis Diderot, schließlich ihre deutschen Übersetzer und Fortsetzer Lessing, Johann Friedrich Löwen, Johann Jakob Engel, August Wilhelm Iffland – sie alle schrieben vielzitierte Abhandlungen über die „körperliche Beredsamkeit", Physiognomik und Mimik, Deklamation und Menschendarstellung. Der Theorie korrespondierte eine ebenso aufmerksame und gedankenreiche Mimographie, eine detailversessene Beobachtungs- und Beschreibungskunst (Georg Christoph Lichtenberg, Johann Friedrich Schink). Indem man den Schauspieler theoretisch umsorgte, hoffte man zugleich, sein soziales Ansehen zu heben, den Grundsatz der Gleichheit auch auf ihn angewendet, ihn als Mitglied der bürgerlichen Gesellschaft anerkannt zu sehen. Ähnlich motiviert war die nun einsetzende Theatergeschichtsschreibung. Sie bemühte sich um den Nachweis des Nutzens und der Altehrwürdigkeit des Gewerbes und empfahl es der Wertschätzung und Fürsorge der Obrigkeit.

Bürgerliches Theater, das bedeutete schließlich die verläßliche Integration der Schaubühne in eine „wohlbestellte Republik", wie sie vor allem in Deutschland mit dem „Nationaltheater" gefordert wurde, zumindest ein der Anarchie enthobenes System stehender Bühnen mit festen Ensembles, subventioniert von der öffentlichen Hand und im Idealfall zum Nulltarif zugänglich, wie es in Paris zur Zeit der Französischen Revolution einmal versucht wurde. Als Gegengabe wurde das Theater auf Hebammen- und Pflegedienste an der dramatischen Literatur verpflichtet: das Repertoire als imaginäres Museum des Bürgers.

So bezogen sich die Theater-Reformideen letztlich auch auf das neue Drama. Es kam dem Selbstgefühl des dritten Standes entgegen, indem es Fälle vorführte, wo soziale Rollen vertauscht oder aufgehoben und Standesschranken durchbrochen werden, das Private, die kleinbürgerliche Familie als Idylle aus der dramatischen Verstrickung ausgegrenzt oder die Sozialutopie einer Insel oder Kolonie entworfen wird, wo Sklaven herrschen, Vernunft regiert (Marivaux). Die Ständeklausel der klassischen Poetik wurde bezweifelt und der Bürger als Held gezeigt, der tragischer Würde fähig ist oder – was bürgerlichem Optimismus mehr entsprach – seine Lebenseinstellung zum Triumph führt. Es kam zu einer Art Osmose oder gegenseitigem Abschleifen der Gattungen: die Tragödie wurde weniger tragisch, die Komödie weniger komisch. Also keine Synthese in der Tragikomödie wie im Volkstheater, sondern eine Annäherung; die Kluft zwischen den traditionellen Genres füllten die „comédie sérieuse" und die „tragédie domestique" aus, die ernsthafte Komödie und das Familiendrama. In beiden fand der dramaturgisch emanzipierte Bürger genügend Aktionsraum, seine Probleme auszuagieren und seine Kräfte zu beweisen: ein Probehandeln auf der Bühne. Und wenn das Schauspiel von keinem Adel wußte als dem metaphorischen der Tugend, wenn sich Menschsein

Mit der stärkeren Psychologisierung der Rollen im bürgerlichen Theater erwachte auch das Interesse an den Gebärden als Ausdruck der Gemütsbewegungen. Die Bildfolge aus dem Melodrama *Lenardo und Blandine* von Joseph Franz von Goetz belegt das doppelt: Goetz machte aus einer Ballade von Gottfried August Bürger ein tränenseliges Melodrama, nutzte also eine gerade aufkommende Mode des mehr gestisch-pantomimischen als rezitatorischen Theaters. Nach der Uraufführung an der National-Schaubühne München (1779) stellte er den Ablauf in einem umfangreichen Regieprotokoll und 160 Kupferstichen dar. Diese quasi wissenschaftliche Zergliederung gab er unter dem Titel *Versuch einer zalreichen Folge leidenschaftlicher Entwürfe für empfindsame Kunst- und Schauspiel-Freunde* heraus (Augsburg 1783). Unsere Auswahl zeigt die Stiche 23–31.

Gott hörts! treüe, unzertreñliche Liebe!   Nun nocheinmal dicht an meinen Busen!   Leb wohl. den —! ade!

O Weh wie schlägt dein Herz!   Schlaf süs! Schlaf wohl! —   Sie versuchen sich zu treñen —.

Sie trennen sich! —   Sie oefnen die Arme nocheinmal.   Und stürzen Busen an Busen zurük.

vor allem als eine bürgerliche Eigenschaft erwies, so war der aufsteigenden Klasse auch ideologisch der Boden bereitet.

Die hier skizzierte Verbürgerlichung des Theaters verwirklichte sich in den einzelnen Ländern von grundverschiedenen Ausgangslagen her und dementsprechend auf sehr unterschiedliche Weise. Die Beispiele England und Deutschland mögen das zeigen. In England schien 1660 mit der Wiederherstellung der Stuart-Monarchie und der anglikanischen Kirche erst einmal die extreme Gegenposition fest verankert zu werden. Doch war die Restauration ein Akt des Parlaments; es behielt im Gegensatz zu den französischen États généraux, die bekanntlich von 1614 bis 1789 nicht einberufen wurden, eine politische Schlüsselrolle. Das Parlament, in dem mit den Whigs und Tories Parteien im heutigen Sinne Fuß faßten, erwirkte auch den dauerhaften Sozialkompromiß der Glorious Revolution von 1688 und die Verfassung von 1689, die England faktisch zur konstitutionellen Monarchie machte. Da zudem die Nachfolger der Stuarts wenig Interesse am Theater hatten, währte dessen höfische Orientierung nicht lange. Zwar waren es zwei Höflinge, die zunächst die alleinige Spiellizenz erhielten, Sir Thomas Killigrew für seine King's Company und Sir William Davenant für die Duke's Company, und natürlich knüpfte ihr Theater an das im französischen Exil erlebte an, doch erhob es nicht den universellen Anspruch wie das höfische Festtheater des Sonnenkönigs. Und es konnte mangels moderner Stücke auch nicht auf das alte Repertoire verzichten, so wenig die von einer ganz anderen Spieltradition geprägten Werke von Shakespeare, Jonson, Beaumont und Fletcher dem neuen aristokratischen Geschmack behagten. Sie wurden ihm deshalb durch einschneidende Bearbeitungen angeglichen.

Das elisabethanische Volkstheater war 1660 tot, die Massen hatten den Kontakt zum Theater verloren, im Publikum dominierten jetzt die höheren Schichten, Hofkreise und modebewußte Eliten, Gentlemen und Snobs. Ein typischer Vertreter dieses „fashionable London", Samuel Pepys, hat uns Tagebücher hinterlassen, in denen er ein Jahrzehnt lang seine Schauspiel- und Opernbesuche schilderte, mit all den Intrigenkomödien und Histörchen, die sich auch im Sitzparterre, in den Logen oder auf den Galerien abspielten. Wir ersehen daraus die geringe gesellschaftliche Reichweite dieses Theaterlebens, das in der Halbmillionenstadt von zwei Truppen (1682–95 sogar nur einer) bestritten werden konnte, in Häusern, die nicht größer waren als die alten Privattheater. Sie entsprachen, was für das öffentliche Theater in London neu war, nun weitgehend dem kontinentalen Standard mit Kulissen, Verwandlungsmaschinerie, Proszeniumsbogen und Vorhang, behielten aber ein elisabethanisches Erbe bei, die weit in den Saal reichende Plattform, die man später „apron" (Schürze) oder Vorbühne nannte – zu unrecht, weil sie keine Zutat zum Guckkasten, sondern die eigentliche Spielfläche war, die man durch Proszeniumstüren betrat. Bis weit ins 19. Jahrhundert hinein verweigerte die englische Bühne die totale Illusion.

Endlich traten auch Schauspielerinnen auf, am liebsten in Hosenrollen, wo sie ihre Beine zeigen konnten. Nell Gwynn brachte es so zur Mätresse Karls II. Erstmals hatte England auch eine Autorin; von den siebzehn Stücken der Aphra Behn wurde noch kürzlich eines in London gespielt. Eine Neuerung gegenüber dem elisabethanischen Theater war auch die Erweiterung der Schauspielprogramme um Zwischen- und Nachspiele,

Musik- und Tanznummern; Prologe und Epiloge wurden zur festen Regel und boten den Spielern die Chance, sich ihrem Publikum anspielungsreich und geistvoll zuzuwenden. Den Hauptspielplan aber beherrschten zwei neue Gattungsformen, das heroische Drama, in dem diese Gesellschaft idealisiert, und die Sittenkomödie, in der sie skeptisch-realistisch dargestellt erschien. Die Autoren – John Dryden, Sir George Etherege, William Wycherley und Thomas Otway in der ersten Generation, William Congreve, Sir John Vanbrugh und George Farquhar in der zweiten – verstanden ihre Arbeit fürs Theater meist als ein Jugend-Hobby und stellten gesellschaftliches über literarisches Ansehen. Voltaire war erbost, daß Congreve nur als Gentleman, nicht als Dichter gelten wollte; Vanbrugh war vor allem Schloß- und Theaterarchitekt. Aber ihre Stücke kamen an und wirkten fort. Während das „heroic play" bald als royalistisch abgelehnt und vergessen wurde, stiftete die (erst seit 1913 so genannte) „comedy of manners" eine Tradition, die in den 1770er Jahren von Oliver Goldsmith und Richard Brinsley Sheridan wieder aufgegriffen und schließlich von Oscar Wilde und George Bernard Shaw (übrigens alle, wie auch Farquhar, irischer Herkunft) zu neuer Blüte geführt wurde.

Die Restaurationskomödie war das Produkt eines künstlerischen Neubeginns in der Spätzeit einer Gesellschaftsordnung, vielleicht macht das ihre unveränderte Frische und reizvolle Zwiegesichtigkeit aus. Von den deutschen Bühnen ist sie leider, nach einer kurzen, vom Londoner Spielplan angeregten Wiederbelebung von 1966 bis 1972, samt den Meisterwerken Sheridans so gut wie verschwunden. Sie kannte noch nicht das bürgerliche Moralgebot und den Gefühlskult der „sentimental comedy" und ist deshalb realistischer, komischer und brillanter in ihrer Gegenüberstellung unterschiedlicher Lebensformen. Neugierig, gleichsam vom Standpunkt der experimentellen Erfahrungswissenschaft aus, erkundet sie die menschlichen Beziehungen unter den Rahmenbedingungen von Town, City und Country. Aber ihre Libertins, Glücksritter und „Wits", Leute mit Geist, Humor und Schlagfertigkeit, weltoffen, gesellig, frivol und leicht bizarr, sind allemal sympathischer und unterhaltsamer als die bürgerlichen Ehemänner und Kaufleute der City oder die bornierten Provinzler. Das Theater nahm es sich heraus, von erotischer Freizügigkeit zu handeln und eine Geldheirat oder gar Scheidung als Lösung anzubieten.

Die Strafpredigt ließ nicht auf sich warten, und es war ein Zeichen auch der bürgerlichen Wende, daß 1698 die *Kurze Betrachtung über die Unsittlichkeit und Gottlosigkeit des englischen Theaters* von Jeremy Collier ernster genommen wurde, als ihre puritanische Säuernis es verdiente. Der Mittelstand war im Theater nach vorne gerückt und wollte lieber Bekehrungskomödien von der *Letzten List der Liebe* (Colley Cibber), vom *Zärtlichen Gatten* oder von den *Standhaft Liebenden* (Richard Steele) sehen. Daß auch das komische Theater zu belehren und die Sitten zu verbessern habe, wurde nun ein Gemeinplatz der Moralischen Wochenschriften und Theaterzeitungen von Addison und Steele, die wie ihre Stücke den stärksten Einfluß in Frankreich (Destouches) und Deutschland (Gottsched) ausübten. Auf die „sentimental comedy" folgte in den 1730er Jahren die „comédie larmoyante" und ihre Eindeutschung als „weinerliches Lustspiel".

England bot noch zwei weitere Modellfälle für die bürgerliche Aneignung des Theaters: die Parodie auf die Oberschicht und ihr traditionelles

Bürgerliches Theater
verzichtete auf die großen
Raumillusionen der
höfisch-barocken
Szenengestaltung. Die
private Welt des
mittelständischen
Publikums sollte auf der
Bühne gespiegelt werden.
Die geschlossene
Zimmerdekoration mit
plastischen Versatzstücken
oder noch auf die Kulissen
gemalten Möbeln gehörte
Ende des 18. Jahrhunderts
fest zum Fundus.
Als „altes Bürgerzimmer"
wird der Schauplatz dieser
Familienszene in der
Amsterdamer
Schouwburg, der dritten
dieses Namens, in einer
Abbildungsserie
bezeichnet. Pieter
Barbiers, der das Zimmer
1774 malte, galt als
Spezialist für solche
Dekorationen.
(Kupferstich von Cornelis
Brouwer nach einer
Zeichnung von Daniel
Kerkhof, 1787. Bei
Kupferstichfolgen dieser
Art druckte man die
verschiedenen
Szenenbilder in Blätter mit
dem identischen „Rahmen"
von Proszenium, Orchester
und Publikum ein.)

Medium in John Gays *Bettleroper* (1728) und die Erhebung der Unterschicht zum Träger tragischer Schicksale in George Lillos „domestic tragedy" *Der Kaufmann von London* (1731), die wiederum für die „tragédie domestique" Diderots und das „bürgerliche Trauerspiel" Lessings richtungweisend wurde. An die direkte Auseinandersetzung der Stände wagte sich das europäische Schauspiel allerdings erst später: noch halb versteckt in Michel-Jean Sedaines *Der Weise ohne Wissen* (1765), offen dann in Lessings *Emilia Galotti* (1772), provozierend in *Kabale und Liebe* von Schiller und *Die Hochzeit des Figaro* von Beaumarchais (1784).

Die moralische, rührende und schließlich auch erregende Wirkung, die das bürgerliche Theater erstrebte, bedurfte mehr als anderer Mittel der Menschengestaltung, und England hatte das Glück, in David Garrick einen großen Schauspieler zu haben, der noch im konventionellsten Figurentyp individuelle Charakterzüge aufschloß. Er ist schon zu seiner Zeit als „theatralischer Newton" bezeichnet worden. Das veranschaulicht, welche epochale Leistung man ihm zuschrieb: die Orientierung an der „Natur" und das empirische Verfahren, sich Rollen durch Beobachtung und Psycho-Logik vom Detail her zu erarbeiten. Es war eine vollständige Absage an die rhetorische Deklamation. Die natürlich-realistische, zum Miterleben und Mitleiden bewegende Darstellung vielschichtiger Charaktere, die der bürgerlichen Affekttheorie so sehr entsprach, fand neue Nahrung in Shakespeare. 1737, vier Jahre vor Garricks Londoner Debüt als Richard III., war eine Lizenzakte erlassen worden, die Schauspielaufführungen wieder auf zwei Theater beschränkte und die Zensur verschärfte. Das hemmte die Entwicklung des Dramas und ließ die beiden legitimierten Häuser Drury Lane und Covent Garden häufiger zu Shakespeare greifen. Ihre Konkurrenz, die für ein Jahrhundert zum bestimmenden Faktor der Londoner Theaterentwicklung wurde, trieb sie an, das Beste aus dieser Wiederentdeckung zu machen. Als Garrick 1776 von der Bühne abging, waren vor allem seine Shakespeare-Gestalten Vorbilder in ganz Europa. In London fand er dennoch keine Nachfolger. Die enorme Vergrößerung der Theater 1792/94 führte zu einer Vergröberung des Spiels, ein neuer Klassizismus eroberte die bürgerliche Bühne.

Wenn erst jetzt von Deutschland die Rede ist, so deshalb, weil dort noch um 1720 ein Theater, das der Emanzipation des Bürgertums hätte dienen können, nicht im entferntesten abzusehen war. Die Höfe hielten sich italienische Opern- und französische Schauspieltruppen und luden nach Möglichkeit noch italienische Komödianten ein. In deutscher Sprache spielten nur die Wanderbühnen, die sich nach dem Muster der schon seit Shakespeares Zeit durch Deutschland ziehenden englischen Komödianten gebildet hatten. Sie betrieben ihr Kleingewerbe an der Grenze zum Ruin und zur Kriminalisierung, mühten sich in harter Konkurrenz um die lokalen und regionalen Spielprivilegien und hatten das kleine Zuschauerpotential ihres Lizenzgebiets doch immer rasch erschöpft. Was sie boten, waren sogenannte Haupt- und Staatsaktionen, als geschichtlich ausgegebene römische oder orientalische Abenteuergeschichten voller Liebesbrunst und Intrige, Bombast und Graus. In dieser fremden Welt verbreitete der meist vom Prinzipal gespielte Narr ein wenig Heimatluft und knüpfte improvisierend Kontakte zum Publikum. Eine gewisse Achtung errang sich im letzten Viertel des 17. Jahrhunderts der Magister Johannes Velten mit seiner Truppe in Sachsen. Er hatte auf seinem Spielplan Stücke, die noch

Der Bühnenerfolg der deutschen Klassiker war vielfältig mit dem Wirken August Wilhelm Ifflands verbunden. Bei der Uraufführung von Schillers *Räubern* in Mannheim (1782) brillierte er als Franz Moor; sein Weimarer Gastspiel von 1796 leitete in Goethes Theaterarbeit die wichtigste Phase ein; im selben Jahr zum Direktor des Königlichen Nationaltheaters in Berlin berufen, setzte er dort in großstädtischem Maßstab um, was Schiller und Goethe am Weimarer Hoftheater ausprobiert hatten.

Ifflands aus vielen durchdachten Nuancen zusammengesetzte Rollengestaltungen sind ab 1808 von Wilhelm Henschel in Bleistiftzeichnungen während der Vorstellungen festgehalten worden. Meist hat sich Henschel die Dialogstellen zu seinen Momentbildern notiert. Daraus wurde später eine Kupferstich-Serie in 20 Heften. Die Skizzen zeigen Iffland als Marinelli in Lessings *Emilia Galotti* in der Auseinandersetzung mit Appiani (II,10), den Prinzen auf den Schuß aufmerksam machend (III,1), sich boshaft an Appianis Beleidigung erinnernd (III,2) und am Schluß vom Prinzen verbannt.

halbwegs erkennen ließen, daß sie ursprünglich von Shakespeare, Calderón oder Molière waren.

Diese Art von Theater gründlich zu literarisieren, hatte sich der Leipziger Professor Johann Christoph Gottsched vorgenommen. Es gehörte Mut und Selbstvertrauen dazu, eine solche Reform von unten überhaupt anzugehen und mit einer Wanderbühne zu paktieren. Die Prinzipalin Friederike Caroline Neuber war dazu bereit, ihre Truppe bürgerlich zu domestizieren und Gottscheds Prinzipien nachzueifern. Sie bemühte sich um Stabilität und Regelmäßigkeit, Verfeinerung und formalen Schliff und verbannte 1737 sogar den Harlekin feierlich von ihrer Bühne. Denn in Gottscheds Augen war gerade er ein Störfaktor bei der Angleichung des deutschen Repertoires an den französischen Geschmack. Für die barocke Verrottung wußte der Aufklärer nur die klassizistische Kur. Eine Generation später gingen die Theaterleute selbst wesentlich sachgerechter zu Werke. Conrad Ekhof, der „Vater der deutschen Schauspielkunst", gründete 1753 mit der Schönemannschen Truppe, die vom Herzog von Mecklenburg-Schwerin in Dienste genommen worden war, eine „Akademie", wo man alle Fragen eines zeitgemäßen Spielplans und einer „natürlichen" Darstellung durchdiskutierte. Inzwischen war auch der Ruf nach einem Nationaltheater allenthalben vernehmbar geworden. Unverhofften Beistand erhielten die meist aus Gottscheds Umkreis stammenden Programmatiker von seiten der jungen „Ökonomie-, Polizei- und Kameralwissenschaft", die dem Staat den kulturpolitischen Nutzen einer Theatersubventionierung vorrechnete.

Aber welchem Staat? Das Nationaltheater des Bürgers konnte nicht ohne die Hilfe der Fürsten entstehen. Schwerin war das erste Beispiel einer Reform auch von oben. Oft beschränkte sich die Initiative der Höfe aber darauf, ihre französischen Schauspieler zu entlassen; der Siebenjährige Krieg und ihre Finanzmisere zwangen sie dazu. Die Theateraktivitäten folgten nirgendwo einem einheitlichen Plan. Während um 1750 etwa in Bayreuth, München und Schwetzingen die heute noch als Rokokojuwelen zu bestaunenden Hofopern gebaut wurden, errichtete man in Königsberg, Berlin und Dresden neue öffentliche Schauspielhäuser. Das erste und einzige so genannte „Nationaltheater", das sein Entstehen ausschließlich bürgerlichen Kräften verdankte, einem Konsortium von Geschäftsleuten und keinem Magistrat, wurde 1767 in Hamburg gegründet. Sein kurzer Glanz, von Lessing in seiner berühmten *Hamburgischen Dramaturgie* analysiert, setzte die kulturstrategischen Maßstäbe für die bald folgenden Hof- und Nationaltheater in Gotha, München, Wien, Mannheim und anderen Städten. Ohne Förderung der Obrigkeit führte Friedrich Ludwig Schröder in Hamburg ein Unternehmen weiter, das mit Aufführungen der *Emilia Galotti,* des *Götz von Berlichingen,* der Sturm- und Drang-Dramatiker, vor allem aber mit neun großen Shakespeare-Inszenierungen (1776–79) das deutsche Nationaltheater nicht im institutionellen, aber geistigen Sinne verwirklichte. Sein Werk fand seine Fortsetzung in Mannheim und seine Überhöhung in Weimar, wo Goethe von 1798 an mit Schiller ein Theatermodell schuf, dem das Signum „bürgerlich" schon zu eng war.

Das Wiener Volkstheater

Die Beschreibung des Wandels vom höfischen zum bürgerlichen Theater mußte eine Theaterform völlig außer acht lassen, deren geschichtliche Bedeutung zumindest einen Exkurs fordert. Das Wiener Volkstheater vom frühen 18. bis zur Mitte des 19. Jahrhunderts definiert sich gerade durch seine bewußte Abgrenzung sowohl gegenüber dem kaiserlichen Hoftheater als auch gegenüber dem aufgeklärten Bürgertheater, was im Falle Wiens schon um 1750 zu einer einzigen Gegenposition zusammenfiel. Nirgendwo sonst hat sich das volkstümliche Theater so lange in einer Tradition erhalten können. Seine Eigenart läßt sich durch vier Momente kennzeichnen. Erstens lebte es wie jedes Volkstheater aus der intensiven Partnerschaft mit seinem Publikum, das breite Schichten der Stadtbevölkerung umschloß. Hof und Adel nahmen besuchsweise teil, dominierend aber wurden mehr und mehr die Kleinbürger der Vorstädte, Handwerker, Krämer, Angestellte. Es war ein theaterbesessenes Publikum, das sich wohl auch aus einem stagnierenden öffentlichen Leben ins Theater flüchtete, schaulustig und musisch, naiv und zugleich sachverständig. Es suchte die Gemeinschaft im Lachen und ließ sich willig verzaubern. Dieses Theater war zweitens ein Schauspieler- und Ensembletheater ohne einen über die Bühne hinauszielenden literarischen Ehrgeiz. Nur ein Bruchteil der

Der Gegensatz von Arm und Reich gehört zu den Hauptthemen des Volkstheaters. In Nestroys Lokalposse *Zu ebener Erde und erster Stock* wird er durch eine doppelstöckige Bühne und das Simultanspiel auf beiden Ebenen theatralisch zugespitzt: oben wird gepraßt, unten das Dankgebet für Wasser und Brot gesprochen. Bildreportagen über das Vorstadttheater brachte die *Wiener Allgemeine Theaterzeitung* seit 1816 mit ihren Szenen- und Kostümbilder-Beilagen. Ihr Gründer und Herausgeber (1806-59) Adolf Bäuerle war selbst Volksstück-Autor. (Kupferstich von Johann Wenzel Zinke nach einem Aquarell von Johann Christian Schoeller, 1835)

77

Die Hauptrollen der Wiener Volkskomödien waren bestimmten Schauspielern auf den Leib geschrieben; oft waren die Schauspieler die Autoren. Nestroy bemühte sich im Gegensatz zu Raimund kaum darum, in jeder Rolle ein anderer zu sein. Seine Spielweise, auch darin von der Raimunds grundverschieden, war von gleichbleibend zynischer Schärfe und sprachkritischem Witz.

In seiner späten Posse *Umsonst!* (1857) überließ er die größere, agilere Komikerrolle einem jüngeren Kollegen und spielte den illusionslosen, sarkastischen Provinzkomödianten Pitzl, der sich „räuberisch mit dem Moor befranzt", das heißt: angewidert und das Pathos der Figur zersetzend den schillerschen Franz Moor einstudiert. „Umsonst" auch dies! Das Foto von Hermann Klee wurde 1861 im Studio aufgenommen und mit zwölf weiteren in einem Nestroy-Album veröffentlicht.

massenhaften Stückeproduktion wurde überhaupt gedruckt, und dies meist ohne Zutun der Autoren. Drittens verschmolz dieses Theater die unterschiedlichsten Überlieferungseinflüsse und entwickelte sich durch die stete Verarbeitung und latente Parodie derjenigen Theaterformen weiter, die im Laufe der Geschichte in seinen Gesichtskreis traten. Von jeder literarischen Strömung und Mode gab es alsbald die Volkstheaterversion. Was das Buntgemischte einte, war – viertens – die Methode der Verwienerung. Mochten die Stoffe noch so fremdartig und exotisch sein, sie wurden heimgeholt, wenn nicht durch den Dialekt, so durch den Witz und das Gemüt der Bühnengestalten, vor allem der einen zentralen, in allen Masken unverwechselbar wienerischen lustigen Person.

Seine Wurzeln hatte das Wiener Volkstheater einerseits in der barocken Hofoper und den sogenannten „Kaiserspielen" der Jesuiten und andererseits in den Haupt- und Staatsaktionen und dem komischen Stegreifspiel der Wanderkomödianten. Die Kräfte der einen Tradition blieben am stärksten im Zauberspiel lebendig, die der anderen in der Lokalposse. Damit sind die beiden Grundgattungen genannt, die sich im geschichtlichen Wechsel erhielten, mischten und verzweigten. Die Parodie war eine dritte und zugleich ein Prinzip, das alle durchwirkte. Es verweist ebenso auf den Hang zur Anpassung wie auf die Lust am Widerspruch, dank derer sich das Volkstheater auch institutionell behauptete.

Seine Entwicklung begann damit, daß der Komödiant und Zahnbrecher Joseph Anton Stranitzky in Wien seßhaft wurde und mit seinen „Teutschen Komödianten" 1712 das kurz zuvor am Kärntnertor (also am Ausgang zur Vorstadt) erbaute öffentliche Schauspielhaus beziehen durfte – für eine deutsche Truppe damals etwas Einmaliges. Er bot einem Mittelstandspublikum das Stegreifspiel seines beliebten Hanswurst, das sich bei seinem Nachfolger unter dem Einfluß der Commedia dell'arte artistisch verfeinerte. Das barocke Schautheater wurde auf dieser Bühne von der Zauberburleske und Maschinenkomödie beerbt, während das 1742 gegründete Burgtheater als (öffentliches) Hoftheater die italienische Oper und das französische Schauspiel pflegte. Nicht diese Konkurrenz aber bedrohte das Volkstheater, sondern Maria Theresias Sprach- und Bildungsreform, in deren Zuge 1751 die Vorzensur eingeführt wurde. Zensierbar ist nur, was man lesen kann, das bedeutete, daß die Stücke jetzt durchweg geschrieben werden mußten und das Extemporieren verboten war. Die literarisierte Volkskomödie tendierte bald zum bürgerlichen Genrelustspiel.

Der Einfluß Gottscheds, der bekanntlich dem Harlekin feind war, hatte zudem den jahrelangen Hanswurst-Streit heraufbeschworen. Auf dessen Höhepunkt 1767 begann Joseph von Sonnenfels, ein aggressiver Sachwalter der Aufklärung in Wien, in deutlichem Wetteifer mit Lessings *Hamburgischer Dramaturgie* seine *Briefe über die Wienerische Schaubühne* zu schreiben, die den Weg zu einem Nationaltheater als Alternative und auf Kosten des Volkstheaters konkret vorzeichneten. Die geschwächten Komödianten des Kärntnertortheaters gingen ihn nun selbst und spielten nur mehr „regelmäßige" Stücke. Ihre „National-Schaubühne" als Privatunternehmen scheiterte zwar rasch, aber die Erhebung des Burgtheaters

Das Wiener Volkstheater parodierte fast alles, auch sich selbst. Hier eine Szene aus einem „Quodlibet" (wörtlich: Was gefällt) von Karl Carl: Der Räuber Jaromir aus Grillparzers *Ahnfrau*, der Titelheld aus *Aballino der große Bandit* von Zschokke und Karl Moor aus Schillers *Räubern* sind, „ermüdet vom Lebensspiel", eingeschlummert. Raimunds „Alpenkönig" erscheint und fragt: „Gibt es edlere Geschöpfe wohl als die drei Räuber hier?" Er weckt sie und ermahnt sie, sich wie Brüder zu lieben. (Kupferstich von Zinke nach Schoeller, 1829)

zum „k.k. Hof- und Nationaltheater" durch Joseph II. (1776) wurde eine Lösung von Bestand. Die Volkskomödie war wieder auf die Wandertruppen verwiesen und in die Vorstädte abgedrängt. Dort begann nun aber, weil ein hemmendes Privileg erloschen war, eine Theater-„Gründerzeit", aus der drei Häuser überlebensfähig hervorgingen: das in der Leopoldstadt (1781), das auf der Wieden (1787, ab 1801 Theater an der Wien) und das in der Josephstadt (1788). Sie boten dem Volkstheater für viele Jahrzehnte eine Heimstatt. Das erste setzte die Spieltradition der Volkskomödie mit der neuen lustigen Person des Kasperl und später des Staberl fort und war Raimunds wichtigste Bühne; das zweite brachte unter Schikaneder mit der *Zauberflöte* (1791) das Muster des musikalischen Volkstheaters heraus, diente als technisch modernste Bühne auch weiterhin der Oper und dem Spektakelstück und war zugleich das Theater von Nestroys Durchbruch; das dritte und kleinste war groß im Entdecken neuer Talente.

Das barocke Welt-Theater war auf diesen Bühnen auf Kammermaße zusammengeschrumpft und hatte die Tiefenperspektive fast ganz verloren, aber es kannte immer noch die Dimension eines Geister- und Feenhimmels, der zwar säkularisiert und rationalisiert, aber als poetischer Fundus nach wie vor tauglich war. Das schaubedürftige Publikum begegnete ihm nun mit einem aufmerksamen Sachverstand, der nicht nur an der schönen Illusion, sondern auch an ihrer Maschinerie lebhaft interessiert war. Man verlangte die Täuschungen und Wunder, weil man sie zugleich durchschauen wollte. Als Spielfiktionen taten sie dennoch ihre Dienste, zum Beispiel im „Besserungsstück", wo Zauberer, Genien und Allegorien einen Liederlichen durch Alptraum- und Zukunftvisionen zur Einsicht und zum Gelöbnis biedermeierlicher Tugenden bringen. *Der lustige Fritz* von Karl Meisl (1818) mit dem selbstparodistischen Nebentitel *Schlafe, träume, stehe auf, kleide dich an und bessre dich* ist ein Prototyp dieser Sonderform des Zauberspiels. Das Lokal- und Sittenstück wurde erfolgreich erneuert durch Adolf Bäuerles *Die Bürger in Wien* (1813), die schon im Titel verrieten, welche Selbstbestätigung die Zuschauer hier erwarten konnten. Josef Alois Gleich war der Dritte im Bunde dieser Autoren für den Tagesbedarf, die mit ihren nahezu 500 Stücken von 1804 bis 1835 mehr als 30 000 Spielabende bestritten.

Dem stand Ferdinand Raimunds schmales Werk gegenüber, mit lediglich acht Stücken, von denen zudem nur die Hälfte wirklich gelungen ist. Aber schon die Zeitgenossen wußten, was sie an ihm hatten. Er führte die Konventionen der Wiener Volkskomödie zu ihrem ursprünglichen Sinn zurück, gab ihrer Sprache und Szenik mit seinem Bilddenken neuen symbolischen Gehalt, machte die technischen Verwandlungen der Bühne wieder zu Gleichnissen und das abgebrauchte Zauberwesen zu einer Welt humaner Werte. So hob er das Unterhaltungsgenre zur Poesie (und scheiterte nur, wo er es dem Burgtheater gleichtun wollte), verlieh der Komik tragische Untertöne. Ganz anders Johann Nestroy. Sein Grundantrieb war ein satirisch-parodistischer, der sich vor allem in einer Sprache von abgründigem Spott und Witz ausdrückte. Die meisten seiner 76 Stücke sind Possen, mit denen er auf eine veränderte Zeit antwortete. Auch das Vorstadttheater hatte nun seine alte „Unschuld" verloren, der Direktor Karl Carl beherrschte es nahezu monopolistisch, und mit der Erhöhung der Eintrittspreise 1838 schichtete sich auch das Publikum um. Das „Volk" wurde mehr und mehr zur Fiktion.

Theaterentwicklungen im 19. Jahrhundert

Epochenbegriffe wie Romantik und Realismus, die in der europäischen Literatur und Kunst allgemein akzeptiert sind und ein gewisses Vorverständnis sichern, erweisen sich für die Theatergeschichte als kaum brauchbar. Das liegt unter anderem daran, daß sich im 19. Jahrhundert der Zusammenhang zwischen dem zeitgenössischen „hohen" Drama und der Bühne lockerte. Die Werke der englischen und deutschen Romantiker verstanden sich primär als Lesedramen und wurden so gut wie nie gespielt; was man dann in Frankreich „romantisch" nannte, war das literarisch veredelte Melodram, das nur den Spielort wechselte und die Theaterverhältnisse trotz einiger Skandale nicht umstürzte. Konnte bisher davon ausgegangen werden, daß Theater und aktuelles Schauspiel nicht nur in Blütezeiten wie der klassischen griechischen Antike, der elisabethanischen Epoche, dem spanischen Siglo de oro oder der französischen und deutschen Klassik in einem engen wechselseitigen Bedingungsverhältnis standen, so wurden sich beide nun zunehmend fremder. Große, bis heute gespielte Stücke wurden vor Ibsen immer seltener geschrieben; fast nur deutsche und russische Dramatiker (Gogol, Ostrowski) haben sich aus dieser Epoche im Repertoire erhalten. Aber Kleist, Büchner, Grabbe, auch Grillparzer und Hebbel bedeuteten für die Bühne ihrer Zeit nicht viel,

Der Historismus und ein großbürgerliches Bedürfnis nach Repräsentation haben Theater im 19. Jahrhundert zunehmend zu einer Frage der Ausstattung gemacht. Die Ansprüche an Richtigkeit und Aufwand waren schließlich so gestiegen, daß viele Theater ihnen nicht mehr aus eigenen Kräften nachkommen konnten. Sie bestellten ihre Dekorationen, Kostüme und Requisiten nach Katalog bei Ateliers, die diese serienmäßig und deshalb billiger herstellten. Franz Angelo Rottonara, Mitinhaber eines Wiener Ateliers, entwarf 1892 zur vielfachen Reproduktion diesen römischen „Salon" im Makart-Stil für *Die Tragödie des Menschen* von Imre Madách.

81

so wie sie diese ihrerseits ignorierten oder überforderten. Das Theater vertrat seine kulturellen Ansprüche lieber mit Bewährtem von Shakespeare, Molière oder Schiller, wenn es sich nicht völlig der trivialen Verschleißdramatik ergab. Beim Auseinandertreten von Drama und Bühne und von Kultur- und Geschäftstheater sagen literarische oder ideologische Gesichtspunkte nur noch wenig über die wichtigen Entwicklungen aus. Wir müssen das Theater des 19. Jahrhunderts in seiner schwer zu ordnenden Vielfalt und gewissen Ziellosigkeit hinnehmen und wollen es unter verschiedenen betrieblichen Aspekten zu charakterisieren versuchen.

Ein zentraler war sicher der rein quantitative. Am Anfang des 19. Jahrhunderts hatten etwa vierzig deutsche Städte eigene Theater und Truppen, am Ende zehnmal so viele. Dazu kam in allen Ländern eine solche Kapazitätserweiterung der größeren Häuser, daß man geradezu von einer Mutation im Theaterbau sprechen kann. Drury Lane und Covent Garden bekamen schon kurz vor 1800 über 3000 Plätze. Ein anonymes Großstadtpublikum verdrängte den gesitteten Bildungsbürger und lehrte die Direktoren in berüchtigten Krawallen das Fürchten. Erst unter Königin Viktoria wurden diese Häuser wieder gesellschaftsfähig. Aber auch künstlerisch sank ihr Ruf, und als 1843 endlich ihr Sonderstatus seit der Lizenzakte von 1737 aufgehoben wurde, machten ganz andere Theater von sich reden. Ähnlich ging es mit der Comédie Française. Schon vor der Französischen Revolution hatte sich neben ihr ein Unterhaltungstheater entwickelt, das sich immer dichter im Vergnügungsviertel der Großen Boulevards im Nordosten von Paris etablierte. Mit Napoleons Ende fiel auch sein System der Staatsbühnen, und nach der Revolution von 1848 war die Neugründung von Theatern kaum noch eingeschränkt. Die Comédie verlor ihren Vorrang, ein Schauspieler wie Frédéric Lemaître konnte berühmt werden, ohne je ihr Mitglied zu sein.

Im partikularistischen Deutschland war das Theater von jeher breit gestreut. Im Spannungsfeld Wien–Berlin gab es unzählige Hof- und Stadttheater, deren künstlerische Bedeutung freilich ganz von den Persönlichkeiten am Ort abhing. So verdiente Dresden durch das Wirken von Ludwig Tieck, Eduard Devrient und Karl Gutzkow zwischen 1824 und 1849 Beachtung, aber auch kleine und kleinste Städte setzten Maßstäbe. Goethes Theaterleitung in Weimar (1791–1817) ist das prominenteste Beispiel. August Klingemann in Braunschweig (1813–31), Karl Leberecht Immermann in Düsseldorf (1832–37) und Eduard Devrient in Karlsruhe (1852–71) folgten seinem Vorbild. Was dann in Meiningen (und Bayreuth) geschaffen wurde, fand europäischen Widerhall.

Das waren aber zeitlich begrenzte Glücksfälle und nicht jene „Nationaltheater", die im Verfassungsentwurf von 1808 des Freiherrn vom Stein vorgesehen und als subventionierte Bildungsanstalten den Schulen, Bibliotheken und Museen zur Seite gestellt waren. Die nichthöfischen Theater blieben noch lange das, als was der Staatskanzler Hardenberg sie ansah: „öffentliche Anstalten zur Bequemlichkeit und zum Vergnügen" der Bürger und deshalb der gewerbepolizeilichen Aufsicht unterstellt, nicht staatlicher Förderung und der Obhut eines Kultusministeriums anvertraut. Dergleichen Wunschvorstellungen wurden erst in den Revolutionsjahren 1848/49 wieder konkreter und systematischer vorgetragen, am nachhaltigsten von Devrient und Richard Wagner. Hinter dem Begriff „national" stand nun auch die politische Forderung der Nationalliberalen nach der deutschen Einigung über die landesherrlichen Grenzen und Zollschranken hinweg. Im selben Maße jedoch, wie dies in den folgenden Jahrzehnten zur patriotischen und schließlich imperialistischen Strategie verkam, veräußerlichte sich das „Nationale" zur Formel vaterländischer Bekenntnisse. „Deutsches Theater" nannte sich 1883 die zukunftsreiche Gründung einer Sozietät in Berlin und „Deutsches Schauspielhaus" 1900 die Gründung einer Aktiengesellschaft in Hamburg zwar durchaus noch in Erinnerung an die alten Theaterideale, zugleich aber waren dies Zeichen, daß nun auf privatkapitalistischer Grundlage vollbracht werden mußte, was von einem Kulturstaat nicht mehr zu erwarten war.

Denn inzwischen waren im deutschen Reich die Gründerjahre und im Theaterbereich die Produzentenanarchie ausgebrochen. Die Gewerbeordnung des Norddeutschen Bundes von 1869, in den Folgejahren im ganzen Reich eingeführt, gab jedermann das Recht, ein Theater aufzumachen, wenn er nur ein gewisses Betriebskapital nachweisen konnte. Schon im ersten Jahr entstanden 90 neue Bühnen. Das Theater wurde zum Spekulationsobjekt. Der Konkurrenzdruck führte immer häufiger zu Bankrotten und zur Verelendung des unmäßig verbreiterten Schauspielerstandes. Weder der 1846 von Intendanten gegen das „Bühnenfaustrecht", vor allem zur Sicherung gegen Vertragsbruch gegründete Deutsche Bühnenverein noch die 1871 als Interessenvertretung der Arbeitnehmer gegründete Genossenschaft Deutscher Bühnen-Angehörigen bekamen die Verhältnisse in den Griff. Die vielen gemeinsam entworfenen Vorschläge für ein Reichstheatergesetz, die sich vorrangig um die sachgerechtere Erteilung von Theaterkonzessionen bemühten, endeten stets als halbherzige Novellen zur Gewerbeordnung. Man suchte den Kultusminister als Partner und geriet immer nur an den Handelsminister oder landete gar beim Polizeichef. Auch die privatrechtlichen Probleme wie Kündigungs- und Beschäftigungsrecht, die Frage, wer für die Kostüme aufzukommen habe, die Macht der Agenten und die Sozialversicherung kamen nur mühsam zu Lösungen, die für andere Berufsgruppen längst erreicht waren.

Ein deutsches Nationaltheater – das hatte für seine Verfechter immer und vor allem bedeutet: ein literarisch anspruchsvoller Spielplan. Die Konzepte der bereits genannten Direktoren und Dramaturgen und der wichtigsten Theaterleiter in Berlin (Iffland) und Wien (Joseph Schreyvogel, Heinrich Laube, Franz von Dingelstedt) glichen sich auffällig, was den „klassischen" Grundbestand des Repertoires anging, nur hatte dieser zu verschiedenen Zeiten verschiedene Funktionen. Wenn Iffland sich 1799–1806 an Goethes Weimarer Spielplan orientierte, so war das Pionierarbeit, auch noch bei Schreyvogel 1814–32 in Wien, weil es dort die absurdesten Zensurhindernisse zu überwinden galt. Um 1840 aber hatte sich aus Schiller, Goethe, Lessing und Shakespeare ein synthetisches Modell von „Klassik" gebildet, das von der Bühne nur noch zu bestätigen war. Klassisch konnte jetzt konservativ sein. Doch standen die Klassiker noch immer gegen eine solche Flut von Rührstücken, Familiengemälden und Ritter- und Räuberdramen auch auf den besten Bühnen, daß es mehr ehrenwert als bequem war, sie zu spielen.

Auch war der Kanon noch stellenweise offen. Mit Calderón etwa hatte Goethe 1811–15 einen späten Spielplanakzent gesetzt; Schreyvogel und Immermann gingen diesen Weg weiter. Die Antike sah man im klassizistischen Weimar durch eigene und französische Werke vertreten, nur die

Antigone tauchte als Original auf; Tieck aber machte 1841–51 in Berlin mit
fünf Inszenierungen auf Sophokles, Euripides und Aristophanes aufmerksam. Schließlich gab es auch Theaterleute, die sich für Kleist einsetzten
(Tieck, Schreyvogel, die Meininger) oder Hebbel förderten (Dingelstedt).
Manifeste des Kulturtheaters waren in der zweiten Jahrhunderthälfte dann
die massierten Angebote und repräsentativen Häufungen; auch die Autoren neigten ja zu Trilogien und Tetralogien. Dingelstedt setzte die deutlich-
sten Zeichen: in München mit einem spektakulären „Gesamtgastspiel", zu
dem er die deutschen Stars in klassischen Rollen lud (1854), in Weimar mit
der *Wallenstein*-Trilogie an einem Tage (1859), der Uraufführung von Heb-
bels *Nibelungen*-Trilogie und der ersten zyklischen Aufführung von Shakespeares Königsdramen (1864), die er in Wien wiederholte.

Während man also in Deutschland vielerorts beflissen und angestrengt
einem hochliterarisch ausgewiesenen Nationaltheater anhing, blühten im
weltstädtischen Theater von Paris und London die Trivialgattungen üppig
auf. Da in London die „legitimen" Dramen, wie erwähnt, den beiden
Lizenzbühnen vorbehalten waren, hatten die übrigen Theater gar keine
andere Wahl, als aus Erlaubtem und Verwehrtem neue Genres zu mischen.
Auch benötigte man für die immer länger werdenden Vorstellungen eine
Unmenge theatralischen Füllmaterials, wobei sich Farcen auch weiterhin
als die geeignetsten Vor- und Nachspiele erwiesen. Typische neue Formen
waren die „Burlesque", die Märchen-„Pantomime", die phantastische
„Extravaganza" und das „Melodrama", die alle nicht genau das meinten,
was die entsprechenden deutschen Bezeichnungen vermuten lassen, aber
immerhin nicht allzu weit davon entfernt lagen. Am populärsten wurde das
Melodrama mit seinen stehenden Figuren des braven Helden, seines komischen Helfers, der verfolgten Unschuld und des monströsen Schurken,
einer sich überstürzenden, musikalisch untermalten Handlung mit Knallef-

fekten und Stoffen aus dem Umkreis des englischen Schauerromans. Zumindest eine szenische Sensation wurde darin erwartet, etwa eine Explosion oder ein Schiffsuntergang, wenn nicht gar der Untergang von Pompeji, wie in dem Stück dieses Titels (1827) vom französischen Meister des Genres Guilbert de Pixérécourt. Die bekannteste Pariser Spielstätte dieser Spektakel, den Boulevard du Temple, nannte man den Boulevard des Verbrechens, aber das Publikum konnte sicher sein, daß stets das Gute siegt. Vieles verweist hier schon auf den Film.

Ein gefährliches Erbe hat das 19. Jahrhundert der Dramaturgie hinterlassen: den Begriff und die Beispiele des „gutgemachten Stücks" (pièce bien faite, well-made play). Eugène Scribe hat damit Schule gemacht, der Kritiker Francisque Sarcey hat das bürgerliche Kunsturteil darauf eingeschworen, und Gustav Freytag hat mit seiner *Technik des Dramas* (1863) einem breiten deutschen Bildungspublikum und Generationen von Schulmeistern die irrige Meinung vermittelt, sie wüßten jetzt, worauf es im Drama und vor allem bei den Klassikern ankomme. Es war die Entleerung des Schauspiels zum bloßen Produkt perfekt beherrschten Handwerks, die Erhebung der eleganten Lösung zum Inhalt des Theaters.

Eine ähnliche Entwertung drohte dem Theater von seiten der Schauspieler, zumindest derjenigen, die den Betrieb am auffälligsten prägten und „Virtuosen" genannt wurden. Gemeint sind jene vielreisenden Stars, die aus Rollen Attraktionsnummern machten und den Blick einzig auf ihre darstellerischen Fertigkeiten lenkten. Etwas von diesem Odium haftet allen großen Schauspielern des 19. Jahrhunderts an, von John Philip Kemble und François-Joseph Talma, den Klassizisten um 1800 mit der Vorliebe für römische Heroen, über die „romantischen" Genies der folgenden Generation, Ludwig Devrient und Edmund Kean, die zwielichtig-dämonische Charaktere bevorzugten, bis zu Sarah Bernhardt und Eleo-

Seine Shakespeare-Inszenierungen im Londoner Princess's Theatre ließ Charles Kean in aquarellierten Federzeichnungen festhalten. Im *Wintermärchen* (1856) verlegte er die Gerichtsszene III,2, immer um historische Konkretisierung bemüht, in das Theater von Syrakus. Durch leichte Übereckstellung bewirkte er ein spannungsvolles Arrangement mit der Orakel-Zeremonie im Zentrum.

nora Duse, die exemplarisch das virtuose Durchgestalten und das virtuose Durchleben von Rollen vorführten. Die meisten standen nicht mehr für eine literarische Bewegung, ein künstlerisches Programm, ein Theater oder ein Ensemble, sondern nur noch für sich selbst. Gastspiele in aller Welt, jetzt auch häufig in den neuen Theaterzentren der U.S.A., erhöhten ihren Ruhm und ihre Isolierung. Die Italiener Ernesto Rossi und Tommaso Salvini, die zuhause keine sinnvollen Arbeitsmöglichkeiten vorfanden, oder der schwarze Othello-Darsteller Ira Aldridge lebten fast nur als Wandermimen. Da kam es nicht selten auch zu zweisprachigen Dialogen, wenn der Reise-Star seine Heimatsprache benutzte und der lokale Rest die des Gastlandes.

Das schauspielerische Virtuosentum, ein Symptom der Zeit wie das musikalische eines Liszt und Paganini, berührte kaum die kleinen Theater. Dort regte sich die Gegenkraft: die Regie. Vielen Theaterhistorikern gilt Goethe als der erste Regisseur, weil er das Amt des Koordinators zuerst als ein künstlerisches, nicht nur als ein organisatorisches verstanden hat. Das hat noch nichts mit der modernen interpretierenden Regie zu tun. Goethe wollte dem Theaterabend nicht ein individuelles Deutungskonzept, sondern die Einheit eines (noch gattungsgebunden gedachten) Stils geben. Die einzelnen Elemente sollten sich zum bedeutenden Bild formen, schöne Haltungen und edle Stellungen sich ungezwungen zu symbolischen Gruppierungen zusammenschließen, der rhythmische Vortrag der Verse die Bühnenvorgänge der platten Natürlichkeit entheben. Entsprechend sorgfältig mußten Sprache und Spiel einstudiert und im Ensemble aufeinander abgestimmt werden. Goethe führte intensive Leseproben ein und sorgte dafür, daß vor einer Premiere mindestens fünf bis sieben Bühnenproben des ganzen Stücks stattfanden.

Auf diese Praxis berief sich Immermann und machte mit der Bezeichnung „Mustervorstellung" die Inszenierung selbst als Ergebnis einer künstlerisch bewußten Regie kenntlich. Zu einem besonderen Verdienst wurde dies bei den Meiningern, und auch hier entwickelte es sich aus den Bedingungen eines kleinen Theaters. 1866 übernahm Herzog Georg II. die Regierung von Sachsen-Meiningen, löste an seinem Hoftheater sogleich die Oper auf, um sich in dem Residenzstädtchen von 13 000 Einwohnern ganz auf das Schauspiel zu konzentrieren, machte sich selbst zum Intendanten, heiratete seine Erste Schauspielerin und engagierte einen „Oberregisseur" (Ludwig Chronegk), der ihm viel an technischer Abwicklung, aber nicht die eigentliche Regie abnahm.

Meiningen war mit zwei Spielabenden in der Woche kein Terrain für große Stars (machte aber zumindest Josef Kainz berühmt); dafür ließ sich Georg II. die Ensemblekunst angelegen sein. Er bedachte auch Nebenrollen mit Aufmerksamkeit und erarbeitete mit der festangestellten Statisterie lebendige Volksszenen, in denen selbst die freien Protagonisten in kleinsten Parts mitwirkten. Es wurde lange geprobt und die Premiere erst dann angesetzt, wenn Perfektion erreicht war. Chronegk betreute die Regiebücher für den Druck; 28 wurden veröffentlicht. Im Frühjahr und Sommer aber ging es auf ausgedehnte Gastspielreisen. Das erste Auftreten in Berlin 1874 wurde für die Hauptstadt zur Offenbarung einer neuen Inszenierungskunst. Die Zeit der internationalen Triumphe begann. Bis 1890 gab die Truppe fast 2600 Vorstellungen in vielen Städten Europas, unter anderem in London (1881) und Moskau (1885).

Drei Bemühungen um eine Shakespeare-Bühne: Immermann ließ sich 1840 für eine Düsseldorfer Inszenierung von *Was ihr wollt* von Rudolf Wiegmann eine dekorationslose Einheitsbühne bauen, die Anregungen Tiecks folgte. (Lithographie von Wilhelm Camphausen)

Der Oberspielleiter Jocza Savits richtete 1889 mit dem Obermaschinendirektor Carl Lautenschläger am Münchener Hoftheater eine „Shakespeare-Bühne" ein, mit Vorbühne, umbauter Hauptbühne und dekorierter Hinterbühne. (Lavierte Federzeichnung von Lautenschläger)

William Poel rekonstruierte 1893 für seine Inszenierung von *Maß für Maß* im Londoner Royalty Theatre das alte „Fortune" und setzte sogar historisch „echte" Zuschauer auf die Bühne. Seit 1899 versuchte er, ein elisabethanisches Theater neu zu bauen.

Den riesigen Erfolg erzielten die Meininger aber auch, weil sie das historistische Ausstattungstheater des 19. Jahrhunderts zur Vollendung brachten. Der Theaterherzog, bei bekannten Historienmalern künstlerisch ausgebildet, entwarf die Kostüme und Dekorationen selbst nach gründlichem Studium der geschichtlichen Bildquellen und gab die Ausführung beim angesehenen Coburger Atelier der Gebrüder Brückner in Auftrag, die auch Wagners Bayreuther Festspiele belieferten. Seine Inszenierungsgemälde hatten jedoch viele Vorläufer und direkte Vorbilder. Die Annäherungen ans Historische begannen schon Mitte des 18. Jahrhunderts mit den punktuellen Kostümreformen der Schauspieler, die ihre Rollen aus Rokoko-Konventionen befreien und genauer charakterisieren wollten. So erschien die Clairon eines Tages orientalisch, Garrick altenglisch, Macklin und Kemble altschottisch und Talma in römischer Tunika und Toga. Als dem Berliner Intendanten und Iffland-Nachfolger Graf Brühl 1817 das Theater samt Fundus niederbrannte, besorgte er für das neue historisch stimmigere Gewänder. Doch waren das alles lediglich ehrgeizige Vorstöße Einzelner ohne allgemeine Verbindlichkeit.

Dem Historismus aber ging es nicht mehr um das poetisch angemessenere Erscheinungsbild, sondern nur noch um das antiquarisch richtige, das heißt: er nahm Romeos Verona und Fiesko Genua, das Athen des Theseus und Caesars Rom als Realität, nicht Reizstoff dichterischer Einbildungskraft. Die Bühne erhielt die Aufgabe, diese „Wirklichkeiten" minutiös wiederzugeben. Es war ein naiver szenischer Illusionismus, der immer pedantischer Geschichtsforschung und Archäologie betrieb. So beschäftigte Charles Kean für seine Shakespeare-Inszenierungen im Londoner Princess's Theatre (1850–59) ein ganzes Team von Experten und begründete seine Verwertung ihrer Funde in umfangreichen Programmheften, ließ also auch das Publikum an den Mühen der Rekonstruktionsarbeit teilnehmen. Die Verführungskraft dieser Inszenierungen für Dingelstedt, die Meininger und andere deutsche Nacheiferer lag jedoch nicht nur in ihrer Gelehrsamkeit, sondern auch in ihrer Prachtentfaltung.

Schon um 1800 hatten die großen Theater jede Möglichkeit zu pompösen Schauszenen genutzt. Das Massenaufgebot bei feierlichen Prozessionen, Krönungszügen, Schlachten und Volksversammlungen soll bei Charles Kean Grenzwerte von 500 Statisten erreicht haben. Solcher Inszenierungsaufwand paßte nicht mehr in das System des täglich wechselnden „Repertoire"-Spielplans, er ließ sich nur durch en-suite-Vorstellungen (in ununterbrochener Folge) bewältigen und amortisieren. Bei Kean gab es oft schon über 100 Wiederholungen, bei Henry Irving zwei Jahrzehnte später dann über 200. Dieses „long run"-System, das auch den Schauspielern nur noch Stückverträge bot und die alten Ensembles auflöste, ist gewissermaßen die „Naturform" des kommerziellen Großstadttheaters. Die künstlerischen Verluste, die das Theater der opulenten Schaustellung mit sich brachte, versuchte man auf zweierlei Weise zu vermeiden: entweder durch den Verzicht auf jegliche szenische Vortäuschung – das war von Tieck bis Poel der Weg zurück zur „Shakespearebühne" – oder durch die Verbesserung ihrer Technik. Beides bewegte das Theater der Jahrhundertwende.

Das Theater der Jahrhundertwende

Bedarf es dieser chronologischen Ausgrenzung einer „Jahrhundertwende"? Sie empfiehlt sich, weil das Theater von den 80er Jahren des 19. Jahrhunderts bis zum Ersten Weltkrieg eine beschleunigte Entwicklung durchgemacht hat, die als seine Wende zur Moderne bezeichnet werden kann. Sie vollzog sich gesamteuropäisch, denn die kulturtragenden Schichten der Länder waren einander nähergerückt, und die dramatische Literatur der Zeit war wieder entscheidend daran beteiligt. Das Theater der Jahrhundertwende hat von der zeitgenössischen Dramatik starke und vielfältige Impulse erhalten. Die Erneuerung des Theaters geschah im Dienste und mit Hilfe des neuen Dramas. Das gilt für die Durchsetzung des Naturalismus ebenso wie für die nur wenige Jahre später erfolgende Durchsetzung der symbolistischen Dramatik. Der Schrittmacher und Lotse dieser Bewegung war Henrik Ibsen. Sein Durchbruch 1878 in Berlin mit *Stützen der Gesellschaft* vermittelte wieder einen Begriff von den kritischen Funktionen des Theaters. Der bald darauf einsetzende Kampf um *Nora* war ein Kampf um die Wiedergewinnung dieser Dimension.

Die erste, naturalistische Phase der neuen Koalition von Drama und Bühne bestimmten neben Ibsen: Lew N. Tolstoi, Gerhart Hauptmann, Hermann Sudermann, Max Halbe und Arthur Schnitzler, vor allem aber August Strindberg mit den von ihm selbst so genannten „naturalistischen" Dramen *Der Vater* und *Fräulein Julie* und einigen Einaktern. In der zweiten Phase traten hinzu: Frank Wedekind (mit Signalbedeutung vor allem *Erdgeist* und *Frühlings Erwachen*), Oscar Wilde (*Salome*), Maurice Maeterlinck (*Pelléas und Mélisande*) und Hugo von Hofmannsthal (*Elektra*). Die zuletzt genannten Stücke sind heute kaum mehr ohne die Musik von Debussy und Richard Strauss zu denken, aber sie eroberten zuerst das Sprechtheater. Diese neuen Autoren begriffen ihre Kunst zwar als Absage

Der Naturalismus war eine doppelte Antwort auf das historistische Theater des 19. Jahrhunderts: inhaltlich eine radikale Absage, bei Nutzung der szenischen Mittel für neue Aufgaben. Gorkis *Nachtasyl* schockierte durch die Darstellung eines bisher nicht „bühnenfähigen" Milieus. Vor der Uraufführung am Moskauer Künstlertheater durch Stanislawski und Nemirowitsch-Dantschenko (1902) studierten die Regisseure und der Bühnenbildner ein Asyl. Das Foto zeigt Olga Knipper, die Frau Tschechows, als Nastia, Katschalow als Baron und Stanislawski als Satin.

an den Naturalismus, formierten sich aber nicht als Gruppe und Partei gegen die der ersten Phase. Strindberg behielt seine Schlüsselstellung auch in dieser zweiten (und sollte mit Stücken wie dem *Traumspiel* und *Nach Damaskus* noch weitere prägen), von Ibsen wirkte jetzt vor allem das symbolistische Spätwerk, und die deutschen Naturalisten gingen zeitweilig selbst auf neuromantischen Pfaden, so Hauptmann mit *Hanneles Himmelfahrt* (1893) und der *Versunkenen Glocke* (1896), Sudermann mit den *Drei Reiherfedern* (1899) und andere. Als nun auch Maxim Gorki, George Bernard Shaw, Knut Hamsun und Gabriele d'Annunzio international in die Spielpläne Eingang fanden (während Anton Tschechow seltsamerweise noch lange auf Rußland beschränkt blieb), wurden sie von der Kritik in eine Reihe mit den anderen gestellt, so sehr schätzte man die neue Dramatik nach ihrer provozierenden Qualität, nicht nach literarischen Programmen und Ismen ein.

Das Theater ermöglichte ihre Aufführung und schließlich ihren Erfolg zunächst durch neue Organisationsformen. Theatervereine, Clubtheater und Besucherorganisationen wurden gegründet, sogar Kabaretts und Akademisch-dramatische Vereinigungen nahmen sich der neuen Bühnenliteratur an, Matinéen wurden ihr gewidmet, Produktionsgruppen gliederten sich ihretwegen aus größeren Häusern aus und machten sich als Tournee-Ensembles oder Sezessionsbühnen selbständig, und auch einige Privattheater richteten sich ganz auf moderne Autoren aus. Damit versuchte ein flexibler werdendes Theatersystem sich der Zwänge des Marktes und der Zensur zu erwehren und die neuen Stücke richtig zu plazieren, in angemessenen Räumen und vor einem vorbereiteten, mit Verständnishilfen versehenen Publikum. Allerdings besiegelte das auch die Scheidung einer Elitekultur des Theaters vom Massenbetrieb.

Das Theater öffnete sich der neuen Dramatik auch dadurch, daß es sie zu spielen lernte, daß es ihren spezifischen Anforderungen mit neuen Fähigkeiten begegnete. Erst jetzt entwickelten sich die Spielweisen des modernen Theaters, die uns heute selbstverständlich sind. Die Bühne nahm endgültig Abschied vom barocken Kulissensystem, dem Apparat perspektivisch-malerischer Realitätsvortäuschung, in den nun das elektrische Licht allzu desillusionierend hineinleuchtete. Die Erfordernisse naturalistischer Milieudarstellung führten zu real gebauten und eingerichteten Räumen, die Märchen- und Traumwelten der Symbolisten stellten der Bühnenmalerei erstmals andere Aufgaben als die der nachahmenden Abbildung. Die psychologische Verfeinerung der Figuren im modernen Drama – für die konservative Kritik war das „Moderne" gleichbedeutend mit Nervenkunst, Seelenzerfaserung, Hysterie-Studien – erlöste die Schauspielkunst aus dem Typenschema der Rollenfächer. Der Bonvivant und die Salondame, der Intrigant und der Schwere Held hatten ausgedient, und das Chargieren (was soviel wie Übertreiben heißt) galt auch im komischen Genre als überholt. Ein neues Bewußtsein vom Aussagewert der Konfiguration förderte die Ensemblekunst, eine bisher ungekannte realistische Differenzierung des Dialogs, aber auch seine Eigenwertigkeit im Konversationsstück verhalfen zu einer „natürlichen", unrhetorischen Sprachbehandlung. Die Entdeckung der Autoren, daß sich Mimik und Körpersprache kontrapunktisch, ja im Widerspruch zur sprachlichen Aussage einsetzen lassen, befreite das Spiel von der Dominanz des Wortes. Schließlich empfing das Theater vom Drama so wichtige Synthesevorstellungen und Gestaltungs-

kategorien wie: Stimmung, symbolische Spiegelung, Rhythmik (heute sagen wir „Timing") des Ablaufs.

All diese Errungenschaften signalisierten eine neue Auffassung vom theatralischen Kunstwerk als einer individuellen Ganzheit. Seiner Individualität konnten Produktionsnormierungen wie die alten Spielgattungen und -techniken, Rollenfächer und Fundusausstattungen nicht mehr genügen. Seine komplizierte Ganzheit, durch keine dieser Konventionen mehr gestützt, ließ sich nur noch von einem zentral Verantwortlichen garantieren, dem Regisseur. Gerade mit dem beginnenden Aufstieg des ersten modernen Regisseurs, nämlich Max Reinhardts um 1903/04, lockerte sich aber die enge Anbindung des Theaters an die neue dramatische Literatur. Theatereigene Impulse und Initiativen überwogen mehr und mehr, die bildende Kunst fing – fast schlagartig – an, das Theater mitzuprägen, und gerade bei Reinhardt trug von nun an auch und vor allem das klassische Repertoire die Emanzipation der Bühnenkunst.

Sehen wir uns die Ansätze zum modernen Theater in einigen Punkten genauer an. Am Anfang stand das Konzept eines „freien" Theaters: frei von Zensurauflagen, um verbotene Stücke zu spielen, und frei von den Mechanismen des Geschäftstheaters, um nur gute Stücke zu spielen. Beides war zu erreichen, wenn man einen Verein gründete, dessen geschlossene Vorstellungen nicht der Zensur unterlagen und von den Mitgliedern als Abonnenten finanziert werden konnten. Das „Théâtre Libre" von

Die Abstraktion war eine Antwort auf die historistische wie naturalistische Szenenausstattung. Edward Gordon Craig entwarf seit etwa 1900 „rhythmische Räume" aus abstrakten Formen und Licht. 1908 lud ihn Stanislawski ein, für *Hamlet* die Bilder zu gestalten. Hier ein Modell Craigs (Florenz um 1909) für die Moskauer Inszenierung von 1911.

91

Ein Kleintheater für
weniger als 300 Zuschauer
richtete sich Reinhardt als
alternativen Spielort ein,
als er das große Deutsche
Theater in Berlin
übernahm. Er nannte es
„Kammerspiele" und
begründete damit eine
Namenstradition:
Frankfurt, München und
Hamburg folgten bald
nach. Zur Eröffnung 1906
inszenierte er Ibsens
Gespenster. Edvard Munch
entwarf die Ausstattung
und fertigte mehrere
stimmungsvolle
Szenenskizzen und als
Werkstättenvorlage diese
aquarellierte
Federzeichnung an.

André Antoine (1887), die „Freie Bühne" von Otto Brahm (1889), das
Londoner „Independent Theatre" (1891) und viele andere folgten diesem
Muster. Sie hatten auch sonst Gemeinsamkeiten. Tolstois *Macht der Fin-
sternis* und Ibsens *Gespenster* standen auf dem Programm (die deutsche
und die englische Bühne eröffneten mit dem letzteren Stück), alle setzten
sich anfangs, wenn auch nicht ausschließlich, für den Naturalismus ein.

Der Naturalismus im Theater hieß eine Schrift von Emile Zola, die schon
1880 diese vom gängigen Betrieb unerfüllbare Forderung aufstellte. Das
französische Theater, seit der Gewerbefreiheit von 1864 endgültig dem
Kommerz ausgeliefert, bot fast nur noch die industriell, von Autorenteams
in Serie produzierten Konfektionsstücke, deren Stereotypie ein gewisser
G. Polti 1894 mit dem Leitfaden *Die 36 dramatischen Situationen* ironisch
bestätigte. Dramatisierungen der großen naturalistischen Romane waren
für Zola selbst ein Notbehelf. Wollte der Naturalismus auf der Bühne mehr
bewirken als ein gewisses exotisches Interesse des Bürgers an den Lebens-
umständen des vierten Standes, wollte er inhaltlich überzeugen und das
Milieu der Unterschichten nicht nur als pittoreske Atmosphäre, sondern
als Argument ins Spiel setzen, so mußten seine Mittel „natürlich" und echt
sein. Antoines Lösung war extrem. Er verzichtete auf Berufsschauspieler,
die ihm schon vom Konservatorium her verbildet erschienen, und erarbeitete mit Amateuren ein wenn nicht authentisches, so doch zumindest nicht
falsch theatralisches Ensemblespiel. Daß er damit nicht das professionelle
Theater schlechthin verabschieden wollte, zeigt seine Begeisterung über
die Meininger 1888 in Brüssel. Das muß nicht überraschen, Stanislawski
reagierte ebenso. Auch der Historismus war ja von seinem besten Motiv
her eine Wirklichkeitssuche. Seine Genauigkeit auf die Gegenwart angewandt – war das nicht Naturalismus? Der Kunstcharakter des Theaters
blieb anerkannt.

Die Freie Bühne war nur eines von mehreren ähnlichen Vereinstheatern
in Deutschland, aber sie war das einflußreichste, weil sie in Berlin wirkte.

Berlin hatte eine gegenüber anderen Hauptstädten späte, aber um so raschere Expansion durch Industrialisierung und Landflucht erlebt. Nach der Reichsgründung hatte sich auch politisch das Gewicht von Wien nach Norden verlagert. Im Theaterbereich verschob es sich allmählich vom Burgtheater zum Deutschen Theater, dem 1883 nach dem Vorbild der Comédie Française (wie einst auch das Burgtheater) gegründeten Theater der Künstlersozietäre und heimlichen Nationaltheater Deutschlands. Der Boden war also bereitet für anspruchsvolle Unternehmungen. Die Freie Bühne wurde außerdem von einer breiten intellektuellen Initiative mitgetragen; Maximilian Harden und Theodor Wolff, beide später als politische Publizisten berühmt, engagierten sich für sie. Schließlich entdeckte sie in Gerhart Hauptmann auch sogleich den Autor, der ihrem Vorhaben Qualität und Brisanz verlieh. Die Uraufführungen von Hauptmanns erstem Stück *Vor Sonnenaufgang* (1889) und seinen *Webern* (1893) waren harte Kämpfe und wichtige Siege für den Naturalismus. Als Brahm 1894 für ein Jahrzehnt das Deutsche Theater übernahm, begann er die gewonnenen Positionen mit einem stark auf Hauptmann, Ibsen und Schnitzler abgestellten Spielplan auszubauen.

Das zweite Konzept des modernen Theaters, nur in Deutschland verwirklicht, war die „Freie Volksbühne". Der Titel verrät schon, was sie der Freien Bühne verdankte, aber sie war nicht deren Zweig, obwohl Brahm auch hier im Vorstand saß. Der Zusatz „Volk" war politisch gemeint. Es handelte sich um die erste große Kultureinrichtung des organisierten Proletariats, hervorgegangen aus der Tradition der Arbeiterbildungsvereine, die seit 1848 alles taten, um das Bildungsdefizit der deutschen Arbeiter auszugleichen und ihrer geistigen Verelendung zu wehren. Unter Bismarcks Sozialistengesetzen gaben sie der illegalisierten Sozialdemokratie außerdem eine wichtige Stütze an der Basis. 1890 war die Aufhebung dieser Gesetze absehbar, und der Wahlsieg der SPD ermunterte einige Volkspädagogen und Literaten, deren Wortführer Bruno Wille und Franz Mehring waren, einen Verein zu gründen, der Folgendes vorsah: den Mitgliedern einmal im Monat zur günstigsten Zeit (sonntagnachmittags) und zum niedrigen Preis von fünfzig Pfennigen (die Plätze wurden verlost) in gemieteten Theatern vom Verein besorgte Inszenierungen sozialkritischer Stücke zugänglich zu machen und durch Vorträge und Diskussionen vor- und nachzubereiten. Aus den Auftragsproduktionen, für die der Verein die Schauspieler und den Regisseur zu engagieren hatte, wurde bald der einfache Kauf von Vorstellungen. Die Mitglieder wurden über die SPD-Presse geworben und informiert. Die Hälfte waren Frauen. In der Berufsstatistik überwogen die kleinen Handwerker und Handlungsgehilfen, das Industrieproletariat war kaum vertreten.

Das Organisationsmodell und das Motto „Die Kunst dem Volke" zeigten, daß die Volksbühne zwar erstmals den Zugang der Unterschichten zum Theater, aber noch nicht ihren Einfluß darauf bedacht hatte. Mehring warnte denn auch vor einem bloßen „theatralischen Konsumverein", der den Arbeitern nur als kulturelle Caritas die Brosamen von den Bürgertischen zuweise. Aber er sah in der Volksbühne andererseits die Chance einer proletarischen Gegenöffentlichkeit und eines Ortes, wo die Arbeiterschaft politisch lernen könne. Über die Frage der Parteilichkeit der Kunst, des Führungsanspruchs der Intellektuellen im Verein, seiner Demokratisierung und vor allem seines Spielplans kam es intern schon bald zum Streit

Das Theater der Fünftausend nannte Reinhardt seine zweite Alternative zu den traditionellen Bühnen. In einer Münchener Musikfesthalle, im Berliner Zirkus Schumann und in der Breslauer Jahrhunderthalle inszenierte er 1910 bis 1913 den *König Ödipus* von Sophokles, die *Orestie* des Aischylos, den *Jedermann* von Hofmannsthal und das *Festspiel in deutschen Reimen* von Hauptmann. Er wollte damit ein „Volkstheater" im antiken Sinn wiederherstellen und die Schauspieler aus dem engen Rahmen der Guckkastenbühne befreien. Das Spiel fand in der „Arena" inmitten der Zuschauer statt. Massenauftritte sollten die mitreißende Wirkung steigern.

Für den *Ödipus* im Zirkus Schumann entwarf Alfred Roller die Szene. Reinhardt ließ den Zirkus 1920 zum ständig bespielbaren „Großen Schauspielhaus" umbauen. (Gouache von Emil Orlik, 1910)

und 1892 zur Spaltung. Die „Neue Freie Volksbühne" unter Wille hielt an der Bevorzugung der naturalistischen Dramatik fest, während Mehring sich von Elendsdarstellungen und Lumpenproletariern, dem Wühlen im Kehricht des Kapitalismus keine Erkenntnisse für den Klassenkampf versprach. Er setzte mehr auf die deutschen Klassiker und wies dem Arbeiter Wege zur kritischen Aneignung des bürgerlichen Erbes.

Der politische Unruheherd Volksbühne rief natürlich die Polizeibehörden öfter auf den Plan, besonders als beide Vereine die verbotenen *Weber* nachspielten. Erst hieß es, die Volksbühne sei ein politischer Verein, dann, wegen ihrer Größe, sie sei gar kein Verein. Jedenfalls versuche sie aufreizend auf öffentliche Angelegenheiten einzuwirken. Es kam zum Prozeß, der zum Ruin und zur kurzfristigen Auflösung führte. Beim Wiederbeginn mit neuen Statuten (1897) hatten beide Volksbühnen ihren kulturpolitischen Ehrgeiz aufgegeben, dafür wuchsen sie rapide an. 1904 schlossen sie ein Bündnis mit Reinhardts Privattheatern, für die sie als Wirtschaftsfaktor, als Abnehmer von Vorstellungen, interessant wurden, 1913 vereinigten sie sich und legten den Grundstein zu einem eigenen Haus, das bei 70 000 Mitgliedern zu einer unabweisbaren Notwendigkeit geworden war. Auch außerhalb Berlins bildeten sich nun Volksbühnenvereine, die sich 1920 zu einem großen Verband zusammenschlossen. Heute sind die Volksbühnen sowohl in der Bundesrepublik als auch in der DDR die mitgliederstärksten Besucherorganisationen.

Das dritte Theaterkonzept der Jahrhundertwende war das „Kunst"-Theater. Auch dieses ging von Paris aus. 1890 gründete der 17jährige Schüler Paul Fort das „Théâtre d'Art", in dem er literarische Kostbarkeiten der Avantgarde uraufführen wollte. Mit Maeterlincks *Der Eindringling* und *Die Blinden* brachte er zum erstenmal einen Dichter auf die Bühne, der beispielhaft das hier erwartete Theater der sublimen Stimmungen und subtilen Symbole, der Stille und Poesie vertrat. Aurélien Lugné-Poe, der dabei mitgearbeitet hatte, inszenierte 1893 Maeterlincks *Pelléas und Mélisande* als Eigenproduktion, da das Théâtre d'Art schon wieder eingegangen war. Der Erfolg ermutigte ihn, ein „Théâtre de l'Œuvre" ins Leben zu rufen, in dem er fünf Jahre lang Stücke ähnlicher poetischer Entrücktheit und symbolistischer Verrätselung spielte, aber auch Alfred Jarry sein Experiment mit dem skandalträchtigen *König Ubu* ermöglichte. Parallel dazu wurde ein kurzlebiges „Théâtre des Poètes" gegründet. Die Namen waren das Programm: Das „Kunstwerk" sollte Grund und Ziel aller theatralischen Anstrengung sein.

Das zeigte einen neuen Kunstbegriff an, der sich selbst absolut setzte. Nur durch Kunst sei das Leben zu gestalten und zu erhöhen, Kunst sei das eigentliche Leben. Die Idolisierung war Ausdruck eines Krisenbewußtseins der Künstler, die ebenso anfällig waren, das „Leben" auf Kosten der Kunst zu mythisieren. Der Begriff Kunst meinte aber vorrangig die bildende Kunst, die um die Jahrhundertwende viele Lebensbereiche durchdrang und oft mit „Lebensreform"-Programmen auftrat: das neubelebte Kunstgewerbe sollte die Prinzipien der Kunst in den Alltag tragen, in Künstlerhäusern und Künstlerkolonien lebte man selbst danach.

So bestimmte auch im „Kunst"-Theater häufig das Visuelle die Inszenierung. Kaum hatte man die Bühne mit den Beweisstücken des elenden Lebens in der Tiefe vollgestellt, wurde sie wieder entrümpelt. Der Schweizer Adolphe Appia und der Engländer Edward Gordon Craig vermittelten der europäischen Avantgarde durch ihre Entwürfe und theoretischen Schriften eine neue Auffassung vom theatralischen Raum und der *Bühne als Traumbild* (Hofmannsthal). Sie stellten nicht den neutralen Spielraum wieder her wie die vielen „Shakespearebühnen" und „Stilbühnen" der Zeit, sondern schufen einen abstrakten Ausdrucksraum, der durch geometrische Bauformen gegliedert und durch treppenartige Abstufungen und das Licht rhythmisiert war. Was Craig mit dieser szenischen Revolution erstrebte, nannte er mit dem Titel seines Manifests von 1905 schlichtweg *Die Kunst des Theaters*: eine eigenwertige, weder der Literatur noch der Wirklichkeit, nur den eigenen Gesetzen verpflichtete Kunst.

Appias und Craigs Visionen wären nicht möglich gewesen ohne die großen Fortschritte der Bühnen- und Beleuchtungstechnik im 19. Jahrhundert. Schon die Ablösung des Kerzen- und Öllichts durch die hellere und zentral regulierbare Gasbeleuchtung (seit 1817) war eine ästhetisch folgenreiche Umwälzung. Die Einführung des Kalklichts (lime-light, 1837) und des elektrischen Bogenlichts (1849) erlaubte dann die Bündelung der Strahlen, und die Elektrifizierung mit Glühlampen (seit 1881) schließlich alle erdenklichen Ausleuchtungen. Craig experimentierte weniger mit Lichtquellen als mit Auffallflächen, die den unstofflichen Charakter seiner Lichträume bedingten. Andere Errungenschaften wie die Eisenkonstruktion, die Anwendung des Kraftstroms und der Hydraulik für die Hebung, Senkung und Fahrt von Bühnentcilen (ab 1882), die Drehbühne (1896), ließen sich nicht nur im Dienst der dekorativen Ausstattung benutzen, sondern auch rein technisch, sozusagen in aller Keuschheit, zur Herstellung von nichts anderem als „Räumen".

Fast alle Neuansätze der Jahrhundertwende kamen im Werk zweier großer Bühnenkünstler zur wirksamsten Ausprägung, dem von Stanislawski und dem von Reinhardt. Mit Konstantin S. Stanislawski rückte das russische Theater in den europäischen Gesichtskreis. 1898 gründete er mit W. I. Nemirowitsch-Dantschenko das „Moskauer Künstlertheater" (auch hier schon im Titel der Nachdruck auf der Unbedingtheit der Kunst), das dank der Arbeitsbesessenheit seiner Leiter und Regisseure, des Ensemblegeists seiner Schauspieler und der Großzügigkeit eines Mäzens zur ersten modernen Musterbühne wurde, eine Berufungsinstanz noch heute. Beispielgebend waren: ein Spielplan vorwiegend der neuen Dramatik von Ibsen, Hauptmann und Gorki bis zu Hamsun und Maeterlinck mit dem Zentrum Tschechow, die Theaterarbeit im Team, die ungewöhnlich gründliche Vorbereitung der Inszenierungen mit oft weit über hundert Proben, die konsequente Reflexion der Arbeitsmethoden bis zur Entwicklung einer Psychologie des Schauspielens und nicht zuletzt die Experimentierfreude, die Versuche in die unterschiedlichsten Richtungen zuließ und ihnen in Studios und Labors Raum gab.

Max Reinhardts Leistung ist nur im letzten Punkt damit vergleichbar. Er baute keine Musterbühne auf, aber dafür ein ganzes Theater-Imperium. Das begann 1901 mit der Kleinstform eines literarischen Kabaretts im Berliner „Kleinen Theater", einer jener Bohème-Bühnen, die man sonst gerne „Intimes Theater" nannte. Mit der Uraufführung von Strindbergs *Rausch* wurde Reinhardt als Regisseur bekannt. Es folgte ein exemplarischer Gang durchs moderne Repertoire: *Salome, Erdgeist, Nachtasyl, Pelléas* und *Elektra* – alle machte er zu Erfolgsstücken. 1905 übcrnahm er das Deutsche Theater, seine Ausgangsbasis und Rückkehrstation bei der

Das Deutsche Theater in Berlin machte Reinhardt zum attraktivsten Schauspielertheater Deutschlands, vor allem durch Klassiker-Aufführungen. Shakespeare stand im Zentrum. Von 1905 bis 1912 inszenierte Reinhardt dort einen Zyklus von zwölf Stücken.
Paul Wegener spielte 1916 die Titelrolle in *Macbeth*, Hans Waßmann 1909 den Schlau in *Der Widerspenstigen Zähmung*.

Erschließung weiterer theatralischer Dimensionen. Bahnbrechend waren: die Differenzierung der Spielorte und -ausmaße bis in die Extreme der Kammerspiele einerseits und der Großrauminszenierung mit Massenregie andererseits, die Wiedereinführung antiker Dramen ins Repertoire, die Wiederbelebung Molières und der Commedia dell'arte, die Zusammenarbeit mit bildenden Künstlern (Corinth, Slevogt, Walser, Orlik, Munch u. a.) und die Nutzung ihres „Künstlertheaters" mit Reliefbühne (München), die Einbeziehung von Pantomime, Ballett und Ausstattungsspektakel in Inszenierungen und den Spielplan, das Ausgreifen auf das Musiktheater, die Theatralisierung von Plätzen und ganzen Städten (Salzburg) und die Hinwendung zum Film.

Die Mitte all dieser expansiven Theaterfeste aber blieb immer der Schauspieler. Reinhardts Regieruhm waren die legendären Darsteller Gertrud Eysoldt, Paul Wegener, Tilla Durieux, Alexander Moissi, Albert Bassermann, die Thimigs, Lucie Höflich, Max Pallenberg . . . Was das Credo seiner *Rede über den Schauspieler* von 1930 ausmacht, steht schon in der ersten Absichtserklärung über seine Arbeit von 1901: „Ich glaube an ein Theater, das dem Schauspieler gehört."

Theater zwischen den Weltkriegen

Geschäftstheater oder Kulturtheater? – unter diesem provokativ gemeinten Titel erschien 1914 eine Schrift von Ludwig Seelig, einem Rechtsanwalt, der für die Bühnengenossenschaft tätig war und es später bis zum Theaterreferenten im Preußischen Ministerium für Wissenschaft, Kunst und Volksbildung brachte. Der behauptete Widerspruch galt nicht, wie Seelig zugeben mußte, für Reinhardt, denn das Deutsche Theater war paradoxerweise beides. Die Gesamtbilanz zeigte jedoch, daß die „Theaterkulturbewegung", wie sie sich nannte, etwas anderes meinte als das „Kunst"-Theater der Jahrhundertwende. Sie zielte auf eine Breitenkultur des Theaters und Volkserziehung durch Theater und setzte dabei auf die Initiativen der Provinz, der Konsumenten und der Theaterbasiskräfte. Die regten sich auch kräftig, als 1909 Bühnenverein und Bühnengenossenschaft auf einen unproduktiven Kollisionskurs gingen und deshalb die verschiedenen Sparten und Gruppen des Theaters Selbsthilfe- und Reformverbände gründeten: die technischen wie die künstlerischen Bühnenvorstände, die Provinztheaterdirektoren, die Bühnenschriftsteller, die Tänzer, die Inspizienten und so fort.

In diesem Zusammenhang entstand 1914 auch der „Verband zur Förderung deutscher Theaterkultur", der bald die größte Theater-Massenorganisation neben der Volksbühne war. In der Satzung hieß es, er bezwecke „den

In der Weimarer Republik politisierte sich das Theater auch da, wo man es sich „zeitlos" gedacht hatte: beim Klassiker und in der Volkskomik. Erich Ziegel aktualisierte in seiner Inszenierung von Schillers *Räubern* den Franz Moor als ostelbischen Junker (Hamburger Kammerspiele 1921). Max Pallenberg zeigte in Piscators Inszenierung *Die Abenteuer des braven Soldaten Schwejk* nach dem Roman von Jaroslav Hašek „die revolutionäre Kraft des Humors" (Piscator-Bühne am Nollendorfplatz, Berlin 1928)

Zusammenschluß aller Deutschen zur Hebung und Förderung des deutschen Theaters als Pflegestätte der Kunst im Geiste deutscher Bildung und Gesittung". Er wolle das Theater „allen Schichten des deutschen Volkes zugänglich machen, das Verständnis für die nationale Bühnenkunst und ihre Bedeutung wecken und Mißstände im Theaterwesen bekämpfen". Die nationalen Töne gingen auf das Konto des Ersten Weltkriegs, wurden aber auch danach kaum zurückgenommen. Die alte deutsche „Nationaltheater"-Idee erschien hier als eine Art Theaterlaienbewegung des gehobenen Mittelstandes zwischen christlichem Zentrum und Liberalen. Drei für das deutsche Theaterleben typische und noch heute funktionsfähige Organisationsformen gingen aus all diesen Anstrengungen hervor: die „Theatergemeinden" als Besucherverbände, die Städtebundtheater und die gemeinnützigen Wandertheater, die heute meist „Landesbühnen" heißen; zu Beginn der Weimarer Republik waren es erst 3, an ihrem Ende 25.

Die Hoffnungen Seeligs richteten sich nicht ohne Grund auf die Kommunen, die in den Jahren nach der Jahrhundertwende wirtschaftlich und politisch spürbar erstarkten und ein großes kulturelles Selbstbewußtsein erlangten. Mannheim hatte schon 1839 sein Theater in städtische Regie genommen, Frankfurt und Freiburg folgten dem Beispiel, und bis zum Ersten Weltkrieg kamen noch acht weitere Städte hinzu. In vielen anderen hatten sich sogenannte gemischte Systeme durchgesetzt: Der Magistrat erließ dem Theaterunternehmer die Pacht, stellte ihm kostenlos Energie, technisches Personal oder einen Fundus zur Verfügung, bis hin zur begrenzten Barsubvention. Trotz solcher Vorleistungen konnte unser heutiges Theatersystem aber erst mit der Ablösung des Kaiserreichs durch die Republik entstehen. 1918/19 wurde die Struktur begründet und im wesentlichen fixiert, die für das gegenwärtige deutsche Theater charakteristisch ist. Das geschah durch die Umwandlung der 32 Hoftheater in staatliche oder (in fünf Fällen) städtische Bühnen und die nun rasch voranschreitende Kommunalisierung: 1921 gab es bereits 48 städtische Regietheater, 1928 dann 59.

Den stabilisierten öffentlich-rechtlichen Theaterverhältnissen wurden soziale Arbeitsbedingungen zur Seite gestellt: Jahresverträge, Garantie von Mindestgagen, Versorgungsaufwendungen und sonstige Regelungen des „Normalvertrags". Anfangs gewann auch eine radikal demokratisierte Leitungsstruktur an Boden, ein Rätesystem, das bei den Mitbestimmungsdebatten 1968–71 wieder zum Leitbild wurde. Gleichsam als Gründungsdokument der endlich erreichten Struktur gab die Bühnengenossenschaft Devrients Reformschrift *Das Nationaltheater des neuen Deutschlands* wieder heraus und erinnerte daran, wer vor siebzig Jahren den ideellen Grundstein gelegt hatte.

Noch immer aber gab es im deutschen Theatersystem Restbereiche eines von Staat und Städten nicht regulierten freien Marktes. Darauf deutet die große Zahl der von Aktiengesellschaften oder GmbH.s getragenen Theater und die Existenzmöglichkeit der Reinhardt-Bühnen, der erfolgreichsten Privattheater, die es in Deutschland gegeben hat. Daß die ökonomischen Probleme noch eine größere Amplitude als heute hatten, zeigt sich in Subventionsnachforderungen von oft 50 Prozent. Und von der Weltwirtschaftskrise waren auch die deutschen Theater katastrophal betroffen. Es war eine schlimme Ironie, daß das langersehnte und -erörterte Reichstheatergesetz, das die Verhältnisse endgültig konsolidieren sollte, schließlich

Das expressionistische Theater stellte oft den Einzelnen gegen die Menge und den Menschen gegen den Massentypus. In Ernst Tollers Stück *Masse Mensch* geschah das bereits im Titel. Idealistisches Ziel: daß aus der Masse Menschen werden. Die Szene konfrontiert die Pazifistin Sonja Irene L. mit den revoltierenden Arbeitern und dem eingreifenden Militär. Der Szenenentwurf ist ganz auf die typisch expressionistische Lichtregie abgestellt, das Foto der selben Szene zeigt die expressive Gruppenregie von Jürgen Fehling auf der typischen „Treppe". (Volksbühne Berlin 1921, Aquarell von Hans Strohbach, Mary Dietrich als Sonja)

1934 von den Nationalsozialisten erlassen wurde. Die alten Nationaltheater-Ideale von Volksbildung und -aufklärung erschienen hier mit nur wenigen Veränderungen ihres Wortlauts pervertiert, aus der staatlichen Fürsorge wurde extremer Dirigismus und politische Überwachung durch die Reichstheaterkammer.

In England war man von den Segnungen und Gefahren eines Nationaltheaters weit entfernt, aber es war vielen klar, daß es eine Alternative zu dem literaturfeindlichen kommerziellen long-run-System geben müsse. Clubs und Vereine und eine erstarkende Amateurtheaterbewegung taten das ihre. Die 1899 gegründete Stage Society versuchte das Interesse an einem Repertoiretheater durch geschlossene, meist einmalige Aufführungen von jährlich fünf bis zehn modernen Stücken zu befriedigen oder wenigstens wachzuhalten. 1903 wurden von dem vielseitigen Theatermann Harley Granville-Barker und dem Kritiker und Ibsen-Anhänger William Archer konkrete Pläne für ein Nationaltheater formuliert. Etwas, was diesem konzeptionell nahekam, aber offenbar nur durch Mäzenatentum möglich war, entstand ironischerweise zuerst in Dublin mit dem Abbey Theatre, um das sich die neue nationalirische Theaterbewegung scharte. Lady Gregory und William Butler Yeats eröffneten es 1904, John Millington Synge und von 1923 bis 1926 Sean O'Casey waren seine bedeutendsten Hausautoren. Die Wirkung des Exemplarischen hatten aber auch die Spielzeiten 1904–07 des Londoner Court Theatre, in denen John E. Vedrenne, der Pächter des Hauses, und Granville-Barker nicht weniger als elf Stücke von Shaw in Uraufführung herausbrachten. Von den insgesamt 946 Vorstellungen waren 701, also drei Viertel, Shaw gewidmet. 1908–13 begannen dann die größeren englischen Städte (Manchester, Glasgow, Liverpool, Birmingham), die bisher nur von Touring Companies unregelmäßig bespielt worden waren, eigene Repertoiretheater aufzubauen. Ihren

Das „epische" Theater Brechts kündigte sich in seiner Regiearbeit an. An den Münchener Kammerspielen inszenierte er 1924 seine Marlowe-Bearbeitung *Leben Eduards des Zweiten von England*. Caspar Neher entwarf ihm für die Parlamentsszene einen unfeierlichen, weggerückten Raum. Das Ganze ist eher eine Arrangementskizze als eine Bühnenbildkonstruktion. Die Technik, Tuschfeder auf noch nassem Aquarell, betont das Spontane.

Am Staatlichen Schauspielhaus Berlin inszenierte Brecht 1931 sein Lustspiel *Mann ist Mann*. Caspar Neher steckte die Soldaten in „verfremdende" Kostüme, die sie wie Kampfmaschinen erscheinen lassen. (Von links: Theo Lingen, Peter Lorre, Wolfgang Heinz, Alexander Granach, Elfriede Borodin und Paul Bildt)

Durchbruch erlebte die Repertoire-Bewegung in der Provinz aber erst in den 20er Jahren.

Die englischen Nationaltheater-Bestrebungen standen natürlich auch im Zeichen des Nationaldichters Shakespeare und verbündeten sich mit den Aktivitäten der 1894 von William Poel gegründeten Elizabethan Stage Society. 1908 vereinigten sich die Initiativgruppen beider Richtungen zu einem „Shakespeare Memorial National Theatre Committee", das aber nichts zuwege brachte, was seinem vollklingenden Titel entsprochen hätte. Da blieb es für lange Zeit die einzige Vorgabe, daß sich 1914 die Old Vic Company der großen Mäzenatin Lilian Baylis einem Shakespeare-Volks-theater-Konzept verschrieb und bis 1923 sämtliche Stücke der Folio-Ausgabe für jedermann erschwinglich darbot. Das geschah in jenem alten viktorianischen Haus, in dem als einem Provisorium 1963 endlich das englische Nationaltheater eröffnet werden konnte.

Paris hatte zwei Staatsbühnen, die in Traditionalismus erstarrte Comédie Française und das Odéon, das 1906–14 von seinem Direktor Antoine auf den Stand eines modernen Repertoire- und Regietheaters gebracht wurde. Eine „Nationaltheater"-Programmatik stand hier nicht an. Dafür richtete sich das kulturpolitische Bemühen auf zwei Aufgaben, die allerdings während der Zwischenkriegszeit nicht annähernd gelöst werden konnten: die Schaffung eines „Volkstheaters" und die im zentralistischen Frankreich besonders dringliche „Décentralisation". Für beide setzte sich der Antoine-Schüler und -Nachfolger (als Leiter des Théâtre Antoine 1906–21 wie anschließend des Odéon) Firmin Gémier ein. Die Ziele waren insofern identisch, als es galt, Theater für ein neues Publikum zu machen. Gémier versuchte es 1911 mit einem Wandertheater und 1919/20 mit Pariser Zirkus-Inszenierungen in der Nachfolge Lugné-Poes und Reinhardts. Als die Regierung dann ein „Théâtre National Populaire" gründete, wurde Gémier sein Direktor. Doch es handelte sich dabei nicht um ein subventioniertes Haus mit eigenem Ensemble und Spielplan, sondern um einen bloßen Organisationsapparat, der Produktionen der beiden Staatsbühnen als verbilligte Volksvorstellungen in einer Ausstellungshalle anbot oder auf Provinztournee schickte. So ergaben sich in Frankreich wie in England kaum Veränderungen der Theaterstruktur. Wohl aber wurde von Jacques Copeau mit dem 1913 gegründeten Théâtre du Vieux Colombier eine künstlerische Erneuerung eingeleitet, die sich im Zusammenschluß seiner Schüler und Freunde Charles Dullin, Gaston Baty, Georges Pitoëff und Louis Jouvet zu dem berühmten „Kartell der Vier" festigte (1926). Die Ergebnisse waren: eine Reform der Ausbildung, die Wiedereinsetzung des Schauspielers in seine primären theatralen Rechte, die Vereinfachung der Szene bis zur leeren Podiumsbühne Copeaus (1920), die Belebung der Ensemblekunst, eine allgemeine „Retheatralisierung" des Theaters nach den strengen Exerzitien der Jahrhundertwende.

Die entschiedenste strukturelle und konzeptionelle Veränderung des Theaters vollzog sich mit der russischen Oktoberrevolution 1917. Die Theaterformen, die sich hier durchsetzten, waren wie die Gesellschaftsformen in der Theorie vorbereitet worden und hatten ihre Vorspiele in der Praxis. Sie kamen nicht aus dem Chaos, sondern entwickelten sich aus der Konsequenz eines politisch-künstlerischen Denkens, das durch die Revolution allerdings dem Test einer ungeheuer beschleunigten Erfahrung ausgesetzt wurde. Viele, nicht alle, Konzepte hatten während der 20er Jahre einen weiten Spielraum zur Entfaltung, so daß sie ausgereifte Resultate zeitigten, die – bedingt durch die nachfolgende Unterdrückung – immer noch zu wenig rezipiert sind.

Dem Theater wurde innerhalb der proletarischen Kultur („Proletkult") ein besonders hoher Stellenwert zugesprochen. Das mag die Folge seiner Qualität seit Stanislawski gewesen sein oder daran gelegen haben, daß politische und theatralische Avantgarde sich einig, oft identisch waren. Jedenfalls mutete und traute man dem Theater nicht nur zu, kommunistisches Bewußtsein zu schaffen und zu verbreiten, aufklärend zu wirken, sondern verstand es auch, stärker denn je, als ein kollektives Tun, in dem sich revolutionäres Handeln vermittelt. Das galt schließlich auch für die Beziehung zwischen Spielern und Zuschauern: das klare Gegenüber von Darstellung und Wahrnehmung wurde als ein Merkmal bürgerlichen Theaters erkannt und aufgehoben. Die Scheidung war bedeutungslos. Die Selbsttätigkeit des proletarischen Laienschauspielers erschien als das Entscheidende.

So entfaltete sich eine unübersehbare Spielaktivität. Arbeiter-, Soldaten- und Bauernorganisationen gründeten Theatergruppen, die in den Fabriken und an den Fronten des Bürgerkriegs spielten und über Land zogen. Seine monumentalste Ausprägung hat das Theater der Revolution in den Massenspielen gefunden, etwa der „Erstürmung des Winterpalais" in Petrograd unter der Gesamtregie von Nikolai Jewreinow (1920). Hier wurde nicht nur mit annähernd 10000 Mitwirkenden ein Zentralereignis der Revolution zum 3. Jahrestag nachgestellt; es ging zugleich um die theatralische Verarbeitung des revolutionären Kampfes und seine Verherrlichung im Kollektiverlebnis.

Die Programmatik des „Theateroktober", die Wsewolod E. Meyerhold zur gleichen Zeit entwickelte, reichte weiter. Sie zielte nicht auf die Theatralisierung der Revolution, sondern auf die Fortsetzung der Revolution mit Theatermitteln zur ästhetisch-politischen Umwälzung des Alltags.

Wsewolod Meyerhold, Stanislawski-Schüler und größter Regisseur des russischen Theaters der Revolution, inszenierte mit Vorliebe auf konstruktivistischen Bühnen. Für das *Schwitzbad. Drama in sechs Akten mit Zirkus und Feuerwerk* von Wladimir Majakowski, eine Satire auf die Bürokratie, verwendete er ein phantastisches Treppengerüst und setzte die Drehscheibe ein. Den Figuren auf der Treppe meint man die rhythmischen Bewegungen der „Biomechanik" anzusehen. (Staatliches Meyerhold-Theater, Moskau 1930)

Meyerhold verwendete seine konstruktivistischen Bühnenbauten mit dem Stolz dessen, der die fortgeschrittenste Technik besitzt, und die sportlich-gymnastisch erscheinende Spielweise der „Biomechanik" mit der Freude dessen, der die schauspielerische Bewegung nach den Gesetzen des Arbeitsprozesses zu gestalten vermag. Das war keine Imitation und Abbildung der Arbeitswelt auf der Bühne, sondern die Produktion nach gleichem Prinzip. Und das Theaterprodukt hielt es erkennbar und zeigte es her, wie es produziert worden war und wie es sich in den Gesetzen der allgemeinen Produktion verankert glaubte. Dafür war es von der Literatur „entfesselt". Meyerhold zog es wie seine Kollegen Jewgeni B. Wachtangow und Alexander Tairow zu den unliterarischen Spielformen der Commedia dell'arte, zu Improvisation und Pantomime hin. Auch aus diesem archaischen Fundus erhoffte sich das Theater der Revolution eine Revolution des Theaters.

Gewirkt hat es im Westen vor allem in Deutschland, wo sich viele europäische Einflüsse in einem Theaterleben von beispielloser Dynamik trafen. In der Weimarer Republik hat das deutsche Theater wohl seine aufregendste Zeit gehabt. Das Klischeebild von den „roaring twenties", der Mythos von den „goldenen" 20er Jahren ist gerade von der Erinnerung an das Theater stark mitgeprägt worden. Es hatte ein großes öffentliches Prestige. Welche Errungenschaften hat es uns gebracht?

Sicher die Grunderfahrung von der appellativen Kraft des Theaters. Es hat eine Theorie und Praxis des politischen Theaters entwickelt, die der Diskussion darüber seit 1968 wesentliche Impulse gegeben, ja sogar manche Erfahrungen ersetzt hat. Es verstand sich als Zeittheater von historischem Gebrauchswert, der ihm wichtiger war als der Kunstwert. Von 1928 bis 1931 galt das in einem ganz speziellen Sinne. Was in diesen Jahren „Zeitstück" hieß, beschäftigte sich zumeist kritisch mit der Justiz und knüpfte damit an die Reichstagsdebatten um ein neues Strafrecht an. Man ergriff Partei gegen die Todesstrafe, verwies auf Mißstände des Strafvollzugs und führte das Plädoyer für die Abschaffung des § 218 auf der Bühne weiter. Das Theater zeigte sich bereit, Funktionen der Presse mit zu übernehmen wie in den 60er Jahren das Dokumentartheater.

Theaterarbeit hat in der Weimarer Republik wie in keiner anderen Epoche ihre Möglichkeiten außerhalb der traditionellen Institutionen erprobt. Sie wurde begleitet von einer maßstabsetzenden Theaterkritik und einer engagierten Theorie, angefangen von den Manifesten des Expressionismus über die theatrale Elementarlehre des Weimarer Bauhauses bis zu den fundamentalistischen Ketzereien Brechts. Der Regisseur hat sich in den 20er Jahren endgültig als der bestimmende Faktor herausgestellt. Er hat die Produktivkräfte des Theaters als eigenständige gegenüber der literarischen Vorlage begriffen. Das erlaubte auch einen neuen, nicht nur „nachschöpferischen" Umgang mit dem Repertoire-Erbe. Das Theater der Weimarer Republik hat exemplarische Klassikerinszenierungen hervorgebracht, die eine so selbstverständliche Orientierungsrolle in der heutigen Diskussion spielen, daß man oft glauben könnte, man hätte sie gesehen: Leopold Jeßners *Tell* (1919), *Richard III.* (1920) und *Hamlet* (1926), Brechts *Eduard II.* (1924), Erich Engels *Coriolan* (1925), Piscators *Räuber* (1926) und Jeßners *Ödipus* (1929).

Das Neue erschien als expressionistisches, politisches und episches Theater. 1919 eröffnete Karl Heinz Martin die Berliner „Tribüne" mit der

Im politischen Theater Piscators spielte der Film eine wichtige Rolle. Er kommentierte die Spielhandlung mit Szenen aus der gesellschaftlichen Realität, ergänzte sie um dokumentarisches Material, stellte sie in weite historische Zusammenhänge. Bei der Inszenierung des Revolutionsdramas *Sturmflut* von Alfons Paquet übertrug Piscator dem Film wichtige dramaturgische Funktionen. Erstmals wurden nicht nur vorhandene Streifen eingesetzt, sondern Filme eigens für die Inszenierung gedreht. Hier eine Szene in Petersburg: der Schwur des Revolutionsführers, und im eingespielten Film die ihm vertrauenden Massen. (Volksbühne Berlin 1926)

Uraufführung von Ernst Tollers Stationendrama *Die Wandlung,* einem Schlüsselstück der Expressionisten-Generation. Im Programm des Theaters hieß es: „Wir wollen kein Publikum, sondern im einheitlichen Raume eine Gemeinde... keine Bühne, sondern eine Kanzel." Eine Wandlung sollten auch die Zuschauer durchmachen, wenn sie *das Ringen eines Menschen* (Untertitel) erlebten. Erschütterung zählte mehr als Kunst: „Wir werden nicht spielen, sondern ernst machen." Solche Ziele erforderten die Konzentration der Mittel auf den einfachsten, eindringlichsten Ausdruck. Symbolisch dafür war das Spotlight auf den Protagonisten, das den „Menschen" aus seiner Umwelt herausleuchtete und von ihr trennte. Der Versuch, das „Wesen" zur Erscheinung zu bringen durch die Isolation von den „akzidentellen" realen Zusammenhängen, diese „Vergeistigung" war zugleich Flucht aus der schlechten Wirklichkeit. Dem Verlangen nach der „Reinheit" der Idee entsprach das Theater ohne den „Schmutz" der Realität. Die Andeutungsbühne des Expressionismus wurde beherrscht von szenischen Sinnbildern: der Treppe des Aufstiegs und Falls, der Brücke zum Mitmenschen, der Spirale als Abbild eines Wegs in Windungen zur letzten Realitätsüberwindung.

Aber die verflüchtigte Wirklichkeit kehrte in dämonischen Verzerrungen wieder. Die Deformationen, Wirbel und fallenden Linien der expressionistischen Szene verrieten die Widerständigkeit der Welt. Das Industriezeitalter drang in Visionen auf die Bühne: Fabrikhallen, Sportarenen, Schiffsmaschinenräume, Gaswerke, Petroleuminseln... Es waren traumatische Bilder, die auf zwei Grunderlebnisse dieser Theatergeneration verwiesen: die Vernichtungstechnik des Krieges und die kämpfenden Arbeitermassen der Novemberrevolution.

107

1934 wurde Gustaf
Gründgens von Göring zum
Intendanten des
Preußischen Staatstheaters
am Gendarmenmarkt in
Berlin ernannt. Auf dieser
„Insel", als die er sein
Theater bezeichnete,
gelang es ihm, ohne große
Zugeständnisse an die
Machthaber, ein Ensemble
großer Schauspieler
zusammenzubringen und
den Regisseur Fehling zu
halten.
1937 inszenierte Gründgens
im Kleinen Haus Lessings
Emilia Galotti und spielte
selbst den Prinzen. Die
linke Serie zeigt ihn mit
Bernhard Minetti als
Marinelli im I. Akt. Rechts
der Auftritt der Gräfin
Orsina im IV. Akt mit
Käthe Dorsch und Minetti.
Es gibt aus dieser Zeit nicht
viele durchfotografierte
Inszenierungen, wenige
zeigen solche Höhepunkte
des Schauspielertheaters.

Was die Wandlungsappelle des expressionistischen Theaters motivierte, führte Erwin Piscator zu einer zähen politischen Theaterarbeit. Sein Rechenschaftsbericht *Das Politische Theater* (1929) hat sie dargestellt. Analysierend, dokumentierend und agitierend griff er mit den gewählten Stücken das Material dreier Revolutionen auf, der russischen, deutschen und später auch noch der chinesischen, verdeutlichte auf dem Theater die historischen Hintergründe des Klassenkampfes, erwies seine Notwendigkeit und klärte die Typologie revolutionären Handelns. Durch ihn angeregt und seinem Vorbild verpflichtet, versicherte sich auch die organisierte Arbeiterschaft der Wirkungsmöglichkeiten des Theaters, ob und wie es tauge zur Agitation und Propaganda (Agitprop). Piscators und Felix Gasbarras *Revue Roter Rummel* (1924) inspirierte viele Truppen von Arbeiterlaienschauspielern; das Gastspiel der Moskauer „Blauen Blusen" (1927) gab der Agitproptheaterbewegung („Das Rote Sprachrohr", „Die Roten Raketen" etc.) neuen Schwung.

Piscators politisches Theater war trotz gleicher Wurzel das Gegenteil des expressionistischen. Er dämonisierte die Technik nicht, sondern nutzte sie für Simultanspielgerüste, sich drehende Segmentbühnen, laufende Bänder, fahrende Brücken, vor allem aber für Bildprojektionen und eingespielte Filme. Er wollte nicht nur die Revolution der Herzen, sondern die des deutschen Proletariats, und die Darstellung erregter Massen war für ihn mehr als ein theatralischer Reiz, wie in vielen *Danton*- und *Weber*-Inszenierungen der Zeit. Sein oft behindertes und unterbrochenes Wirken wurde in den Jahren der Wirtschaftskrise von Sozialistischen Schauspielerkollektiven fortgesetzt, den „freien Gruppen" arbeitslos gewordener Berufsschauspieler, die nun auch genauer, als es Piscator möglich war, ein konkretes Zielpublikum ins Auge faßten: den politisch schwankenden Kleinbürger.

Auch das „epische" Theater Brechts entwickelte sich zum Teil aus der Ablehnung des expressionistischen, in dem der materialistische Humanist nur „Proklamationen des Menschen ohne Menschen" sah. Die Bühne, die ihm Caspar Neher baute, zeigte die konkrete Realität der Menschenwelt, unaufgeräumte Gelände und Behausungen, wo Menschen etwas erlebten und ihre Abdrücke hinterließen. Das war auch poetologisch zu verstehen: ein Rest von Probenarbeit auf der Bühne, das quasi Unfertige sollte das Produkt dialektisch öffnen für Kritik und Veränderung. Ein Theater, dem man wie einem Boxkampf mit sportlichem Interesse zusieht, möglichst entspannt beobachtend (rauchend), aber durchaus auch beteiligt. Die Distanzmomente hat Brecht zunehmend systematisiert und auf die Inhalte bezogen, die Beteiligung zum gesellschaftlichen Engagement gemacht. Seit 1926 verwendete er den Begriff „episch", um seine Art Theater zu unterscheiden vom dramatischen Einfühlungstheater, für das die Kategorien der aristotelischen *Poetik* gelten. Das epische Theater verstand sich als politisches Theater. Von Piscator trennte Brecht nur der andere Arbeitsschwerpunkt, die Skepsis gegenüber dem technisch-szenischen Aufwand, die stärkere Zuwendung zum Schauspieler und die Annahme, mehr zu können, aber noch nicht so weit zu sein.

Schauspielunterricht nimmt der Gangsterboß Ui, wie Hitler bei einem Hofschauspieler in München, um wirksamer öffentlich auftreten zu können. Brechts antifaschistisches Parabelstück *Der aufhaltsame Aufstieg des Arturo Ui,* 1941 im Exil geschrieben, wurde erst nach seinem Tod vom Berliner Ensemble aufgeführt. Die Inszenierung von Manfred Wekwerth und Peter Palitzsch gab den Gangstern weiße Schminkmasken und enthielt manche chaplineske Slapstick-Nummer. Die Ostberliner Brecht-Bühne gastierte damit von der Premiere 1959 bis zur Fernsehaufzeichnung 1974 in vielen Ländern. (Ekkehard Schall als Ui und Siegfried Weiß als Schauspieler)

Theater seit 1945

Wir haben die Theatergeschichte gesichtet mit der Frage, welche Modell-fälle von Theater sie uns überliefert hat, ob wir sie nun nutzen oder nicht. Diese Frage können wir nicht gut an die Gegenwart, das heute oder gestern Erlebte stellen. Es bleibt also nur die kurze Beschreibung dessen übrig, was ist. Blicken wir zuerst über die Grenzen.

Die Blütezeit des Schauspiels, die Berlin in den 20er Jahren erlebt hat, kam für London in den 60er Jahren. Man hat geradezu von einer „zweiten elisabethanischen" Theaterära gesprochen und damit vor allem die Fülle

Im englischen Theater dominierten von jeher die Schauspieler. Der bekannteste und am höchsten geehrte: Laurence Olivier, heute Lord, hier in einer seiner letzten großen Theaterrollen als Edgar in Strindbergs *Totentanz*. Er spielte sie 1967–70 an dem von ihm geleiteten Nationaltheater im Old Vic (Regie: Glen Byam Shaw)

neuer Stückeschreiber gemeint, die bald auch in die Spielpläne des Kontinents Eingang fanden. Dennoch hat London nicht das, was man bei uns unter „Kulturtheater" versteht. Zwar hat das Nationaltheater 1976 sein neues Haus mit drei Bühnen am südlichen Themseufer bezogen, und seit 1982 verfügt auch die Royal Shakespeare Company im neuen Barbican-Kulturzentrum über zwei moderne Spielstätten. Doch kommt das weitaus größere Vorstellungsangebot nach wie vor von den etwa 40 kommerziellen Westendtheatern. Das hat zwei künstlerische Nachteile: den geringen Wechsel im Spielplan und die mangelnde Ensemblearbeit der Schauspieler. Die lange en-suite-Laufzeit der Inszenierungen, die aus Investitionen Gewinne macht, blockiert die gemieteten Theater für andere Stücke. Wenn sich immer nur Stück-Ensembles bilden und die Schauspieler dafür womöglich nach ihrer „Spezialität" ausgewählt werden, entwickeln sie sich kaum weiter, sondern bauen oft nur eine Chargenqualität perfekt aus.

Trotzdem ist das Londoner Theater nach wie vor eines der Schauspieler, nicht so sehr der Regisseure und am wenigsten der Bühnenbildner, von denen bei uns mehr Originalität erwartet wird. Dafür ist in England der „light designer", der Gestalter der Beleuchtung, zu einem eigenen künstlerischen Beruf neben dem Ausstatter geworden.

Als vielfache Millionenstadt verfügt London über ein riesiges, aber kaum vorstrukturiertes Publikumsreservoire. Es gibt kein Abonnement, nur Theaterclubs mit idealer Langzeitbindung an bestimmte Häuser. Die Touristen, vor allem aus den USA, Deutschland und Japan, stellen einen relativ hohen, fast schon kalkulierbaren Besucheranteil.

Der alten Forderung nach einer staatlichen Förderung der Künste kam man erst 1946 mit der Gründung des Arts Council entgegen, der sich vor allem der Kulturentwicklung in der Provinz widmet. Seine Zuschüsse an die beiden Londoner Staatsschauspiele (wobei die Royal Shakespeare Company gleichzeitig die langen Spielzeiten in Stratford bestreitet) und die Stadttheater machen höchstens die Hälfte der Subventionen vergleichbarer deutscher Häuser aus. Das Einspiel-Soll ist höher, entsprechend sind es die Eintrittspreise.

Die Staatsensembles haben einen Repertoire-Spielplan. Bei der Royal Shakespeare Company ist er natürlich überwiegend dem Namenspatron gewidmet, doch sind bewußt Uraufführungen neuer englischer Stücke dagegen gesetzt; diese bipolare Spannung kommt beiden Seiten zugute. Das Repertoire des Nationaltheaters enthält in der Bandbreite des Nationalerbes, das es zu vertreten hat, auch Gattungsformen, die unseren Spielplänen fremd sind: die Comedy of manners, sogar ihre Schwester vom „Boulevard", die „leichte Komödie" etwa eines Noël Coward, die Farce und die Historie. Und natürlich spielt auch das Nationaltheater die neuen Autoren, die allerdings nicht mehr so dicht auf dicht produzieren wie die „zornigen jungen Männer", die 1956 vom Royal Court aus die englische Dramatik revolutionierten, oder die Gleichaltrigen(!) der sogenannten „zweiten Welle", die ihnen ein Jahrzehnt später folgten.

Was damals das Neue für das englische Theater war, ist sein internationales Gütezeichen geworden und bis heute geblieben. Mit John Osborne, Harold Pinter, John Arden und Arnold Wesker und dann mit Edward Bond, David Storey, Peter Nichols, Peter Barnes und David Mercer – um nur wenige zu nennen – meldete sich im Drama erstmals die untere Mittelschicht (mit starkem Anteil Nordenglands) zu Wort. Für diese Stückeschreiber war das Theater nicht Sache der Literatur, sondern der Erfahrung. Als Realisten knüpften sie vor allem an die irischen Dramatiker an, als Theaterautoren oft an die typisch englische Tradition der „Music Hall" und des elisabethanischen Schauerdramas. Realismus (mit schärferen politischen Akzenten) blieb der Grundzug bei den Autoren, die in den 70er Jahren hinzukamen: Trevor Griffiths, David Hare, David Edgar, Howard Brenton, Barry Keeffe, Caryl Churchill. Und ein ausdrucks- und vermittlungsfähiger, auf genauer sozialer Beobachtung beruhender Realismus ist bis heute eine selbstverständliche Qualitätsvorgabe der englischen Schauspielkunst und Regie.

Das französische Theater hatte in der Nachkriegszeit großen europäischen Einfluß und scheint ihn neuerdings wieder zu erlangen, ohne diesmal von Autoren unterstützt zu sein. Die Pariser Privattheater, nach Anzahl und Struktur den Londoner vergleichbar, waren, anders als diese, bis in die

Peter Brooks Inszenierungen waren immer exemplarische Versuche und Vorstöße in Neuland. Nach über 20jähriger erfolgreicher Theaterarbeit in London und Stratford ging er 1970 nach Paris, um mit seiner internationalen Truppe experimentelle Projekte zu verfolgen. 1979 brachte er beim Festival von Avignon eine altpersische Parabel *Die Konferenz der Vögel* heraus, dazu ein Vorspiel *Der Knochen* nach einem afrikanischen Märchen (Bild). Eine außergewöhnliche Körpersprache kennzeichnet die meisten seiner Produktionen.

50er Jahre hinein Träger der literarischen Avantgarde. Diese wurde durch Jean-Louis Barrault, der 1959 das Odéon übernahm, auch im Bereich der Staatsbühnen heimisch. Zukunftsreiches vollzog sich gleichzeitig in der Provinz. Die Dezentralisation, durch Schwerpunktbildungen im geteilten Frankreich schon während der deutschen Besetzung vorbereitet, wurde nun durch Regierungsmaßnahmen (Jeanne Laurent) faktisch eingeleitet. 1946–52 entstanden in Colmar, Saint-Etienne, Toulouse, Rennes und Aix-en-Provence die ersten fünf „Centres Dramatiques", subventionierte Regionaltheater, die das kommerzielle Tourneewesen ersetzten.

1947 gründete Jean Vilar in Avignon Sommerfestspiele nach einem Volkstheaterkonzept, das er vier Jahre später auch in der Hauptstadt realisieren konnte. Mit der Etablierung des „Théâtre National Populaire" (TNP), nun mit eigenem Ensemble, als dritter staatlicher Schauspielbühne erhielt Paris selbst ein Organ der (begrenzten) Dezentralisation, denn das TNP spielte nicht nur im 2700 Zuschauer fassenden Palais Chaillot, sondern machte auch Abstecher in die Banlieu, den Ring der Vorstädte. Vilars Klassikerinszenierungen, legendär geworden durch den Cid, Richard II. und Prinzen von Homburg seines Protagonisten Gérard Philipe, verbanden sich mit politisch engagierter Theaterarbeit, etwa der Aufführung Brechts und der Herausgabe der einflußreichen „linken" Zeitschrift „Théâtre Populaire". Brechts Berliner Ensemble gastierte selbst 1954 zum erstenmal in Paris und löste bei vielen Autoren, Regisseuren und Kritikern, wie sie oft bezeugten, eine Umwälzung ihrer Theaterbegriffe aus. (Von diesem Jahr an hatte Paris bis 1972 jährlich das Welttheater zu Gast im Festival „Theater der Nationen".) Besonders fruchtbar wurde diese Neuorientierung bei Roger Planchon, der seit 1952 in Lyon, von 1957 an in der angrenzenden Arbeiterstadt Villeurbanne mit Shakespeare, Molière, Brecht, Adamov, Ionesco und eigenen Stücken das progressivste Theater machte, das auf lange Zeit in Frankreich zu sehen war.

114

Eine zweite Phase der Theaterstrukturreformen begann 1959, als Frankreich unter dem Präsidenten de Gaulle mit dem Schriftsteller André Malraux zum erstenmal einen Kulturminister bekam. Die Dezentralisation wurde jetzt energisch vorangetrieben, in vielen Regionen entstanden Kulturhäuser, weitere Centres Dramatiques und permanente Schauspieltruppen. Die bekanntesten sind die von Villeurbanne (seit 1973 im Rang eines TNP) und Straßburg (heute Nationaltheater) und das Théâtre de l'Est Parisien, hervorgegangen aus der theatralischen Stadtteilarbeit von Guy Rétoré (seit 1974 TNP).

Parallel dazu wurden in der Banlieu in den meist kommunistisch regierten Arbeiter- und Angestellten-Schlafstädten eigene Theater gegründet. Die bedeutendsten sind die von Aubervilliers, St. Denis, Gennevilliers und Nanterre, wo neuerdings Patrice Chéreau arbeitet, und das Théâtre du Soleil der Ariane Mnouchkine in Vincennes. Die theatralische Gegenkultur sammelte sich seit 1964 beim Festival von Nancy. Dessen Mitbegründer und Leiter Jack Lang wurde in der Regierung Mitterands Kulturminister und kam in die glückliche Lage, durch einen mehr als verdoppelten staatlichen Theaterhaushalt (Subventionszuwachs 1981 auf 1985: 145%) nicht nur einen Nachholbedarf stillen, sondern neue Perspektiven eröffnen zu können.

Beurteilt man die Theaterländer nach ihrer europäischen Ausstrahlung, so sind für die letzten Jahrzehnte sicher noch drei vorrangig zu nennen: die

Patrice Chéreau hat in Lyon, Mailand, Spoleto, Paris und Bayreuth vor allem mit Inszenierungen von Marivaux, Dorst, Wagner und Alban Berg Aufsehen erregt. 1983 eröffnete er als neuer Leiter das Théâtre des Amandiers in Nanterre bei Paris mit *Kampf des Negers und der Hunde* von Bernard-Marie Koltès. Das Stück spielt auf einer Baustelle in Westafrika. Richard Peduzzi, der seit 1969 zu allen Produktionen von Chéreau die Bühnenbilder macht, hat wieder ein faszinierendes Mauerwerk auf einem Gelände im Nebel und weißen Streulicht errichtet. (Michel Piccoli in der Hauptrolle des Horn)

ČSSR, aus der eine Fülle ingeniöser Spielformen und szenischer Mittel ins Ausland vermittelt wurden, Holland mit seinem vorbildlichen sozialpädagogischen Theatersystem und den originellen Aktivitäten vieler Kleintheater und vor allem Italien, wo den stets von Anarchie bedrohten Theaterverhältnissen immer wieder exemplarische Regieleistungen abgerungen werden. Gemeint ist hier besonders Giorgio Strehler, der 1947 mit Paolo Grassi das erste stehende Subventionstheater (teatro stabile) Italiens eröffnete, das Piccolo Teatro della città di Milano. Es hat in den 50er und 60er Jahren mit Shakespeare-, Goldoni- und Brecht-Inszenierungen europäische Maßstäbe gesetzt. Die verspätete staatliche Förderung eines „Kulturtheaters" (erst 1967 wurde ein entsprechendes Theatergesetz verabschiedet) hat in Italien dennoch die archaischen Betriebsformen der Wandertheater unter einem Prinzipal nur begrenzt ablösen können. Die teatri stabili selbst sind zeitweilig nur mobile Bühnen und spielen en suite. Seit Kriegsende sind in Italien kaum mehr Theater neu gebaut worden. Daß unter all den Umständen zwei blühende komische Volks(autoren)theater entstehen und sich halten konnten, das von Eduardo de Filippo in Neapel und das von Dario Fo in Mailand, und daß auch von Regisseuren wie Franco Zeffirelli und Luca Ronconi, die nie länger mit eigenen Truppen arbeiten konnten, viele Impulse ausgegangen sind – diese Paradoxien sollten uns vor der Überschätzung unseres eigenen Systems bewahren,

Ariane Mnouchkine gründete 1964 das Schauspieler-Kollektiv Théâtre du Soleil, das seit 1970 in einem alten Fabrikgelände im Bois de Vincennes im Südosten von Paris spielt. Die Revolutions-Revuen *1789* und *1793*, die moderne Commedia dell'arte-Version *L'Age d'or (Das goldene Zeitalter)*, der *Molière*-Film und *Mephisto* waren ihre Produktionen, die international berühmt wurden.
1981 inszenierte Ariane Mnouchkine *Richard II.* von Shakespeare in einem Stil, der vom japanischen Theater inspiriert war. Ritualisierte Bewegungen und jähe Sprünge kennzeichneten die artistisch virtuose Regie. (Cyrille Bosc als Bolingbroke und Georges Bigot als König Richard)

wenn wir uns jetzt, notgedrungen in flüchtigem Abriß, dem deutschsprachigen Theater zuwenden.

Das Zürcher Schauspielhaus war von 1933 an die wichtigste deutsche
Bühne außerhalb des nationalsozialistischen Machtbereichs. Hier sammel-
ten sich viele der vertriebenen Schauspieler, Regisseure und Autoren, hier
wurden die zeitgenössischen Stücke vorweg gespielt, die dann bis weit in
die 50er Jahre hinein das westdeutsche Repertoire beherrschten. Das gilt
sowohl für die nachzuholende Dramatik der Weltliteratur und des deutschen Exils, etwa Brechts Parabelstücke, als auch für die neuen deutschen
Theaterautoren Frisch und Dürrenmatt.

Geistig neu zu begründen war das deutsche Theater nach 1945 nur durch
die Wiederanknüpfung an die Muster der Weimarer Republik. Das gelang
trotz vieler Mißerfolge, Anfeindungen und Verzögerungen mit nachhalti-
ger Wirkung letztlich nur den drei Rückkehrern, die schon vor 1933 die
führenden Vertreter des Fortschritts auf dem Theater gewesen waren:
Brecht, Kortner und Piscator. Brecht baute 1949 in Ostberlin ein Ensemble
auf, das nicht nur sein eigenes Spätwerk in Modellinszenierungen heraus-
brachte, sondern, mehr noch, das Musterrepertoire eines sozialistischen
deutschen Nationaltheaters anstrebte. Deshalb die vielen Bearbeitungen
älterer Stücke. Was es von dieser Theaterarbeit, auch der nach Brechts Tod
1956, zu lernen gab, war weniger ein Stil (obwohl gerade der bis zur sterilen
Kopie Schule gemacht hat) als eine Methode. Das epische Theater, um
dessen Vermittlung in Theorie und Praxis sich Brecht und sein Berliner
Ensemble nun erfolgreich bemühten, hat, auch wo es politisch unbegriffen
blieb, einen neuen Standard bewußten Theatermachens durchgesetzt.
Fritz Kortner, der große Schauspieler vor allem des expressionistischen
Theaters, 1949 als Regisseur wiedergekommen, hielt über zwei Jahrzehnte
lang die alten Wahrheitsansprüche an die Darstellung von Menschen auf-
recht und wurde damit, kaum vermerkt, zum Lehrmeister einer ganzen
Theatergeneration. Piscator schließlich verhalf 1963–65 dem politischen

1982 inszenierte Ariane
Mnouchkine Shakespeares
Komödie *Was ihr wollt*.
Diesmal verarbeitete sie
Elemente des altindischen
Theaters und Bildmotive
persischer Miniaturen. In
dieser exotischen
Stilisierung setzten sich
dennoch die Komiker mit
ihrer perfekten Akrobatik
und ihrem Körperwitz
durch. Durch die Luft
wirbelt hier Georges Bigot
als Fabio (er spielte
zugleich den Herzog
Orsino) mit Philippe
Hottier als Sir Toby.
1984 folgte im
Shakespeare-Zyklus noch
Heinrich IV. mit Bigot als
Prinz Heinz und Hottier als
Falstaff.

117

Dokumentartheater mit Uraufführungen von Rolf Hochhuth, Heinar Kipphardt und Peter Weiss zum Durchbruch und verschaffte der deutschen Dramatik damit erstmals wieder internationale Beachtung.

Das westdeutsche Theater hatte nach 1945 keine Hauptstadt mehr wie ehedem in Berlin. Der materielle und künstlerische Wiederaufbau des Staats- und Stadttheater-Systems nach der Währungsreform vollzog sich in einzelnen „Theaterlandschaften". Auch mittelgroße Theater konnten stilprägend werden, wie Darmstadt und Bochum in den 50er Jahren oder Bremen in den 60ern. Das „Wirtschaftswunder" begünstigte eine ungeheure Bauaktivität, die weit über die bloße Wiederherstellung oder den Ersatz der zerstörten Häuser hinausführte. Über 50 Theater wurden neu gebaut und ebensoviele Gastspielbühnen in ensemblelosen Orten. Dabei wurde die Chance vertan, die Guckkastenbühnen durch variablere Theaterräume zu ersetzen. Die Gegenreaktion gegen diese Festschreibung der alten Theaterkonventionen, aber auch gegen die monumentale Anonymität und sterile Hygiene der meisten neuen Theaterbetonburgen kam bereits in den 60er Jahren. Allerorten suchte man nun alternative Kommunikationsräume in Studios oder Werkstatt-Theatern. In den 70er Jahren ging man dazu über, Arbeitsräume des Theaters wie Malersäle oder Probebühnen zu zusätzlichen Spielstätten umzufunktionieren, bis dann geradezu in einer Modewelle der Verweigerung viele Produktionsgruppen aus den Häusern überhaupt auszogen, in Schuppen und Hallen, Fabrikgelände und Schlachthöfe.

Die ins allzugroße geplante Restauration des „Kulturtheaters" erfuhr noch weitere Einbrüche. Mitte der 60er Jahre setzte bei den öffentlichen Theatern ein kontinuierlicher Publikumsschwund ein, der erst seit 1973 im Musiktheater leicht rückläufig ist und im Schauspiel zumindest gebremst werden konnte. Zur Besuchskrise kam 1968 eine ideologische und eine Strukturkrise des Theaters, die seit 1971 überlagert wurde von einer nie mehr ganz überwundenen Finanzkrise. Das Theater suchte Rettung in neuen Formen der „Öffentlichkeitsarbeit". Der „magische" Bezirk der Theaterarbeit wurde entzaubert und durchsichtig gemacht, ein neues Publikum gesucht in Kindern, Schülern, Vorstädtern und Arbeitern. Die Häuser wurden geöffnet für Diskussionen, die Proben zugänglich gemacht, Feste mit den Bürgern gefeiert, die Ensembles gingen auf die Straße.

Die Studentenbewegung hatte mit kulturrevolutionären und antiautoritären Forderungen an die Pforten der Theater und die Türen der Vorstände geklopft. Eine interne Antwort war die Erweiterung des intellektuellen Mittelbaus im Theater, all der Vermittler, Konzipierer und Krisenmanager, die in Deutschland immer noch Dramaturgen heißen. Die vielerörterte Mitbestimmung machten aber auch einige Theaterträger und Kulturpolitiker zu ihrer Sache, und so wurde aus dem Versuch einer Revolution des Theaters von außen und innen eine Teilreform von oben. Ihr wichtigstes Ergebnis war die Zulassung eines demokratischen Führungsmodells am Frankfurter Schauspiel 1972 und die Gründung der Berliner Schaubühne am Halleschen Ufer mit einem Ensemble und einer technischen Mannschaft, die unter ähnlichen Voraussetzungen zusammenarbeiten wollten (1970). Es ist keine Frage, daß die hier geschaffene neue Motivierung zur Theaterarbeit auch zu ihrer Qualität beigetragen hat.

Mit der unbehobenen Finanzkrise schwelt aber auch die Legitimationskrise unseres Theaters weiter. Ist das Kulturtheater-Konzept nicht mehr bezahlbar? Einmal in die Liste der Aufgaben öffentlicher Kulturpflege eingerückt, in die Nachbarschaft von Erwachsenenbildung, Museumsfürsorge, Bibliotheksförderung oder Denkmalpflege, hat sich das Theater als eine Art Kuckucksei erwiesen. Es verschlingt (mit allen Sparten) bei den Ländern oft über ein Drittel und bei den Gemeinden sogar fast die Hälfte der Kulturhaushalte. Was veranlaßt die Theaterträger, diese „freiwillige Leistung" immer wieder zu erbringen? Es ist vermutlich ihre heimliche Überzeugung, daß gerade das lokale Theater das wichtigste sei. Seine Ortsansässigkeit ist sein Grundwert. Daß es „live" da ist, macht es schon kostbar. Und da die bloße Betriebsbereitschaft eines deutschen Theaters schon fast so viel kostet wie das tatsächlich spielende, gewähren die Einsichtigeren immer noch jene Zuschüsse dazu, die die unvermeidlich hohe Grundaufwendung erst produktiv und sinnvoll machen. Weil sie groß A gesagt haben, sagen sie vernünftigerweise auch klein b.

Man sollte diese Haltung nicht verdächtigen als Profilierungssucht und bloßes Repräsentationsbedürfnis. Sie hat nichts zu tun mit barocker Duodezfürstengesinnung, sondern zieht nur die kulturpolitische Folgerung aus unserer geschichtlich entstandenen Theaterlandschaft. Und sie entspricht, bewußt oder unbewußt, der besten Rechtfertigung, die sich immer noch für unser Theater finden läßt: daß es die Bedürfnisse seines Publikums am Ort – nicht befriedigt, aber artikuliert und qualifiziert, daß es das hier und jetzt human Notwendige aufzeigt, daß es Öffentlichkeit stiftet und Anreger von sozialer Phantasie ist. Das gelingt von seiten des Theaters nur durch Kontinuität und lokale Verbundenheit, durch Arbeit in Zusammenhängen.

Diese Zusammenhänge, soweit es sie sich selbst schaffen kann, liegen vor allem in seinem Repertoire. Die stete Bezogenheit auf dieses imaginäre Museum der eigenen Werke mag erklären, warum Theaterarbeit in Deutschland so sehr von Theorie durchdrungen und von „Konzeptionen" beherrscht ist, warum Regisseure und Dramaturgen oft eine größere Rolle spielen als die Schauspieler, warum Inszenierungen von anspruchsvollen Programmheften und Beiprogrammen begleitet werden. Jede Inszenierung antwortet ja auf eine vorhergehende, reflektiert einen ganzen Spielplan, enthält virtuell sieben andere mit. Das erhöht natürlich auch den Originalitätszwang, der nicht nur der Eitelkeit von Regisseuren und Bühnenbildnern anzulasten ist. Das rechnet aber auch mit der Einübung des Publikums, daß es den Stellenwert der Einzelinszenierung würdigt.

Es konnte nicht ausbleiben, daß die Notwendigkeit, Theater immer wieder grundsätzlich zu rechtfertigen, nicht an den Kulturdezernenten und Intendanten allein hängenblieb, sondern an jede einzelne Produktion delegiert wurde. Das gibt Inszenierungen in Deutschland oft eine zusätzliche programmatische Dimension, läßt sie ächzen unter der Beweislast ihrer Existenz, kann sie aber auch öffnen für entspannte Einblicke in ihre artifizielle Herstellung: das Produkt gibt sich wieder als Produziertes zu erkennen.

*Peer Gynt, ein Schauspiel
aus dem 19. Jahrhundert* –
so wurde 1971 die vierte
Produktion der Berliner
Schaubühne am Halleschen
Ufer angekündigt. Da
dieses Theater begonnen
hatte, ein Modell
innerbetrieblicher
Demokratie zu
verwirklichen, war man
neugierig auf sein Glück.
Die Inszenierung von Peter
Stein, die Ibsens Stück über
zwei Abende verteilte, mit
wechselnden Darstellern
der Titelrolle, wurde ein
großer Erfolg und sicherte
die Existenz des
Unternehmens.
Es war eine unerwartet
sinnliche, von großen
Bildern bestimmte
Inszenierung, doch war ihre
Opulenz mit einfachen
Mitteln hergestellt, wie
zum Beispiel die Styropor-
Sphinx, die in
Minutenschnelle unter dem
Bodentuch hervorgeholt
und hochgeklappt wurde.
Mit zwei doppelstöckigen
Zuschauertribünen an den
Längsseiten vor riesigen
Wandprospekten hatte der
Bühnenbildner Karl Ernst
Herrmann den Theatersaal
in einen Raum verwandelt,
der zur Teilnahme wie zur
gelassenen Beobachtung
gleichermaßen einlud.
Die zwei Abende
signalisierten eine neue
Haltung des Theaters zur
Geschichte. Es war die
erstaunt-kritische
Begegnung mit Geschichte,
dem *Schauspiel aus dem
19. Jahrhundert,* als unserer
eigenen Vergangenheit.
(Peer Nr. 7 trifft den
deutschen Gelehrten und
Irrenhausdirektor Dr.
Begriffenfeldt: Werner
Rehm und Hans Joachim
Diehl)

Betriebsstruktur eines Sprechtheaters

Intendanz

Technik			Kunst	Verwaltung	
Bühne	**Gewandabteilung**	**Werkstätten**	**Ensemble**	**Allg. Verwaltung**	**Hausverwaltung**
Bühnenhandwerker	Damenschneiderei	Schlosserei	Regisseure	Personalabteilung	Hausmeister
Maschinisten	Herrenschneiderei	Schreinerei	Bühnenbildner	Theaterbetrieb	Handwerker
Beleuchter	Wäscheschneiderei	Malersaal	Kostümbildner	Abonnementsbüro	Pförtner
Tontechnik	Garderober (Abenddienst)	Bildhauer	Dramaturgie	Tageskassen	Logen-schließerinnen
Requisite	Kunstgewerbe	Tapezierer	Betriebsbüro	Haushalt	Garderobieren
	Modisten	Rüstmeister	Inspizienten	Hauptkasse	Reinigungsfrauen
	Schuhmacherei		Souffleusen	Gehalts-Lohnbüro	Kantine (oft Pächter)
	Färberei		Die Schauspieler	Registratur/Archiv	
	Stofflager			Einkauf	
Maskenbildnerei				Botenmeisterei	
Masken				Kraftfahrer	
Perücken					
Schminken (Abenddienst)					

Vom Buch zur Bühne
Wie eine Aufführung entsteht

Wenn am Premierenabend nach einer Aufführung der Beifall verklungen ist, die Garderobenfrauen die letzten Mäntel ausgegeben haben, die Besucher das Theater verlassen und die Schauspieler sich in ihren Garderoben abschminken, ist ein Theaterereignis zu Ende gegangen, das die Zuschauer für zwei, drei oder vier Stunden gefesselt, geärgert oder auch gelangweilt hat.

Kaum einer aber ahnt, daß für dies flüchtige Ereignis monatelange Vorbereitungen und Planungen notwendig waren, daß außer den Schauspielern auf der Bühne bis zu 400 unsichtbare Helfer, je nach Größe und Bedeutung des Theaters, tätig werden müssen, um einen solchen Theaterabend zu ermöglichen.

Darüber wird nachstehend berichtet.

Die Organisation

Das deutsche Theatersystem

Die meisten Theater in der Bundesrepublik sind im Besitz der öffentlichen Hand. Städte, Länder und öffentliche Zweckverbände sind ihre Rechtsträger. Privattheater bilden die Ausnahme.

Das System des deutschen Theaters hat Strukturgrundlagen, die für rund einhundert Theater von Konstanz bis Schleswig gelten. Diese sind: das für mindestens ein Jahr engagierte Personal (Theaterleitung, Verwaltung, Solisten, Orchester, Chor, Ballett, Bühnenhandwerker und Techniker); der Repertoire-Spielplan (Wechselspielplan mit mehreren verschiedenen Stücken); die Subvention durch die öffentliche Hand; theatereigene Werkstätten; der organisierte, regelmäßige Theaterbesuch (Abonnement, Volksbühne, Theatergemeinde).

Die meisten Theater betreiben die Mischform Musiktheater (Oper, Operette, Ballett) und Sprechtheater (Schauspiel). In einigen Großstädten sind die Theater institutionell nach Sparten getrennt (zum Beispiel in Berlin, Hamburg, Düsseldorf, Köln, München, Frankfurt mit künstlerisch und organisatorisch unabhängig voneinander arbeitenden Opern- und Schauspielhäusern). Wenige Städte mittlerer Größe haben entweder nur Musik- oder nur Sprechbühnen (zum Beispiel Hagen und Göttingen).

Welche wirtschaftliche Basis hat dieses System? Das deutsche Theater dient primär künstlerischen und nicht kommerziellen Zielen. Um dieses System, bei dem das Künstlerische den Vorrang hat, zu ermöglichen, wird mehr Geld benötigt, als durch die Eintrittspreise eingenommen werden kann. Diesen Fehlbetrag deckt die öffentliche Hand ab. Erst die Subvention also ermöglicht es jedem Bürger unseres Landes, Theater zu erschwinglichen Eintrittspreisen zu besuchen. Künstlerische Freiheit für die Theatermacher einerseits und subventionierter Theaterbesuch durch ermäßigte Eintrittspreise andererseits sind die Säulen der deutschen Theaterpolitik.

Um diese staatliche Grundeinstellung, die bis ins 19., teilweise sogar ins 18. Jahrhundert zurückgeht, beneiden uns so bedeutende Theaterländer wie England, Frankreich und die USA, weil es dort fast nur kommerzielle Privattheaterbetriebe und nur wenige staatlich subventionierte Theater gibt. Aber auch in der Bundesrepublik sind die Subventionen nicht unbegrenzt. Sie werden jährlich in den Theaterhaushalten genau festgelegt und müssen von den Parlamenten (Ländern oder Städten) genehmigt werden. Deshalb muß an den bundesdeutschen Theatern nicht nur nach künstlerischen, sondern auch nach wirtschaftlichen Gesichtspunkten geplant und gearbeitet werden.

Dazu einige aktuelle Zahlen. Der Deutsche Bühnenverein, die Interessenvereinigung der bundesdeutschen Theaterträger und -leiter, gibt alljährlich eine Statistik heraus, der für die letztdokumentierte Spielzeit 1983/84 folgende Grundzahlen zu entnehmen sind:

An allen 84 öffentlich-rechtlichen Theatern, die dem Bundesverband der deutschen Theater angeschlossen sind, haben in dieser Spielzeit 1000 Schauspielpremieren stattgefunden. Die genannten Bühnen haben in diesem Zeitraum knapp 16 000 eigene Schauspielvorstellungen im eigenen Haus herausgebracht. In dieser Zahl sind nicht enthalten: das Kinder- und Jugendtheater, von Sprechtheater-Ensembles gespielte Musicals und die eigenen und fremden Gastspiele, vor allem die etwa 3000 jährlichen Schauspiel-Abstechervorstellungen der Landesbühnen. Die Gesamtzahl der Sprechtheater-Aufführungen dürfte also weit über 20 000 liegen.

Die Schauspielvorstellungen der öffentlichen Theater im eigenen Haus wurden 1983/84 von insgesamt 5,8 Millionen Zuschauern besucht. Das ergab eine Ausnutzung der verfügbaren Plätze zu 71 Prozent. Die Kosten und Subventionen können für das Sprechtheater wegen der vielen gemeinsamen Einrichtungen für alle Sparten nicht gesondert erfaßt werden. Die Gesamtausgaben aller öffentlichen Theater betrugen in der Spielzeit 1983/84 rund 1,8 Milliarden DM, wovon etwa 1,5 Milliarden auf Personal- und 300 Millionen auf sächliche Betriebsausgaben entfielen. Die Betriebseinnahmen beliefen sich auf 300 Millionen DM, an Subventionen (Betriebszuschüssen) wurden 1,5 Milliarden gezahlt.

Die Betriebsstruktur

In allen bundesdeutschen Theatern findet man durchgehend die gleiche Betriebsstruktur vor. Sie ist, wie zu Zeiten des Hoftheaters, noch immer hierarchisch aufgebaut und in drei große Aufgabenbereiche unterteilt: die Kunst, das Handwerk, die Verwaltung (vgl. Tabelle Seite 122).

An der Spitze des Theaterbetriebes steht der Intendant, der vom Rechtsträger des Theaters (Stadt oder Land) für mindestens drei bis fünf Jahre berufen wird. Er ist für die gesamte künstlerische, organisatorische und oft auch für die wirtschaftliche Leitung des Theaters verantwortlich. Er verantwortet den Spielplan, den er einem Fachausschuß des jeweiligen Rechtsträgers zur Information und Beratung, jedoch nicht zur Entscheidung vorzulegen hat. Ebenso engagiert er das künstlerische Personal. In der Regel trifft der heutige Theaterleiter jedoch keine personellen oder

Sachentscheidungen, ohne sie ausführlich mit den zuständigen Bühnenvorständen (Regisseur, Bühnenbildner, Dramaturg, Verwaltungsleiter) diskutiert zu haben. Die endgültige, juristisch bindende Entscheidung, vor allem in künstlerischen Fragen, liegt jedoch in den meisten Fällen allein beim Intendanten. Der Intendant ist oft auch Regisseur, manchmal der erste seines Hauses. Häufig war er Schauspieler, er kommt aber auch aus der Literatur oder der Theaterwissenschaft.

Man muß das Theater zunächst einmal als einen Betrieb betrachten, der wie tausende privater Handwerks- oder Industriebetriebe die zentrale Aufgabe hat, zu produzieren. Das Produkt des Theaters, dessen Herstellung wir später genauer verfolgen wollen, ist „Kunst". Um dieses Produkt herzustellen, braucht man nicht nur Regisseure, Bühnenbildner und vor allem Schauspieler, sondern darüber hinaus eine Vielzahl hochqualifizierter Facharbeiter und Handwerker. Zu den Produktionsbedingungen gehören ebenso eine gegliederte Betriebsstruktur und eine präzis funktionierende Organisation. Ohne all diese personellen und sachlichen Betriebsfundamente ist das hochempfindliche und vielschichtige Produkt „Theater" heute nicht herstellbar.

Der Produktionsablauf

Die Ergebnisse verschiedener Produktionen am Theater unterscheiden sich klar durch individuelle Ausdeutung, Stil und vor allem ihren künstlerischen Rang, die Qualität. Trotzdem ist ein Produktionsablauf, wie er im folgenden geschildert wird, typisch für fast alle Inszenierungen der deutschsprachigen Theater.

Die erste, die Konzeptionsphase, ist noch eingleisig (vgl. Tabelle S. 126). Sie beginnt mit der Stückauswahl und endet bei der Festlegung der Grundkonzeption für die Inszenierung. Von da ab teilen sich die Produktionsabläufe in den handwerklichen und technischen Strang einerseits und in die Probenarbeit des Regisseurs mit den Schauspielern andererseits. Die Arbeit in diesen beiden Produktionssträngen läuft etwa sechs bis acht Wochen weitgehend parallel. Erst im Endstadium der Inszenierung, bei den Endproben, treffen beide Stränge aufeinander. Nun tritt der Schauspieler zum ersten Mal in dem für ihn entworfenen Kostüm in der für die Inszenierung speziell hergestellten Dekoration auf der Bühne auf.

Über die Schauspieler und ihre Arbeit auf der Bühne ist oft und viel geschrieben worden; die Arbeit der Techniker, der Bühnenhandwerker, der Beleuchter, Schlosser, Schreiner, Schneider dagegen ist im öffentlichen Bewußtsein weitgehend unbekannt. Gerade deshalb soll auch über sie und ihre Arbeit berichtet werden.

Man könnte denken, daß zwei Schauspieler, allein auf sich gestellt, in der Lage seien, ohne technische Hilfsmittel dramatische Texte zu spielen und einem Publikum zu vermitteln. Das Theater hat sich jedoch schon seit seinen Anfängen der theatralischen Unterstützung durch Kostüm, Maske und bald auch Dekoration bedient. Selbst eine karge Inszenierung von Becketts *Warten auf Godot* mit einem einzigen kleinen Dekorationsteil, einem Baum auf der Bühne, erfordert einen für den Laien nicht erkennba-

Ablauf einer Produktion

Stück

Bühnenverlag

Dramaturgie

Intendant

Regisseur/Dramaturg/ Bühnenbildner (Konzeptionsgespräch I)

Rollenbesetzung

Bühnenbild	Kostüm und Maske		Schauspielmusik	Dramaturgie	Verwaltung
		Beginn der Probenarbeit			
Technische Vorstände	Vorstand Gewandabteilung	**Konzeptionsgespräch II und Leseprobe**			
Entwurf eventuell Modell	Entwürfe Figurinen	**Stellprobe/ Arrangierprobe**			Bearbeitung von: Aufführungsvertrag Tantiemen Personalverträge Honorare
Bauprobe, anschl. Techn. Zeichnungen	Perücken Masken	**Proben auf der Probebühne (markierte Dekoration)**			Kostenvoranschläge für Dekoration und Kostüme
Kostenvoranschlag	Kostenvoranschlag				
Werkstätten			Probentonband der Schauspielmusik		
Schlosserei	Schneiderei	**Bühnenproben (markierte Dekoration)**	Tonaufnahme der Schauspielmusik		
Schreinerei	Maskenbildnerei				
Bildhauer (plastische Dekorationen)	Hutmacherei				
Polsterei	Schuhmacherei		Produktionsbegleitende Dramaturgie	laufende Verwaltungsarbeiten	
Malersaal	Kunstgewerbe	**Endproben**			
	Requisiten, Möbel, Vorhänge, Beleuchtungsgeräte/-effekte	**mit Schauspielmusik und Geräuschen**		Besuche in Schulen (Werbeleiter, Dramaturgen, Ensemble)	
	Neuanfertigung oder aus dem Fundus	**Statisterie-Proben**			
		Durchläufe (ganzes Stück im Ablauf)	Mit Inspizient und Souffleur: Genaue Festlegung des Inszenierung-Ablaufes	Schüler-Besuche in Proben	
		Technische Einrichtung, Dekoration, Beleuchtung		Pressemeldung	Kostenkontrolle der speziellen Produktion
		Hauptprobe (Foto-Probe)		Premieren-Plakat Programmheft Besetzungszettel	Kartenverkauf Tages- und Abendkasse
		Generalprobe		Pressekonferenz	
		PREMIERE			

ren technischen und handwerklichen Aufwand. Es ist wie bei einem Eisberg: ein Zehntel sieht man, die restlichen neun Zehntel bleiben verborgen. So haben zum Beispiel das Schillertheater in Berlin 479 Beschäftigte, das Deutsche Schauspielhaus in Hamburg 447 und das Residenztheater in München 322 Personen Gesamtpersonal. Davon sind jeweils nur etwa 16–22 % Schauspieler. Sie alle, Darsteller, Handwerker und Verwalter, gehören zu einem modernen Repertoiretheater, das einen solch umfangreichen Apparat verlangt. Das gilt für alle deutschsprachigen Häuser.

Stückannahme und Konzeptionsbesprechung I

Am Anfang jeder Theaterarbeit steht der Autor. Ganz gleich ob er Sophokles, Shakespeare, Ibsen, Brecht, Thomas Bernhard heißt oder ein noch unbekannter Zeitgenosse ist. Die Stücke der Klassiker sind allgemein zugänglich, werden von vielen Verlagen nachgedruckt und sind so für Theaterleute jederzeit greifbar. Dagegen werden zeitgenössische Autoren am Theater fast immer durch ihre Verlage vertreten. Deren Lektoren fungieren als Vermittler und Berater der Autoren. Die Theaterverlage vervielfältigen die Stück-Manuskripte und versenden sie an die Theaterdramaturgien. Der Leiter eines Theaterverlages prüft, an welches Theater, an welchen Regisseur erste „Voraus-Exemplare" eines neuen Stückes geschickt werden sollen. Je bekannter das Theater ist, je berühmter der Regisseur, um so bessere Startchancen lassen sich für eine Aufführung ausrechnen. Die Stücke sind durch ein international gültiges Copyright-Gesetz rechtsgeschützt. Das Recht zur Aufführung wird vertraglich festgelegt und mit jeweils unterschiedlich vereinbarten prozentualen Tantiemen (mindestens 12 und höchstens 18 % von der täglichen Gesamteinnahme des jeweiligen Theaterstückes) an den Verlag bezahlt, der davon einen individuell ausgehandelten Prozentsatz an den Autor weitergibt.

Den deutschen Theatern werden durch Theaterverlage im Jahr durchschnittlich 300 bis 400 neue Stücke (inklusive neuer Übersetzungen und Bearbeitungen alter Texte) der deutschen und internationalen Literatur angeboten. Von wesentlichen oder als wesentlich beurteilten Autoren werden alle Stücke gespielt. Die meisten der internationalen Erfolgsstücke – auch wenn es sich nur um Eintagsfliegen handelt – werden zumindest an einigen Theatern vorgestellt.

Am Anfang einer Inszenierung steht die Auswahl eines entsprechenden Theaterstückes. Diese steht in unmittelbarem Zusammenhang mit dem Gesamtspielplan eines Theaters. Das heißt, es werden in der Regel nicht „Einzelstücke" gewählt, sondern es werden in vielen Sitzungen (an denen der Intendant, der Schauspieldirektor, Dramaturgen, Regisseure und Bühnenbildner teilnehmen) die Umrisse des Gesamtspielplans fixiert, in dem bestimmte „Positionen" durch die einzelnen Stücke besetzt sind. Der äußerst komplizierte Vorgang einer Spielplanfestlegung ist in starkem Maße auf die Individualität der Persönlichkeiten zugeschnitten, die an einem Theater zusammenarbeiten. Denn er ist abhängig von den schauspielerischen Möglichkeiten, die das Ensemble bietet, und kann somit nicht allein nach literarischen Gesichtspunkten erarbeitet werden.

Innerhalb des Spielplangremiums hat der Dramaturg eine wichtige Funktion: Er erledigt alle Vorarbeiten, bevor es zu den großen gemeinsamen Sitzungen kommt. Meist ist er ein wissenschaftlich ausgebildeter Fachmann, der Literatur- und Theaterwissenschaft studiert hat. Er wägt bei der Lektüre der Stücke, die er dem Gremium vorschlägt, vor allem ab, ob das Thema wichtig, vielleicht sogar aktuell ist, ob Stil und Qualität seinem Theater entsprechen und ob sie mit dem vorhandenen Personal besetzbar sind.

Nach der Festlegung des Spielplans trifft der Intendant gemeinsam mit seinen Vorständen die Entscheidung darüber, welcher Regisseur das jeweilige Stück inszeniert und von welchem Bühnenbildner es betreut werden soll. Danach delegiert er die künstlerische Verantwortung für diese Inszenierung weitgehend an das Regieteam. Bis zur Premiere jedoch hat er als einziger die Möglichkeit, auch gegen den Willen des Regisseurs, Eingriffe in die Produktion vorzunehmen – sei es aus künstlerischen, wirtschaftlichen oder vielleicht sogar aus politischen Gründen. Nach der Premiere ist dieses Recht verwirkt. Eingriffe dieser Art sind allerdings selten, denn kreative Theaterarbeit ist nur auf der Basis von Vertrauen und Freiheit der Phantasie möglich.

Sobald das Regieteam (Regisseur, Bühnenbildner, Produktionsdramaturg, Assistenten) benannt ist, beginnen unter der Leitung des Regisseurs die Konzeptionsbesprechungen. Trotz der Teamarbeit, die das heutige Theaterleben bestimmt, nimmt der Regisseur noch immer eine zentrale Position am Theater ein. Er hat Einfluß auf die Stückauswahl und Besetzung. Er ist maßgeblich am Konzept einer Aufführung beteiligt. Später bestimmt er weitgehend den Rhythmus und die Methode des Probenablaufs sowie die darstellerische Gestaltung.

Die Konzeptionsbesprechung findet zunächst ohne die Schauspieler statt, da bis zu diesem Zeitpunkt die Besetzung der einzelnen Rollen zuweilen noch nicht festgelegt ist und erst erarbeitet werden muß. Das gesamte Umfeld einer neuen Produktion wird eingehend diskutiert. Es geht um Kunst, Technik, Zeit und Geld. Wichtigstes Moment der gesamten Arbeit ist die Frage, welche grundsätzliche Interpretation der Regisseur seinem Stück geben will, anhand derer er die Regiekonzeption festlegt. Die Schwierigkeiten der Stückinterpretation sind bei zeitgenössischen Autoren sicher geringer als bei den Klassikern, zeitgenössische Autoren leben meist noch und stehen gegebenenfalls als Diskussionspartner zur Verfügung. Außerdem kann sich der Regisseur leichter in das Lebensgefühl, die Psyche, die politischen und sozialen Verhältnisse des heutigen Menschen einfühlen als dies bei Theaterfiguren aus vorangegangenen Jahrhunderten, zu deren Umfeld er ja nur durch die Geschichtsschreibung Zugang hat, der Fall ist.

Wie sieht das bei den Klassikern aus? Aischylos, Sophokles, Euripides, Shakespeare, Molière, Goldoni, die deutschen Klassiker – sie alle werden ständig gespielt und interpretiert. Große Theaterliteratur war meist – direkt oder versteckt – engagiert und zeitkritisch. Was für uns bleibt, ist die Größe der Charaktere, die Ungewöhnlichkeit der Fabel, die Sprache, die künstlerische Form, die Ästhetik. Was nicht mehr auf direktem Wege in unsere Zeit gerettet werden kann, ist das zeitlich bezogene Engagement, die Aktualität von damals, als die Stücke noch „klassisch" waren. Wer versteht heute noch die Fülle tagespolitischer Anspielungen in den Chören der Griechen? Wer das dialektische Raffinement Molières, der aus seinem dreiaktigen, vom Hof verbotenen *Tartuffe* ein fünfaktiges Stück mit dem

Alle Aufnahmen der hier beginnenden Bildfolge sind im Laufe einer einzigen Produktion, Hansgünther Heymes Inszenierung von Schillers *Die Braut von Messina*, entstanden (Bühnenbild und Kostüme: Wolf Münzner, Chöre: Werner Haentjes).

Eine der ersten Besprechungen zur Vorbereitung einer Neuinszenierung ist die Diskussion über den Bühnenraum, über das Bühnenbild. Auf unserem Foto (oben) demonstriert der Regisseur in einer Besprechungsrunde mit Bühnenbildner, Dramaturg und Assistentin, daß er sich für seine Inszenierung eine steil ansteigende Bühne (Schräge) als Grundkonzept vorstellt. Diese räumliche Regiekonzeption wird zunächst in ein Bühnenmodell umgesetzt (Mitte). Bei der „Bauprobe" (unten) wird dieses Modell in Bühnenrealität übertragen, wobei die Originalmaße des zukünftigen Inszenierungsraums festgelegt werden. Die Schräge ist bei dem Modell und auf der Bauprobe deutlich erkennbar.

am Schluß alles lösenden Monarchen formte und die Komödie damit aufführbar machte? Wer kann heute noch unmittelbar empfinden, was Schillers *Räuber* und seine *Kabale und Liebe* einmal an Engagement, Aufdeckung und Zerstörung von Tabus bedeutet haben?

Heute lassen sich drei Arten der Klassikerinterpretationen unterscheiden. Zum einen die äußerlich „werkgetreue": Sie verknappt den Text, verändert ihn aber nicht; kostümlich und bühnenbildnerisch bleibt sie in der historischen Situation. Dann die Bearbeitung: Brecht zum Beispiel hat Shakespeares *Coriolan* textlich und dramaturgisch neu gefaßt, er hat ihn für die heutige Zeit und auf sein Denkmodell zugeschnitten und verändert. Und drittens die Radikalinszenierung: Hier wird der Text weit mehr als bei einer üblichen Strichfassung gekürzt, umgestellt und verändert; Kostüm und Dekoration werden oft in extremer Weise gegen den bisherigen Ort gesetzt, die Sprachbehandlung wendet sich bewußt und dialektisch gegen den Vers. Alle drei Methoden werden mit wechselndem Erfolg angewendet.

Zur Verdeutlichung unterschiedlicher Regiekonzeptionen zwei Beispiele: Soll man *Don Carlos* von Schiller als ein psychologisches Eifersuchtsdrama zwischen dem Titelhelden, seiner gleichaltrigen Stiefmutter und dem König Philipp spielen, oder den Generationskonflikt Prinzen-Sohn/Königs-Vater in den Mittelpunkt stellen, oder Posa, den Idealisten, mit seinem Aufbruchswillen in eine neue freiheitliche Zeit zum Helden machen, oder gar den Versuch wagen, dies alles „unter einen Hut" zu bringen? Jede dieser Interpretationen ist möglich, alle sind im Verlaufe der letzten zweihundert Jahre durchgespielt worden.

Soll Shakespeares Hamlet ein psychologisierender Träumer sein, der voller Poesie und Realitätsferne durch das Stück geht, oder soll er ein klar berechnender Kopf sein, der seiner Umwelt nur einen Narren vorspielt, um mit dieser Methode den Mord an seinem Vater aufzudecken und zu rächen?

Zu einer wichtigen Entscheidung der Regiekonzeption gehört auch die Bestimmung der Zeit, in der das Stück spielen soll. Einen *Hamlet* im zeitgenössischen Frack gab es in den zwanziger Jahren von London bis Berlin, und Schiller-Interpretationen in SS-Uniform tauchten nach dem Zweiten Weltkrieg auf. Über die Zulässigkeit solcher Experimente, uns so die klassischen Stoffe „zeitnah" zu bringen, ist die Diskussion bis heute nicht abgebrochen. Entscheidend für das Gelingen solcher Inszenierungen ist fast immer die Qualität der einzelnen Interpretation und die Ernsthaftigkeit der Konzeption.

Von zentraler Bedeutung ist das Einstreichen des Textes, denn hier wird entschieden, welche Textstellen gespielt und welche gestrichen, also nicht gespielt werden sollen. Dieses „Einrichten" oder „Einstreichen" von Texten hat zunächst einen rein künstlerischen Akzent und ist ganz auf die Inszenierungskonzeption abgestellt. Aber es gibt dabei auch praktische Aspekte. Ein *Carlos*, ungestrichen gespielt, könnte bis zu fünf, sechs Stunden dauern, eine für heutige Normalzuschauer nicht mehr zumutbare Spieldauer. Schiller bearbeitete seine Texte für Aufführungen zum Teil selbst, ebenso wie er Goethes *Egmont* einstrich. Goethe selbst überarbeitete seinen *Tasso* für das Theater.

In den vorbereitenden Gesprächen entwickelt der Bühnenbildner eine erste Vorstellung über den zu entwerfenden Raum, die Kostüme, den Stil, die Zeit, die Form, in der diese Inszenierung spielen soll. Erste Skizzen des

Bühnenbildes entstehen. Später werden in Zusammenarbeit mit der technischen Direktion ein Bühnenmodell und Pläne bis hin zu den genauen maßstabgerechten Grundrissen für die Bühne ausgearbeitet. So entstehen alle für die Bühne und die Werkstätten notwendigen Unterlagen.

Parallel zu diesen Grundsatzgesprächen beginnen die Diskussionen über die Besetzung der einzelnen Rollen des ausgewählten Stückes. Vorrangig künstlerische Erwägungen, aber auch pragmatische und vertragsrechtliche Überlegungen und Fakten bestimmen den sehr komplizierten Besetzungsvorgang. Diskutiert wird, ob das Stück aus dem eigenen, fest engagierten Personal zu besetzen ist, oder ob man für eine profilierte Rolle einen Gast engagieren muß. Soll zum ersten Mal eine Hauptrolle mit einem bisher noch nicht in großen Rollen erprobten jungen Schauspieler gewagt werden, oder soll ein Schauspieler nun bereits seine dritte Hauptrolle in dieser Spielzeit erhalten, während ein anderer noch nicht gespielt hat? Soll ein neu engagiertes Mitglied dem Publikum in einer zentralen oder in einer Nebenrolle vorgestellt werden? Stehen überhaupt alle fest engagierten Schauspieler zur Verfügung, oder haben sie gerade Gastierurlaub bei Film, Funk, Fernsehen oder an anderen Bühnen? Da an den meisten Theatern zwei bis vier Stücke zeitlich parallel probiert werden müssen, bedeutet das natürlich weitere Einschränkungen bei Besetzungen. Kein Schauspieler sollte zwei große Rollen zur gleichen Zeit probieren.

Wenn diese Diskussion abgeschlossen ist, werden die „Besetzungen", Zettel, auf denen die Rollen und ihre Darsteller verzeichnet sind, am schwarzen Brett ausgehängt. Jetzt erst erfährt das Ensemble, wer welche Rolle in der nächsten Inszenierung spielt. Jubel, Enttäuschung, ja Verbitterung sind oft die Folge. Für jeden Schauspieler bedeutet eine „gute" Rolle, mit der er sich richtig besetzt fühlt, eine wichtige Entscheidung für seine künstlerische Entwicklung und sein berufliches Weiterkommen – das gilt gleichermaßen für Jung und Alt.

Nun werden die Textbücher an die Schauspieler verteilt. Meist hat sie der Regieassistent nach den Strichen des Regisseurs eingerichtet, und die Arbeit des Schauspielers beginnt. Die reiche und phantasievolle, aber auch widersprüchliche und komplizierte Arbeit des Darstellers beim Erlernen seiner Rolle ist sicherlich der wichtigste Teil einer jeden Inszenierung.

Die Bauprobe

Bevor die eigentliche Arbeit in den Werkstätten und mit den Schauspielern auf der Bühne beginnen kann, ist eine sogenannte „Bauprobe" notwendig. An ihr ist das gesamte Regieteam beteiligt. Außerdem sind nun zum ersten Male auch die Techniker und Handwerker dabei, denn für sie ist diese Probe, die einen ersten Eindruck vom zukünftigen Bühnenraum geben soll, ebenso wichtig wie für die Künstler. Der technische Direktor, Bühnen- und Beleuchtungsmeister und die Werkstättenleiter sitzen neben dem Bühnenbildner und Regisseur am Regiepult im Zuschauerraum oder korrigieren auf der Bühne. Anhand des Entwurfes des Bühnenbildners, der bei dieser Probe oft bestimmender ist als der Regisseur, und der ersten Grundrißzeichnungen wird aus alten Kulissen, Probe-Stellwänden und Podesten der spätere Bühnenraum im originalen Maß, aber noch improvisiert durch die Bühnenhandwerker aufgebaut.

Ich bin kein Tyrann. Ich versuche über des Autors Sprache in sein Geheimnis einzudringen. Komme ich von dieser Expedition zurück, so glaube ich im Besitz seines dem flüchtigen Betrachter vorenthaltenen Geheimauftrags zu sein. Ich beuge mich der Diktatur des Dramatikers und übe sie vertretungsweise aus.
(Fritz Kortner)

Die Malsäle der Theater
haben zum Teil die Größe
eines halben Fußballfeldes.
Die Maler, die nach den
Entwürfen von
Bühnenbildnern die
Dekorationsteile bemalen,
arbeiten mit besenartigen
Pinseln. Die Leinwand ist
wegen der großen Fläche
nicht auf einer Staffelei
befestigt, sondern auf den
Boden gespannt. Meist
wird im Malsaal an
mehreren
Neuinszenierungen
gleichzeitig gearbeitet, so
daß ein großflächiger
Grundraum benötigt wird.
Im Hintergrund liegen die
Einzelteile der Schräge, so
wie sie aus der Schreinerei
gekommen sind. Sie
werden hier gefärbt und
lackiert.
Das Foto links oben zeigt
Bildhauer (Kascheure) bei
ihrer Arbeit.

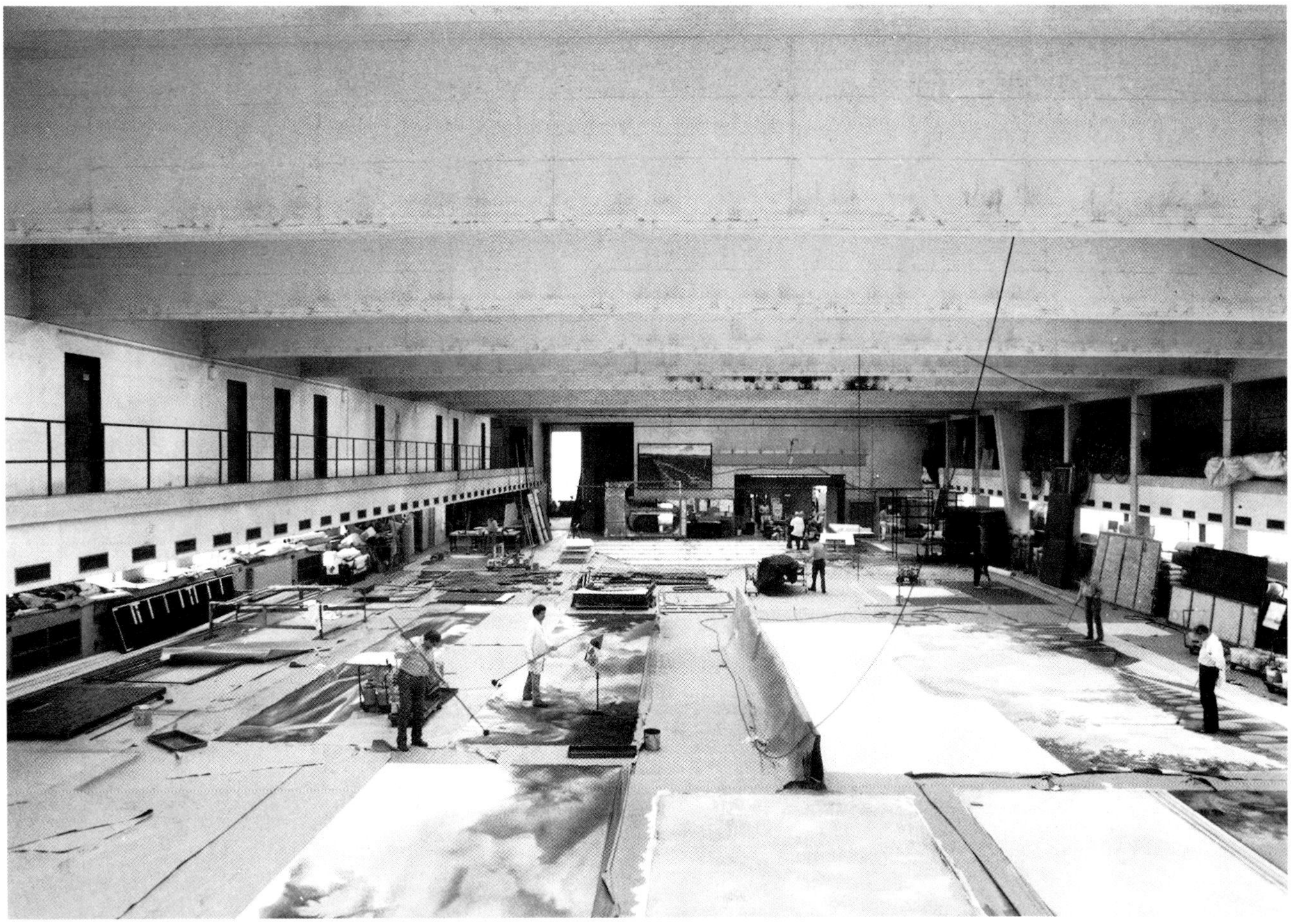

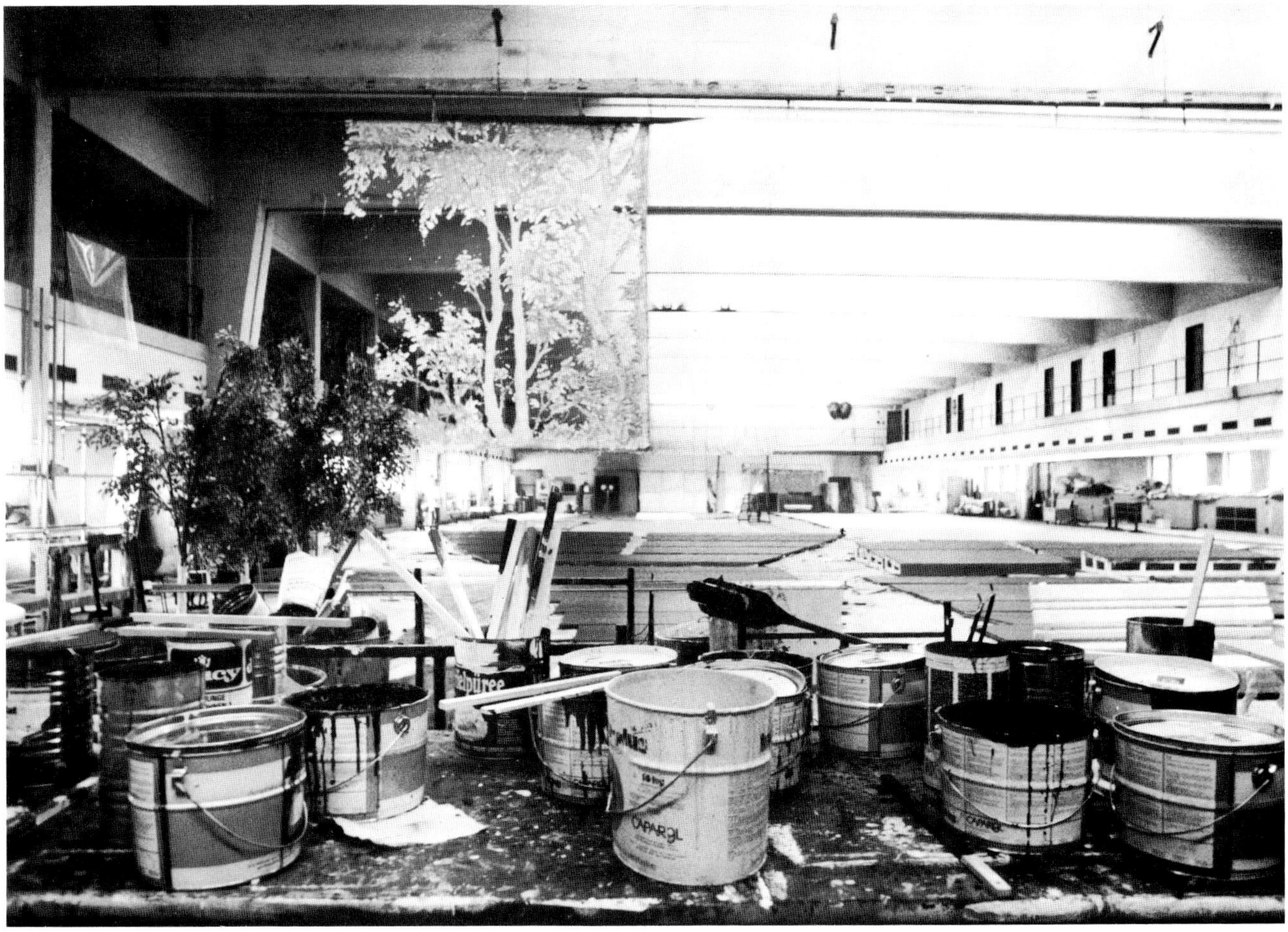
CAPAROL

Zunächst überprüfen Regisseur und Bühnenbildner, ob der bisher nur in ihren Köpfen und auf den Entwürfen festgehaltene Bühnenraum auch in der Wirklichkeit ihren künstlerischen und ästhetischen Vorstellungen entspricht. Dann wird untersucht, ob das Bühnenbild technisch so zu realisieren ist wie es geplant war. Sicherheitstechnische Vorschriften, die sowohl zum Schutze des technischen als auch des künstlerischen Personals zu beachten sind, spielen dabei eine wichtige Rolle. So sind z. B. zu berücksichtigen die Versammlungsstätten-Verordnung, die Unfallverhütungsvorschriften, die feuerpolizeilichen Vorschriften sowie die allgemein anerkannten Regeln der Technik.

Die Tragfähigkeit und Standsicherheit von Flächen und Aufbauten müssen auf die statische und dynamische Belastung hin ausreichend bemessen sein. Treppen und erhöhte Flächen werden durch Geländer und Brüstungen so gesichert, daß niemand abstürzen kann. Teppiche und andere Bodenbeläge müssen so befestigt werden, daß Rutschen, Faltenbildung und Aufrollen der Ränder ausgeschlossen sind. Gegen das Herabfallen von Gegenständen auf die Spielflächen ist eine Vielfalt von Sicherheitsmaßnahmen erforderlich. Alle Szenen mit offenem Feuer auf der Bühne sowie alle aus szenischen Gründen bedingten Aufbauten vor dem „eisernen Vorhang" bedürfen in jedem Einzelfall der Genehmigung durch den „vorbeugenden Brandschutz", meist durch die zuständige Feuerwehr. Alle Aufbauten und Dekorationen vor dem eisernen Vorhang müssen schwer entflammbar sein, obendrein wird ab einer gewissen Bühnengröße jede Vorstellung durch mindestens zwei Brand-Sicherheitswachen von einem verdeckten seitlichen Bühnenplatz aus genauestens verfolgt. An vielen Theatern sitzt zudem bei jeder Vorstellung ein diensthabender Arzt auf einem festen Außenplatz im Publikum.

Der eiserne Vorhang ist eine bewegliche Brandschutz-Wand. Während einer Vorstellung oder Bühnenprobe ist der tonnenschwere „Eiserne" hochgefahren, gibt die Portalöffnung frei und ist für den Zuschauer nicht zu sehen. Vor jeder Vorstellung wird durch die Feuerwehr eine Funktionsprüfung vorgenommen, da der „Eiserne" bei Notauslösung durch sein Eigengewicht (auch bei Stromausfall) selbsttätig herabfahren muß. Nach jeder Vorstellung wird er in Anwesenheit der Feuerwehr mit deutlich vernehmbarem Klingelzeichen herabgelassen. Aus dieser Vorschrift hat sich ein wunderschöner Theaterbrauch entwickelt: Wenn der Applaus kein Ende nehmen will, läßt der Inspizient den eisernen Vorhang noch in Gegenwart des Publikums ab. Das sind Sternstunden des Theaters, wenn sich die Schauspieler dann noch vor dem Eisernen verbeugen.

Bereits bei der Bauprobe wird überprüft, ob von allen Plätzen des Zuschauerraumes aus sämtliche umbauten Ecken des Bühnenbildes einzusehen sind. Die Beleuchter untersuchen, ob sie mit ihren Scheinwerfern das gesamte Bild ausleuchten können oder Zusatzeinrichtungen notwendig werden.

Der technische Direktor wird nach der Bauprobe feststellen, welche Teile aus dem Fundus für die Dekoration verwendet werden können bzw. was neu gebaut werden muß. Daraus ergibt sich, ob die für diese Produktion in den Theaterwerkstätten zur Verfügung stehende Zeit ausreicht, um das Bühnenbild rechtzeitig vor der Premiere herzustellen, oder ob man Teile nach draußen, an Privatfirmen, vergeben muß. Die Gesamtkosten für Bühnenbild und Kostüme werden für jedes Stück neu festgelegt, und zwar vom Intendanten des Theaters. Nach der Bauprobe errechnet der technische Direktor die Kosten für die Anschaffung des erforderlichen Materials und stellt so fest, ob sich die Ausgaben im geplanten Kostenrahmen bewegen. Später werden die Ausgaben laufend von der Theaterverwaltung kontrolliert. Bei Überschreitungen des Ausstattungsetats werden die Kosten für diese Produktion entweder gekürzt, durch Haushaltsreserven abgedeckt oder bei einer anderen Produktion eingespart. Durch die Bauprobe schließlich wird auch erst eine grobe Einschätzung möglich, wieviel Zeit für den Auf- bzw. Abbau der Dekoration benötigt wird. Je weniger Zeit die Auf- und Abbauten in Anspruch nehmen, desto länger können die Schauspieler auf der Bühne probieren. Gerade die Bühne ist der wichtigste Proberaum für die Schauspieler.

Erst nach der Bauprobe kann der Bühnenbildner endgültig an die Herstellung seiner Unterlagen für die einzelnen Werkstätten (Bauzeichnungen für Schlosser und Schreiner, statische Berechnungen, Figurinenentwürfe für die Schneider und Entwürfe für den Malersaal) gehen.

Die Werkstätten

Alle bundesdeutschen Theater, die durch Länder oder Städte öffentlich subventioniert werden, haben eigene Werkstätten, in denen ganzjährig angestellte Handwerker ausschließlich für die Produktionen des eigenen Theaters arbeiten. Hier ist, wie sonst nirgendwo mehr in unserer Industriegesellschaft, die größte Anzahl verschiedener Handwerksberufe unter einem Dach vereint. Diese Werkstätten sind maschinell hochqualifiziert und modern ausgestattet. Doch das Handwerk des Theaters setzt – im Gegensatz zur Industrie – der Maschine Grenzen. Das Theater war schon immer eine Stätte des Kunsthandwerks, die Handarbeit wichtiger als die Maschine. Daran hat sich bis heute nichts geändert. Theaterarbeit, auf der Bühne und in den Werkstätten, ist nun einmal Menschenarbeit. Insofern gehört Theaterarbeit zu den seltenen Berufen, in denen jeder Beteiligte einen hohen Anteil an der Herstellung des „Endprodukts" hat, jeder kann seinen Beitrag wahrnehmen. So erklärt sich, daß die Theater zu den personalintensivsten Betrieben gehören, die es gibt. 85–87 % der Gesamtausgaben an den Theatern sind reine Personalkosten. Auch dies begründet, warum unser öffentlich-rechtliches Theatersystem, das primär künstlerisch ausgerichtet ist, subventioniert werden muß.

Die Arbeit in den Werkstätten, die ausschließlich nach den Entwürfen des Bühnenbildners und Kostümbildners erfolgt, wird von zwei Gruppen ausgeführt. Die eine Gruppe arbeitet für die Bühnendekoration. Deren wichtigste Mitglieder sind die Schlosser, die Schreiner, die Maler, die Kascheure, die Elektriker und die Requisiteure. Die andere Gruppe arbeitet für den darstellenden Menschen, den Schauspieler. Das sind die Schneider, die Maskenbildner und Perückenmacher, die Hemdennäher und Hutmacher, die Rüstmeister und die Schuster.

Im Malersaal, der bei Führungen für den Laien meist interessantesten Werkstätte, werden Dekorationsteile, Wände und Prospekte gemalt. Die Malersäle großer Theater haben oft die Ausmaße eines halben Fußballfeldes. Die Prospekte, die den Hintergrund einer Bühnendekoration darstellen, können bis zu zwölf Metern breit und bis zu acht Metern hoch sein.

Sämtliche für eine
Inszenierung benötigten
Holz- und Eisenteile
werden nach den
Bauzeichnungen und
Skizzen des
Bühnenbildners in den
theatereigenen
Werkstätten hergestellt.
Charakteristisch auch für
die Arbeit der Schlosser,
Schreiner, des Schusters
und aller übrigen
Handwerker am Theater ist
die Symbiose von Kunst
und Handwerk. Die Pflege
der vorindustriellen
Tradition ist heute in dieser
Vielfalt nur noch am
Theater möglich.
In der Schreinerei (oben)
entstehen die Bänke, die im
Einheitsbühnenbild der
Braut von Messina die
Spielfläche/Schräge seitlich
begrenzen.
Auf eine Steckvorrichtung
aus Eisen, von den
Theaterschlossern
hergestellt, bringt ein
Meister aus dem Malsaal
(dort werden viele
Elemente des Bühnenbilds
zusammengefügt)
Palmwedel an. So
entstehen mehrere Palmen,
die in unserer Inszenierung
sogar bewegt werden
können, wie vom Sturm
gepeitscht (unten).

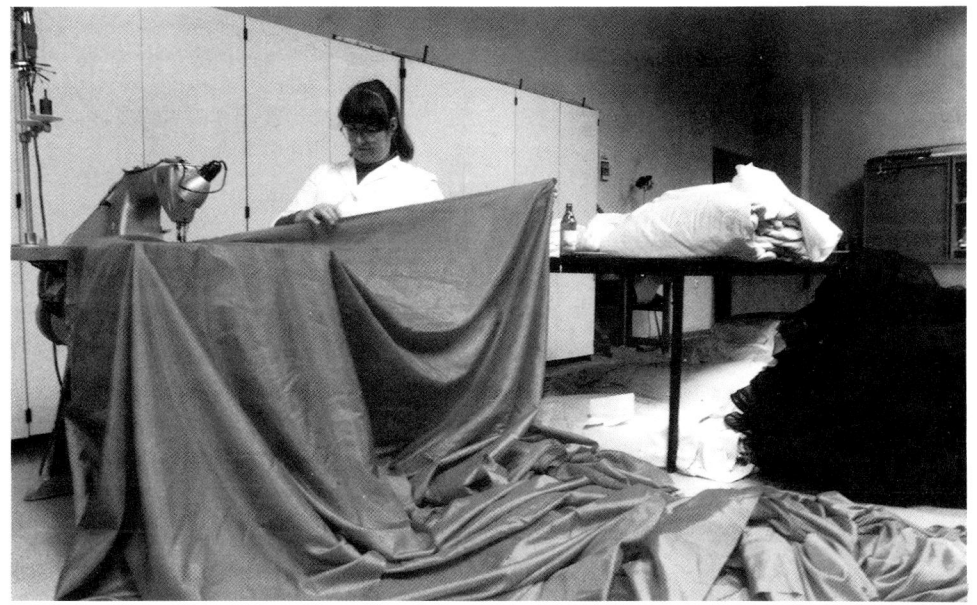

In der
Dekorationsabteilung
werden lange Stoffbahnen
an einer großen
Spezialnähmaschine
zusammengenäht. Damit
werden die Seitenwände
des kastenartigen
Bühnenbilds bespannt
(oben).
Schusterwerkstatt: Für
einige Kostüme werden
reichbestickte Stiefel
angefertigt (Mitte).
Der Kascheur (unten) bei
der Arbeit in der
Bildhauerwerkstatt. Er
modelliert ein Medaillon
für das Kostüm einer
Hauptfigur.

137

Mindestens zwei, oft drei müssen gleichzeitig nebeneinander ausgelegt und bemalt werden können. Für diese Prospekte hat der Bühnenbildner eine Farbskizze angefertigt, die nun durch die Bühnenmaler maßstabgerecht auf die Originalfläche übertragen wird. Bei den enormen Ausmaßen der Prospekte ist es verständlicherweise nicht möglich, eine Staffelei zu benutzen. Die zu bemalende Stofffläche, Nessel oder Leinwand, wird auf dem Boden ausgespannt und an den Rändern festgenagelt. Dann wird das Tuch grundiert und mit den Vorzeichnungen versehen. Später malt der Maler stehend mit großen Pinseln, die ähnlich wie Besen aussehen können, auf den am Boden liegenden Prospekt das endgültige Bild. Zur perspektivischen Kontrolle gibt es in allen Malersälen einen drei bis vier Meter hohen Umlauf. Nur von dort oben hat der Maler die zur Kontrolle seiner Arbeit notwendige Aufsicht. Die Bühnenmaler sind in vielen Fällen an Kunsthochschulen akademisch ausgebildete Fachkräfte.

Eng mit ihnen zusammen arbeiten die Kascheure, ausgebildete Bildhauer. Sie gestalten die plastischen Teile der Dekoration, die auf der Bühne wie aus Metall, Holz oder Stein hergestellt erscheinen, z. B. große Statuen, Brunnenfiguren, bestimmte Stukkaturteile an Decken oder Wänden. Diese plastischen Teile und Figuren sollen zwar auf der Bühne echt aussehen, sie müssen aber auch bei schnellen szenischen Umbauten leicht transportabel sein. Deswegen verwenden die Theaterbildhauer für ihre Arbeiten Pappmaché oder den Kunststoff Styropor, d. h. sie „kaschieren" ihre Figuren – daher auch die Berufsbezeichnung.

Die Theaterschreiner und -schlosser sind hochqualifizierte Fachkräfte, deren Spezialität vor allem im Kunsthandwerklichen liegt. Alle auf der Bühne notwendigen Holz- und Eisenteile, die teilweise für das Publikum nicht sichtbar sind, weil sie die Dekorationsteile an der Rückseite zusammenhalten, stammen von ihnen. Wichtiger sind die sichtbaren Teile ihrer Arbeit, wie Möbel, Türen, Wände und Brüstungen aus Holz oder Brunnengitter, Fensterverzierungen und Treppengeländer aus Schmiedeeisen. Das alles wird nach Bauzeichnungen und Skizzen des Bühnenbildners in die Bühnenrealität umgesetzt. Die Theaterhandwerker müssen in der Lage sein, Möbel aller Stilepochen nachzubauen, vom römischen Stuhl bis zu einer abstrakten zeitgenössischen Sitzform. Das stellt enorme Anforderungen an den einzelnen, darin liegt aber auch der große Reiz dieser Berufe.

Mit dem Kunsthandwerk haben die Elektriker am wenigsten zu tun. Sie montieren Fassungen in einen von den Schreinern oder Schlossern hergestellten Leuchter, legen Steckdosen und Leitungen in einzelne Dekorationsteile. Erfindungskraft, Improvisationstalent und Praktikabilität sind wichtige Merkmale ihrer Arbeit, da all das, was sie montieren, oft in kürzester Zeit mit der Dekoration ab- und umgebaut werden muß.

Besonders erfindungsreich müssen die Requisiteure sein. Sie sammeln oder stellen alle jene Dinge her, die der Bühnenbildner als Requisiten für die Inszenierung bestimmt hat, gleich ob es sich nun um Dolche, einen Radioapparat, Gläser, Pokale, Pfeifenköpfe oder Wappen handelt. Barockes Prunkgeschirr aus Schaumstoff wird von ihnen nachgebildet, auf Tabletts fest verschraubt, damit es beim schnellen Tragen nicht herunterrutscht. Sie haben in ihren Requisitenkammern die Schreibtischausstattung für Königin Elisabeth mit dem Federhalter für das Todesurteil der Maria Stuart ebenso wie den Dolch des Brutus, mit dem Cäsar ermordet wird. Diese Spezialwaffen müssen für die einzelne Produktion oft noch

Der Rüstmeister gehört zu den aussterbenden Berufen in Deutschland. Nur noch ganz wenige Theater haben einen festangestellten Spezialisten dieser Art. Hier werden die Degen für die Fechtszene in der *Braut von Messina* ausgesucht (oben).

In der Requisitenkammer gibt es kaum einen Gegenstand, der nicht, nach Stilen oder Stücken (Inszenierungen) geordnet, vorhanden wäre. Selbst die Requisiteure größerer Theater fahren an Sperrmülltagen regelmäßig durch die Städte, um Requisiten für ihr Magazin aufzustöbern. Das auf unserem Bild sichtbare Gerippe ist Staffage für ein anderes Stück. Der Stock in der Hand des Requisiteurs ist für die *Braut von Messina* vorgesehen, und auf der Liste vor ihm stehen die einzelnen Requisiten, die für das Schillersche Drama benötigt werden (unten).

zusätzlich präpariert werden. Ein Beispiel: der Hauptdarsteller in Sartres *Der Teufel und der liebe Gott* fügt sich die Wundmale Christi zu. Das Blut muß aus seinen Handinnenflächen sichtbar strömen, wenn er sich mit seinem Dolch die Hände aufritzt. So enthält der Dolch einen speziellen Mechanismus, damit aus einem Hohlraum des Griffes zum richtigen Zeitpunkt die Mischung aus roter Tinte und Kondensmilch in die Dolchspitze und von dort auf die Handinnenfläche spritzt. Natürlich gibt es auch noch viele andere chemische Möglichkeiten, „Bühnenblut" herzustellen.

Jedes Theater hat eine große Requisitenabteilung und mehrere Requisiteure, die aus den verschiedensten Erstberufen kommen. In den Requisitenkammern sind alle wiederverwendbaren Teile aus den Inszenierungen vieler Jahrzehnte zusammengetragen, geordnet und registriert. Denn der Requisiteur kann alles gebrauchen. An Sperrmülltagen kann man ihn häufig nachts die Straßen abfahren sehen, wo er Material für sein Magazin sammelt. Wenn die vorhandenen Teile der Requisitenkammer nicht ausreichen, werden die Requisiten nach den Anweisungen des Bühnenbildners neu angefertigt.

Bei den Handwerkern, die für die Schauspieler direkt arbeiten, dominieren die Schneider, natürlich auch wegen der von ihnen zu bewältigenden Quantitäten. Für Stücke, in denen viele Statisten vorkommen und mehrere Darsteller in verschiedenen Kostümen auftreten, benötigt man oft mehr als hundert Kostüme. Als Grundlage für jedes Kostüm, das vom Kostümbildner speziell für eine Rolle und für den mit ihr besetzten Schauspieler entworfen worden ist, dient die sogenannte Figurine, eine genaue Zeichnung des Kostüms mit zusätzlichen Stoff- und Farbproben.

Die meisten Theater verfügen über einen umfangreichen Kostümfundus. In ihm sind die Kostüme und Kostümteile, wie Hüte, Mäntel etc., entweder nach Stücken oder nach Stilen geordnet untergebracht. Bei neuen Produktionen wird er zunächst durchforscht, und alle wieder verwendbaren Teile werden herausgesucht. Die meisten Kostüme jedoch müssen neu geschneidert werden. Das gilt natürlich vor allem für historische und erfundene Stile. Moderne Kleidung wird von den Theatern aus wirtschaftlichen Erwägungen meist nicht mehr selbst hergestellt, sondern direkt von der Konfektionsindustrie bezogen.

Die Theaterschneiderei ist in zwei große Ateliers unterteilt: in eine Damen- und eine Herrenabteilung. Ihre Einrichtungen unterscheiden sich kaum von privaten Ateliers. Nähmaschinen, Zuschneidetische, Arbeitstische und Schneiderpuppen bilden die Grundausrüstung. Auch beim Theaterschneider sind neben hohem handwerklichem Können vor allem Stilgefühl und Einfühlungsvermögen in die individuellen körperlichen Eigenheiten der Schauspieler, deren Schwächen es kostümlich zu vertuschen und deren Vorzüge es hervorzuheben gilt, wichtige Voraussetzungen. Die Werkstätten werden von Gewandmeistern bzw. -meisterinnen geleitet, die zunächst das Schneiderhandwerk erlernt und dann auf Fachschulen Stil- und Materialkunde studiert haben.

Im Umfeld der Kostümschneider arbeiten noch einige Spezialisten, zum Teil ganz selbständig, zum Teil als reine Zuarbeiter. Das sind die Hemdennäherinnen oder Weißnäher, die Hutmacher und die Kunstgewerbler. Für sie alle gilt, daß auch sie zuerst aus dem Fundus und dann nach Entwürfen des Kostümbildners arbeiten und in allen Stilepochen zu Hause sein müssen. Das gilt für barockplissierte Hemden, für die mit Reiherfedern verse-

henen breitrandigen Hüte der Jahrhundertwende ebenso wie für pailletten-
besetzte Abendkleider.

Auch der Theaterschuster vertritt sein Handwerk noch in der ganzen
Breite handwerklicher Tradition. Nach Skizzen des Kostümbildners und
historischen Vorlagen fertigt er die schweren Reiterstiefel von Max Picco-
lomini ebenso an wie die goldverzierten Sandalen der Iphigenie, die plum-
pen Bundschuhe der aufrührerischen Bauern im *Götz von Berlichingen*,
die eleganten Schnallenpumps zu Stücken Molières und das geflickte
Schuhwerk in Gorkis *Nachtasyl*.

Einen ganz besonderen Rang unter den Handwerkern im Theater nimmt
der Rüstmeister ein. Er pflegt ein aus dem Mittelalter stammendes traditionelles Handwerk, das auszusterben drohte, wenn es nicht noch einige
wenige Rüstmeister am Theater gäbe. Er betreut die Rüstkammer des
Theaters, in denen Ritterrüstungen, Beinschienen, Brustpanzer und Waffen aller Gattungen und Zeiten vorhanden sind, oft sehr wertvolle Sammlungen. Zu seinen Aufgaben gehört ihre Verwaltung und Pflege, er verändert sie zum Teil und fertigt vor allem aber neue Rüstungen und Waffen an.
Meist ist er ein gelernter Schlosser mit einer speziellen Ausbildung für
Rüstmeisterei. Gegebenenfalls fertigt er den Brustpanzer für die Jungfrau
von Orleans genauso an (maßgeschneidert für eine bestimmte Darstellerin) wie die eiserne Faust des Götz von Berlichingen.

Der Maskenbildner verändert den Körper (z. B. durch einen Buckel)
und besonders die Physiognomie (das Gesicht) der Darsteller entsprechend ihrer durch die Regiekonzeption vorgeschriebenen Rollenfigur.
Auch für seinen Beruf gilt in hohem Maße, daß künstlerische Begabung zu
den handwerklichen Fertigkeiten kommen muß. Maskenbildner sind ausgebildete Friseure mit einer zusätzlichen zwei- bis dreijährigen Theater-
lehre als Maskenbildner. Der Maskenbildner hat zwei verschiedene Aufgaben und zwei verschiedene Dienstzeiten. Der eine Teil seiner Aufgabe
besteht im Anfertigen: dem Herstellen von Masken und dem Knüpfen von
Perücken, beispielsweise der Halbmaske für den Harlekin in der Commedia dell'arte wie auch der Allongeperücke in einer Molière-Komödie.
Diese kunsthandwerklichen Arbeiten finden an Vormittagen in den Thea-
terateliers statt. Am Abend beginnt der zweite Dienst der Maskenbildner.
Vor der Vorstellung helfen sie in einem eigenen Maskenbildnerraum, nahe
bei den Garderoben der Schauspieler, dem Schauspieler beim Aufsetzen
und Befestigen der Perücken, ebenso bei komplizierten Schminkvorgän-
gen. Das leichte Schminken besorgt der Schauspieler selbst, denn er kennt
die Eigenheiten seines Gesichts am besten – sein Doppelkinn, zu tief
liegende Augen, zu breite oder zu schmale Lippen, Merkmale, die es durch
Schminken hervorzuheben oder zu verstecken gilt. Bei komplizierten Masken wie Einäugigkeit, sichtbaren Narben, Hakennasen und ähnlich charak-
terisierenden Veränderungen des natürlichen Gesichtes, muß der Maskenbildner dem Schauspieler die Maske anlegen. Bei besonders komplizierten
Masken kann diese Arbeit bis zu zwei Stunden dauern.

Charakteristisch für die hier beschriebene Arbeit in den einzelnen Thea-
terwerkstätten ist die Symbiose zwischen Kunst und Handwerk und die
Pflege einer vorindustriellen Tradition, die in jener Vielfalt nur noch am
Theater bewahrt und fortgesetzt wird. Deshalb haben seit einiger Zeit
diese kunsthandwerklichen Theaterberufe einen großen Zulauf von jungen
Leuten.

Für jede Figur, ganz gleich, ob es sich um eine Hauptrolle oder um eine Charge (kleine Rolle) handelt, wird ein spezielles Kostüm entworfen. Die Zeichnungen nennt man Figurinen (oben links). Im Fundus werden die Kostüme abgespielter Stücke aufbewahrt und gegebenenfalls mit gewissen Umänderungen bei neuen Stücken wieder verwendet (unten links). Alle städtischen oder staatlichen Theater der Bundesrepublik verfügen über eigene Kostümwerkstätten, in denen nach den Angaben der Kostümbildner Kostüme für jede Neuproduktion hergestellt werden (rechte Seite).

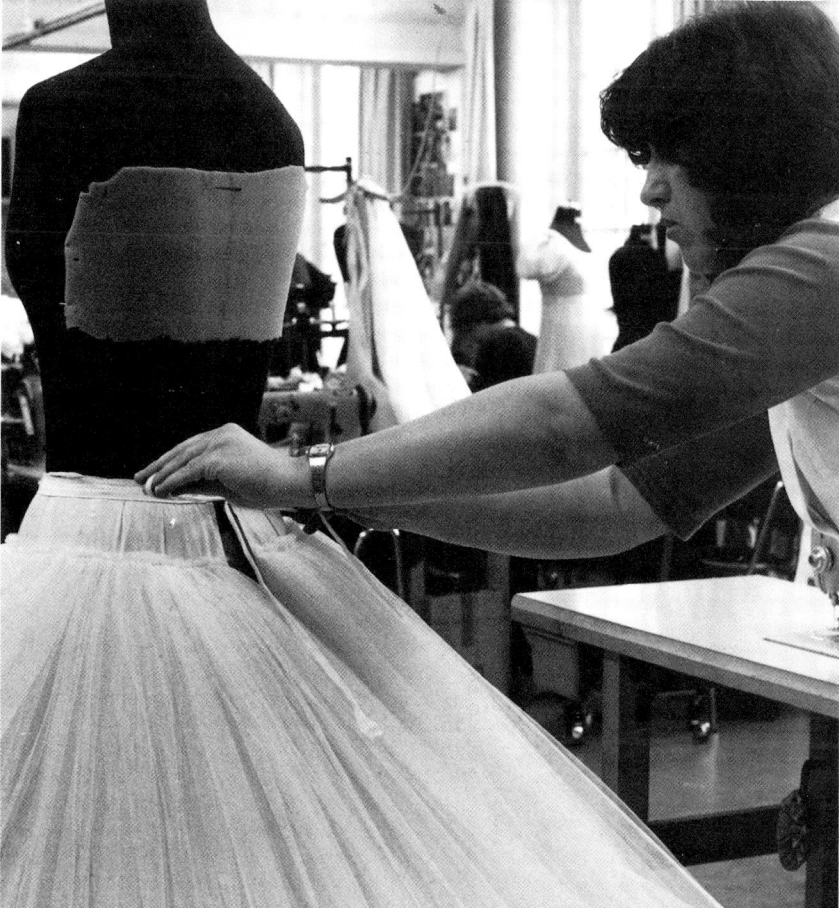

Die Handwerker auf der Bühne

Auch für die vielfältigen Bühnendienste sind Handwerker erforderlich, die in der Regel auf der Bühne arbeiten und nur selten in den Werkstätten aushelfen. Ihre Hierarchie staffelt sich vom einfachen Bühnenhandwerker über den Vorarbeiter, den Seitenmeister, den Schnürbodenmeister zum Bühnenmeister und vom Bühneninspektor zum technischen Direktor. Für die gehobenen Positionen ist eine spezielle Fachausbildung oder gar ein Ingenieurstudium Voraussetzung. Die Arbeit der Bühnenhandwerker umfaßt die Bedienung der oft sehr komplizierten technischen Einrichtung eines Theaters sowie den Auf- und Abbau der Dekoration.

Die technische Grundmaschinerie des Theaters von der Barockzeit bis heute besteht aus der Dreh- und Schiebebühne, der Versenkung und den Zügen. Bei der Dreh- und Schiebebühne werden mehrere Dekorationen eines Stückes gleichzeitig aufgebaut, und durch Dreh- oder Schiebebewegungen kann die Bühne in kürzester Zeit – bei offenem oder geschlossenem Vorhang – verwandelt werden. Theater, die diese Einrichtung nicht besitzen, müssen alle erforderlichen Einzelbilder nacheinander auf- und abbauen – ein zeitaufwendiges Verfahren. Die Versenkungen sind mechanisch zu öffnende, nach oben oder unter die Bühne zu fahrende Einzelabschnitte des Bühnenbodens. Bekannt z. B. ist die Höllenfahrt des Molièreschen Don Juan, sind die Versenkungseffekte bei den Zaubermärchen von Raimund. Die Züge, die für den Zuschauer unsichtbar und hoch über dem Bühnenboden hängen, sind an Stahlseilen befestigte Stahlstangen. Diese Seile laufen alle zum höchsten Punkt des Bühnenhauses, dem Schnürboden. Sie werden von oben nach unten und umgekehrt, heute elektrisch, früher manuell, gezogen. An ihnen hängen vor allem große Prospekte oder Dekorationsteile, die leicht und schnell bewegt werden können und so einen raschen Szenenwechsel ermöglichen. Da einzelne Prospekte acht bis zehn Meter hoch sind, braucht man ein sehr hohes Bühnenhaus, damit die Zuschauer in den ersten Reihen die Prospekte nach dem Szenenwechsel nicht mehr sehen. So ergibt sich die architektonische Notwendigkeit der hohen Bühnenhäuser, die bei klassischen Theaterbauten den Zuschauerraum mit den Foyers weit überragen.

Diese gesamte Bühnenmaschinerie, die hier ja nur im Grundsatz erklärt werden kann und in der Realität viel diffiziler in der Handhabung ist, wird von den Bühnenhandwerkern bedient. Für das Drehen, Schieben, Versenken und Bewegen der Züge werden Spezialisten eingesetzt, die sich in der Regel nur auf diese Aufgaben beschränken. Der andere Teil der Bühnenmannschaft kümmert sich um den Auf- und Abbau der Vorstellungs- und Probendekoration.

Alle Bühnenhandwerker arbeiten im Schichtdienst, die einen am Vormittag, die anderen am Nachmittag bis nach dem Ende der Vorstellung. Am Vormittag, mit Beginn ihrer Tätigkeit, im allgemeinen zwischen sieben und acht Uhr, wird die Dekoration des Stückes, das am Vorabend gespielt wurde, auf der Bühne abgebaut und in die Magazine gebracht. Anschließend werden die Probenmarkierungen für die Probe zur nächsten Premiere auf der Bühne aufgebaut. Die Probe dauert im allgemeinen von zehn bis vierzehn Uhr. Anschließend wird die Probendekoration abgebaut. Die neue Schicht beginnt und baut die Dekoration für die Vorstellung des Abends auf. Das ist ein jahrein, jahraus gleicher Rhythmus, der für alle

Repertoiretheater gilt, das heißt, für alle Theater mit täglich wechselnden Stücken.

Die Bühnenhandwerker arbeiten unter Anleitung ihrer Bühnenmeister und des technischen Direktors nach genau festgelegten und auf Bauplänen und Grundrissen festgehaltenen Angaben. Die „Kulissenschieber" werden in Film und Fernsehen meist etwas abfällig dargestellt. Sie leisten jedoch eine durch keine Maschine ersetzbare Arbeit. Besonders bei den Bühnenhandwerkern haben die Theater heute Nachwuchsprobleme. Das hängt vor allem mit den Regelungen der Arbeitszeit (Schichtdienst, Samstags-, Sonntags-, Feiertagsarbeit) zusammen. Wer ist schon gerne an eine bestimmte Ferienzeit gebunden, nämlich die Wochen zwischen der alten und der neuen Saison, in der die Theater auch für die meisten Handwerker geschlossen sind.

Die andere Gruppe auf der Bühne sind die Beleuchter. Auch sie „springen" teilweise wie ihre Kollegen von der Kostüm- und Maskenabteilung, d. h. sie arbeiten teilweise an Vormittagen in den Werkstätten und abends auf der Bühne. Ihre Hauptaufgabe ist das Ausleuchten der Dekoration. Mit Licht werden nicht nur Stimmungen erzeugt, Tag und Nacht charakterisiert, sondern auch dramaturgische, den Handlungsablauf deutende Akzente gesetzt. Nach dem 2. Weltkrieg hat zum Beispiel Wieland Wagner vor allem in seiner neuen *Ring*-Ausdeutung – deren durchgehende räumliche Grundkonzeption eine Scheibe war, die er nur wenig veränderte, aber durch eine ausgefeilte Lichtregie belebte und räumlich charakterisierte – die Bedeutung von Beleuchtung auf der Bühne erkannt und „Lichtregie" angewendet und durchgesetzt. Heute ist die Beleuchtung soweit entwickelt, daß vor allem bei Dekorationen, die nur aus großen Bühnenräumen und Prospekten bestehen, für die Lichtregie nicht mehr einzig der Bühnenbildner herangezogen wird, sondern auch ein „Light-designer", ein Lichtkünstler. Hier ist ein neuer Beruf am Theater entstanden.

Die technischen Geräte der Beleuchter, die Scheinwerfer, sind entweder fest montiert und werden mechanisch gesteuert, oder sie sind mobil, können an jeder Stelle auf der Bühne eingesetzt werden und werden zum Teil von Hand, aber auch fernbedient. Scheinwerfer befinden sich hinter dem Bühnenausschnitt, um den Bühnenrahmen herum verteilt, zum Teil an den Decken des Zuschauerraumes und an den Seitenwänden oder in den Seitenlogen in der Nähe des Bühnenausschnittes im Zuschauerraum. Bei den meisten Theatern, so bei allen nach dem Kriege neu gebauten Gebäuden, befindet sich hinter dem Zuschauerraum, hinter einer schalldichten Glaswand, eine Beleuchtungskabine. Dort sind in einem technisch komplizierten Stellwerk – heute meist schon elektronisch – Beleuchtungsdaten gespeichert. Von diesem Stellwerk aus wird die Vorstellung „gefahren". Das heißt, der Beleuchtungsmeister hat wie in einer Partitur die einzelnen Beleuchtungspositionen der jeweiligen Inszenierung festgehalten. Die elektronisch eingespeicherten Daten gibt er nun an die einzelnen Scheinwerfer weiter, und so entstehen die feinsten Lichtstimmungen auf der Bühne. Bei sehr sensibel ausgeleuchteten Inszenierungen kommen 150–200 einzelne Beleuchtungseinstellungen vor. Ein altes Beleuchtungsmittel, das auch gerne im Zirkus angewendet wird, ist der von einem oder zwei Lichtkegeln bei sonstiger Dunkelheit oder zurückgezogenem Licht verfolgte Mensch. Diese Scheinwerfer werden mit der Hand bedient. Sie heißen sinngemäß „Verfolger".

Und wenn die Phantasie des Zuschauers nicht eingeschläfert wird, vervollkommnet sie sich und dann wird die Kunst verfeinert. Warum konnte denn das mittelalterliche Drama ohne szenische Aufbauten auskommen? Dank der Phantasie des Zuschauers.
(Wsewolod E. Meyerhold)

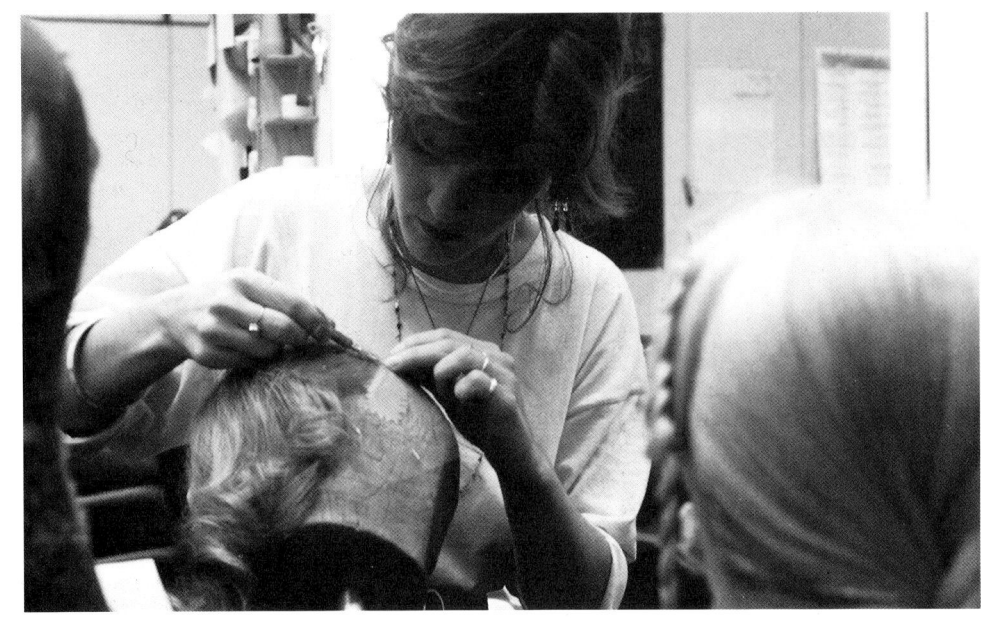

Oben: Eine Maskenbildnerin beim „Knüpfen", d. h. beim Anfertigen einer Perücke. Für Perücken werden heute noch immer überwiegend Menschenhaare verwendet und Kunsthaare nur in Spezialfällen. 1 kg Menschenhaar kostet in der Regel zwischen 1500–2500 DM (je nach Länge und Qualität). Spezialperücken bestehen aus bis zu 25 000–30 000 Einzelhaaren.

Mitte: Bei einfachen Masken schminken sich die Schauspieler selbst (das gilt jedoch nur noch für mittlere und kleine Bühnen). Bei komplizierten Veränderungen des menschlichen Gesichts hilft die Maskenbildnerin oder der Maskenbildner.

Unten: Eine Perücke wird aufgesetzt und von der Maskenbildnerin „geklebt", und zwar so, daß man den Ansatz der Maske selbst bei kurzer Entfernung nicht sieht.

Oben: Blick in die
Kunstgewerbeabteilung, in
der Applikationen und
andere kunstgewerbliche
Teile an die Kostüme
genäht und geklebt werden.
Mitte: Die Darstellerin der
Isabella, Margit
Carstensen, bei der
Anprobe ihres Kostüms.
Unten: In der
Putzmacherei (auch
Modisten- oder
Hutabteilung genannt)
werden nach Entwürfen der
Kostümbildner
Kopfbedeckungen jeder
Art hergestellt.

Die Proben der Schauspieler

Die Proben einer Schauspielinszenierung finden in der Regel in der folgenden Reihenfolge statt: Zunächst die Konzeptionsbesprechung mit den Schauspielern, die Lese-Probe, die Stell- oder Arrangierproben, dann die Stück- oder Szenenproben, schließlich die Durchlauf- oder Endproben. Diese Abfolge wird unterbrochen durch zwei Proben ohne Schauspieler: die technische Probe und die Beleuchtungsprobe. Diesen schließen sich die Haupt- und Generalprobe an. Dann folgt die Premiere.

Die Proben dauern heute mindestens vier Wochen. Sie können sich bei manchen Regisseuren auf drei bis vier Monate ausdehnen. Geprobt wird nach Möglichkeit auf der Hauptbühne, auf der später die Aufführung stattfinden soll. Mit alten Latten, Wänden und Türen wird der Originalgrundriß der späteren Dekoration markiert. Sind Schrägen, Treppen oder Balkone vorgesehen, dann werden auch sie aufgebaut. Da an den Theatern oft mehrere Stücke zur gleichen Zeit probiert werden, steht die Hauptbühne für eine Produktion nicht täglich, sondern nur im Wechsel mit den anderen Produktionen zur Verfügung. Die Koordination des täglichen Probenbetriebes zwischen den einzelnen Inszenierungen findet im künstlerischen Betriebsbüro statt. Bereits im Verlaufe des Vormittags, spätestens jedoch zum Probenende, wird den Mitarbeitern des Betriebsbüros von den einzelnen Regieteams des Hauses, meist durch einen Regieassistenten, der Plan für die Probe des folgenden Tages übermittelt. Das Betriebsbüro legt dann die einzelnen Probenräume für jede Produktion fest und hängt den Probenplan für den nächsten Tag ans Schwarze Brett. Dadurch wissen nicht nur die Schauspieler, ob und wo sie am nächsten Tag probieren sollen, auch die Technik kann ersehen, für welche Szene sie die markierte Dekoration aufbauen muß. Wenn die Hauptbühne nicht zur Verfügung steht, sind zum Ausweichen Probenbühnen vorhanden, die im idealen Fall so groß wie die Bühnen selbst sind. Das ist jedoch nur an wenigen Theatern der Fall. Die meisten Probenbühnen sind kleiner und erschweren so die Probenarbeit. Deshalb versucht man auch bei den einzelnen Probendispositionen, kleinere Szenen auf die Probenbühne zu verlegen, die anderen auf die Hauptbühne.

Die Proben beginnen um zehn Uhr vormittags und dauern bis gegen vierzehn Uhr. Wenn die Schauspieler abends keine Vorstellung haben, probieren sie auch zwischen 18 und 22 Uhr. Proben – spielen, spielen – proben, das ist der tägliche Arbeitsrhythmus des Schauspielers. Dazwischen liegen noch die Stunden, die er nur mit sich selbst verbringt, mit dem Lernen des Textes, mit der Einzelarbeit an seiner Rolle. Mit Ausnahme der Sonn- und Feiertage (an denen nur bei Erkrankungen und den dadurch notwendigen Umbesetzungen für die abendliche Vorstellung Proben erlaubt sind) und der Samstagnachmittage wird täglich probiert. Eine wöchentliche Arbeitszeitbegrenzung für Schauspieler gibt es nicht. Durch einen gewerkschaftlich festgelegten Tarifvertrag haben die Schauspieler wenigstens erreicht, daß ihnen ein freier Tag in der Woche zusteht, der unregelmäßig und auch später gegeben werden kann; außerdem müssen zwischen zwei Proben oder zwischen einer Probe und einer Vorstellung mindestens vier Stunden Ruhezeit liegen. So will es das Gesetz. Viele Schauspieler halten sich jedoch nicht daran, denn künstlerische Arbeit läßt sich nicht mit der Stechuhr einteilen. Wenn ein Schauspieler innerhalb

Konzeptionsbesprechung und Leseprobe mit dem Regisseur, den Produktionsdramaturgen und den Schauspielern (oben).
Unten: Regisseur und einer der Hauptdarsteller bei der Arbeit am Text.

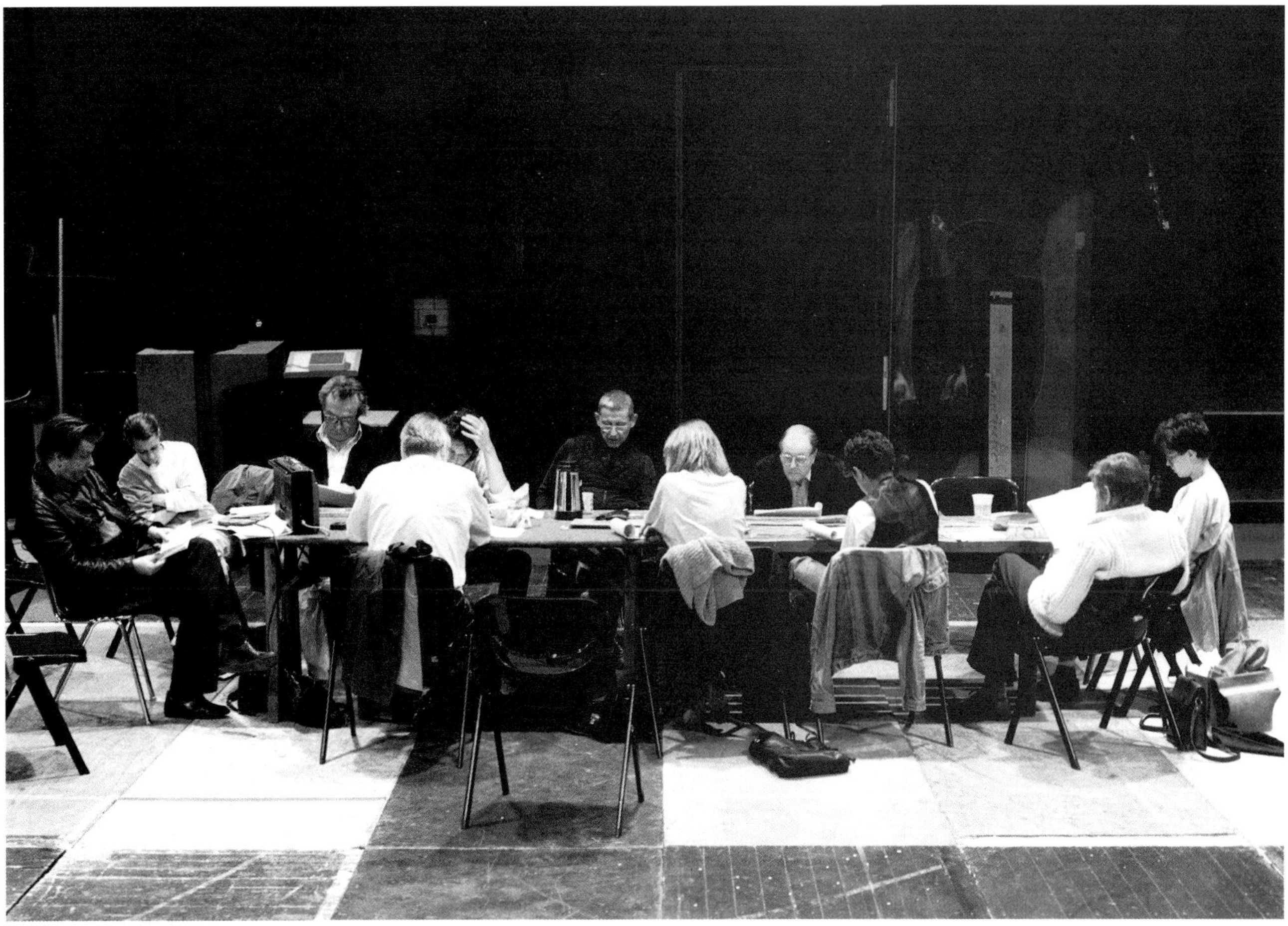

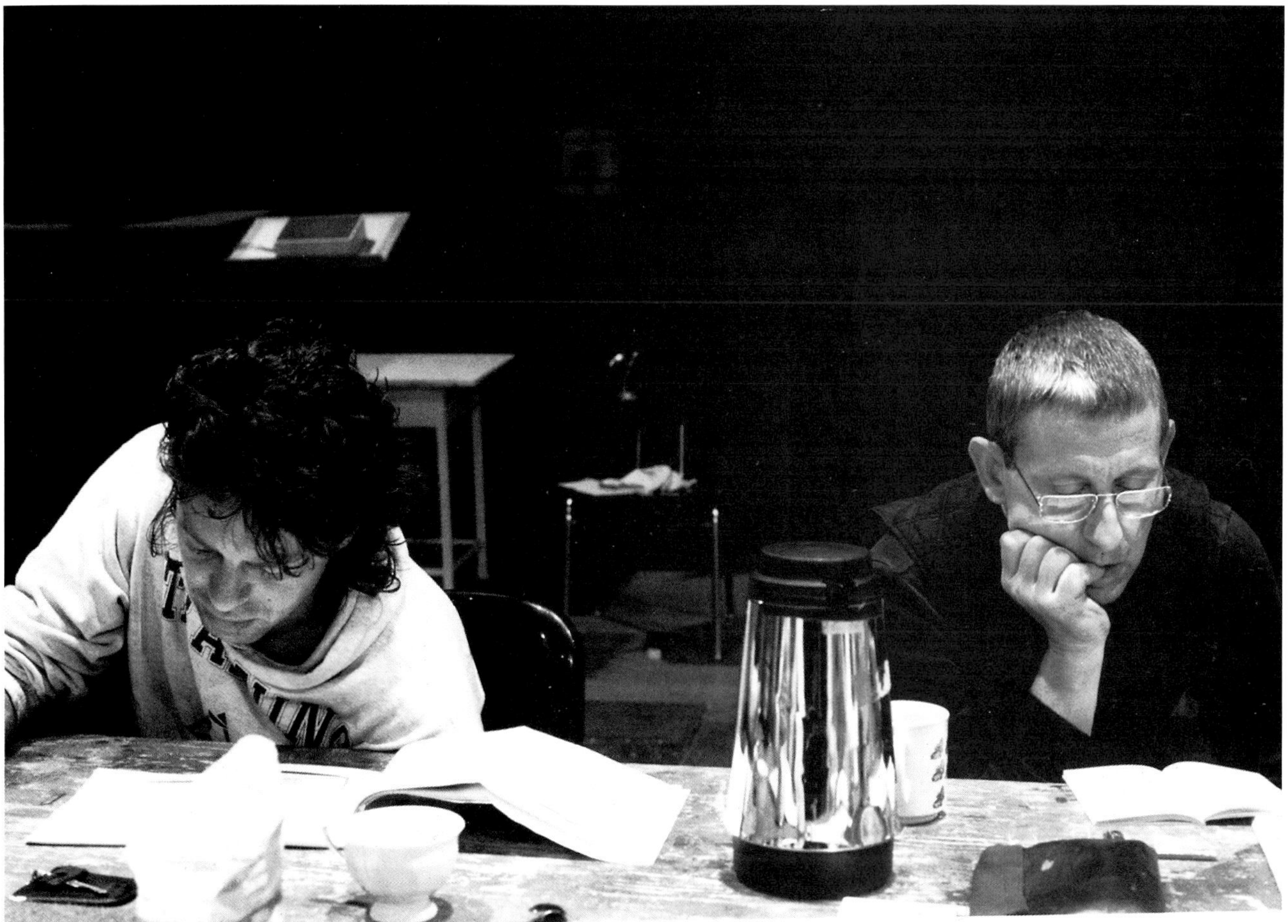

einer Spielzeit häufig besetzt wird und dazu noch in erfolgreichen Inszenierungen, kann es ihm passieren, daß er monatelang beinahe jeden Abend spielt und an allen Vormittagen – außer an Sonntagen – probiert. Zu Claus Peymanns Zeit als Schauspieldirektor an den Württembergischen Staatstheatern Stuttgart haben jahrelang 80% der fest engagierten Schauspieler mehr als zweihundert Vorstellungen pro Saison gespielt (von rund dreihundert möglichen) und fast täglich probiert. Dieses Beispiel ist ungewöhnlich, aber nicht einmalig in der Bundesrepublik.

Konzeptionsbesprechung II

Wenn das Stück besetzt ist und die Textbücher ausgeteilt sind, findet die erste große Arbeitsbegegnung zwischen dem Regieteam und den Schauspielern statt, eine erneute Konzeptionsbesprechung. Hier wird nicht mehr um Stückausdeutung, Stil, Ästhetik und Raumgestaltung gerungen. Nun gilt es, den Schauspielern das vorliegende Ergebnis zu erklären und zu begründen, z. B. warum die *Räuber* von Schiller ins 20. Jahrhundert und nach Mittelamerika transponiert werden sollen. Diese Stückausdeutung wird vornehmlich vom Regisseur begründet, unterstützt vor allem durch den Produktionsdramaturgen, der seine Argumentation meist auch durch bereitliegende Sekundärliteratur untermauert. Er hat inzwischen für den Regisseur und die Schauspieler Hintergrundmaterial über den Autor, über das Stück und über die einzelnen Figuren zusammengestellt. Das Ensemble kann sich z. B. Filme ansehen, die in dem gleichen Milieu spielen, das gleiche Thema behandeln. Hier bekommen die Schauspieler anschauliches Material für das Verhalten ihrer Rollenfiguren, für ihren „sozialen Gestus", wie es Brecht genannt hat. Da der Produktionsdramaturg nicht ständig bei den Proben anwesend ist, bekommt er eine gewisse Distanz zu den Zwischenergebnissen der künstlerischen Arbeit. Er wird in vorsichtigen Gesprächen mit dem Regisseur und einzelnen Schauspielern oft Hinweise geben, die den im akuten Probenprozeß Beschäftigten weiterhelfen. (Später hat der Produktionsdramaturg auch das Programmheft oder die umfangreichen Programmbücher für die Inszenierung zusammenzustellen, Texte und Fotos dafür auszuwählen, eigene Artikel für das Programmheft zu schreiben oder Autoren damit zu beauftragen. Zu seinen Aufgaben gehört es, Vorinformationen an die Presse über dieses Stück und die Probenarbeit zu liefern, in Schulen, Volkshochschulen oder anderen kulturellen Vereinigungen Einführungsvorträge zu halten. Diese „Public-Relation"-Arbeit hat in den letzten Jahren sehr an Umfang zugenommen, da auch die Theater erkannt haben, daß für ihre Arbeit beim Publikum geworben werden muß.)

Alle Vorbereitungsarbeiten des Produktionsdramaturgen fließen in die Besprechungen mit den Schauspielern ein, um sie von der erarbeiteten Konzeption zu überzeugen. Da heute Schauspieler längst keine Befehlsempfänger mehr sind, denen ein allgewaltiger Regisseur Anweisungen erteilt, sondern mitdenkende, mitempfindende Darsteller, kann es bei diesen Konzeptionsgesprächen oft zu heftigen Auseinandersetzungen kommen, die in einzelnen Fällen dazu führen, daß Schauspieler aus konzeptionellen Gründen „aussteigen" und ihre Rolle zurückgeben. Da man jedoch im allgemeinen von einer klar durchdachten Regiekonzeption ausgehen kann, gelingt es in den meisten Fällen den Regisseuren, ihre Einstellung zur bevorstehenden Inszenierung den Schauspielern glaubhaft und überzeugend darzustellen.

Die Leseprobe

Die Schauspieler sitzen dabei zusammen mit dem Regieteam in einem Proberaum und lesen mit verteilten Rollen aus ihren Textbüchern den zu spielenden Text ab. Die Leseprobe dient einmal der Verständigung über die inhaltliche Struktur des Stückes, d. h. vor allem der Kontrolle der sogenannten Striche, welche Texte gesprochen, welche Texte weggelassen werden. Bei diesen Proben wird durchaus noch darüber diskutiert, ob einzelne gestrichene Textpassagen „aufgemacht", d. h. doch gespielt werden oder neue Striche hinzukommen. Das hängt weitgehend von der Argumentation des einzelnen Schauspielers ab, der bei dieser Probe zum ersten Male die Möglichkeit hat, mit seinem Regisseur über die Texteinrichtung dieser Inszenierung zu sprechen. Außerdem gibt der Regisseur bei der Leseprobe auch schon die ersten grundsätzlichen Hinweise über seine Auffassung des Stückes und der einzelnen Rollen, wie sie charakterisiert und dargestellt werden sollen. Schließlich informiert er die Schauspieler über die Ausstattung, die sich bereits in den Werkstätten in Arbeit befindet.

Die Stellprobe oder Arrangierprobe

Galt die Leseprobe einer kurzen Absprache über den Inhalt des zu erarbeitenden Stückes, so hat die Stellprobe, die auch Arrangierprobe genannt wird, vor allem die Bewegungsabläufe der einzelnen Akteure zum Gegenstand. Sie ist heute allerdings nicht mehr an allen Sprechbühnen üblich. Für diese Proben werden angedeutete Dekorationen, „Probenmarkierungen", die weitgehend den originalen Grundrissen entsprechen, auf der Hauptbühne oder auf den Probenbühnen aufgebaut. Bei der Arrangierprobe lesen die Schauspieler ihren Text noch mit dem Buch in der Hand ab. Ihre Arbeit gilt hier der genau kalkulierten Bewegung im Raum, der exakten Kenntnis der Höhe einer Treppe, der Größe eines Podestes für den Bewegungsablauf mit dem Partner. Noch lesend, verwandeln die Schauspieler zum ersten Mal den geschriebenen Text eines Theaterstückes in den handelnden Dialog zwischen Personen und führen ihn mit Bewegungsabläufen zusammen. Der Regisseur macht den Schauspielern Vorschläge, wie sie das Bühnenbild, den vorgegebenen Spielraum in den einzelnen Szenen vorteilhaft nützen können. Früher wurden in diesen Proben, bei denen der Schauspieler in seine Positionen „gestellt", arrangiert wurde (daher die Probenbezeichnung), vom Regisseur schon weitgehend die gesamten späteren Bewegungsabläufe festgelegt. Heutige Probenformen vermeiden eine allzu frühe starre Bindung an ein bestimmtes Arrangement. Man läßt den Schauspieler mit seinem Partner noch mehr oder weniger improvisatorisch den Raum erforschen. Erst im Laufe der fortgeschrittenen Proben wird die Choreographie der Inszenierung entwickelt und danach genau festgelegt.

*Es könnte schon passieren, daß man die heute bestehende Theaterform zu Tode zementiert . . . aber ich glaube, daß das Bedürfnis der Menschen, voreinander ihre Probleme spielend zu bewältigen, oder ihre Sehnsüchte spielend darzustellen, oder träumend auch die Wünsche nach politischer Veränderung – ich glaube, das ist nicht zu vertreiben. Ich halte Theater für unausrottbar.
(Claus Peymann)*

151

Regisseur und Schauspieler
bei der szenischen Arbeit,
die zum Teil auf einer
Probebühne, wenn möglich
jedoch auf der Hauptbühne
stattfindet. Die unteren
Fotos links und rechts
zeigen den
Schauspielmusiker beim
musikalisch-rhythmischen
Einstudieren des Chores.
Bei dieser Inszenierung
sind die Chorrollen
ausschließlich mit
Schauspielern und nicht,
wie oft üblich, mit
Schülern, Anfängern oder
Statisten besetzt.

Die Szenenproben oder Stückproben

Jetzt folgt das Kernstück jeder Regie- und Schauspielerarbeit. Es nimmt den größten Teil der Probenzeit ein. Regisseur und Schauspieler arbeiten über viele Wochen Szene für Szene des Stückes durch. Zunächst geht es um den Ausdruck, die innere Gestaltung, Ausdeutung jeder einzelnen Szene, dann um sprachliche Feinheiten, Gänge, Gesten, darum, dem Partner zuzuhören, seinen Ton abzunehmen, aufzunehmen, weiterzugeben, dramatische Spannungen zu erzeugen und zu halten. Kurz – all das, was wir später als fließend, als einen Rhythmus von Gestaltung, Ausdruck, Sprache und Bewegung empfinden, wird hier zunächst einmal Detail um Detail erarbeitet.

Bei den Szenenproben finden die entscheidenden Auseinandersetzungen zwischen Regisseur und Schauspieler und beider mit dem Stück statt. Der Regisseur prüft den Schauspieler sprachlich auf Punkt und Komma, korrigiert seine darstellerischen Schwächen, steigert seine Stärken, peinigt ihn oft bis zum psychologischen Exzeß, um die höchste Intensität des schauspielerischen Ausdruckes zu erreichen bei gleichzeitig größter formaler Präzision. Es ist eine Situation von ungewöhnlicher Kompliziertheit, oft der totalen Auslieferung des Schauspielers an den Regisseur, das unbedingte Gefühl des Vertrauens in dessen ingeniöse Kraft. Dieser Prozeß, wechselweise aus Leid und Lust bestehend, den selbst nach rein pragmatischen Methoden arbeitende Schauspieler nicht ganz ausschließen können, ist das Herzstück aller szenischen Probenarbeit.

Die Schauspieler proben während dieser Probenzeit in der Regel in ihrer privaten Kleidung. Bei allen Rollen mit Kostümen, mit deren Hilfe Gang, Bewegung und Körperausdruck stark charakterisiert oder sogar der natürliche Bewegungsablauf bewußt beeinflußt werden soll, werden schon während der Proben die Kostüme aus dem Fundus verwendet, etwa Reifröcke, Schleppenkleider, wattierte Bäuche, Holzstümpfe für Einbeinige etc. Für besonders schwierige szenische Lösungen werden manchmal auch Einzelproben mit Schauspielern notwendig, beispielsweise um pantomimische, musikalische oder artistische Elemente vorzubereiten und auszuarbeiten. Dazu gehören auch Fechtszenen, die von professionellen Fechtmeistern mit den Schauspielern einstudiert werden.

Der Schauspieler erarbeitet sich seine Rolle während dieses Probenstadiums natürlich nicht nur auf den Proben, sondern auch außerhalb des Theaters. Das Erlernen des Textes ist ein individueller Vorgang, der sich zwischen zwei Extremen abspielt. Der eine Schauspieler kann szenisch überhaupt nicht probieren, sprachlich, ausdrucksmäßig und im Bewegungsablauf nicht zugleich arbeiten, wenn er nicht mit vollständig gelerntem Text auf die Probe kommt. Der andere kann seinen Text nur im Verlauf der szenisch-dramatischen Arbeit während der Probe erlernen. Die Souffleuse (die von der ersten Probe an dabei sitzt) hilft ihm dabei durch das Einflüstern von Texten und Stichworten.

Manche Schauspieler beschäftigen sich zu Hause fast wissenschaftlich mit dem vielen Hintergrundmaterial, das ihnen vom Produktionsdramaturgen zur Verfügung gestellt wird, und entwickeln so ihre Rollenfiguren. Sie setzen sich nach den Proben mit dem Textbuch auch mit dem Regieassistenten zusammen, notieren sich in Stichworten die kritischen Probenbemerkungen des Regisseurs, zeichnen sich ihre Gänge, ihre Blicke und die

Handhabung ihrer Requisiten in den Text ein. Andere wieder gehen ihre Rollen rein gefühlsmäßig an, konzentrieren sich ganz auf die tägliche Probenarbeit mit den Partnern und dem Regisseur. Ab und zu sitzen während der Proben der Bühnenbildner und die Kostümbildnerin neben dem Regisseur. Aus dem Gang, aus den Bewegungen der probenden Schauspieler erhalten sie wichtige Informationen für die zukünftige Einrichtung der Beleuchtung ebenso wie für den Schnitt eines weiten Rockes, in dem später die Schauspielerin über die Bühne rennen muß. Ist es dann für ihren effektvollen Abgang notwendig, daß sie etwa eine große Flügeltüre knallend hinter sich zuschlägt, wird der Bühnenbildner den Werkstätten die Anweisung geben, diesen Türrahmen stabil zu bauen, damit er nicht wackelt und den gewollten Effekt dadurch ins Lächerliche zieht.

Es sollte unsere Aufgabe im Theater sein, die Schauspieler in Menschen zu verwandeln und nicht die Menschen in Schauspieler. (George Tabori)

Die Durchlaufproben oder Endproben

Bisher hat der Schauspieler nur Szene für Szene gearbeitet, eine einzige bis zu zehnmal am Tage wiederholt, ständig durch den Regisseur unterbrochen und korrigiert. Was ihm fehlt, nachdem jede Szene einzeln bis ins Detail ausprobiert und festgelegt worden ist, ist der Gesamtablauf des Stückes. Noch in der markierten Dekoration, oft aber auch schon mit bereits fertiggestellten Einzelteilen, wird erst im Endprobenstadium die ganze Inszenierung im Ablauf gespielt. Dieser chronologische Ablauf wird durch den Regisseur kaum mehr unterbrochen. Jetzt kann man feststellen, wie lange die Inszenierung dauern wird. Zum ersten Mal hat der Schauspieler die Möglichkeit, den ganzen Bogen seiner Rolle, vom ersten bis zum letzten Auftritt, durchzuspielen. Das gilt für seine physische Krafteinteilung ebenso wie für die künstlerische Gestaltung, die Entwicklung der Figur, das Tempo seines Sprechens, den dramatischen Ausdruck und das Zusammenspiel mit seinen Kollegen. Bei den Endproben wird meist auch erstmals in vollem Umfang der musikalische oder akustische Part einer Inszenierung durch Tonbänder eingespielt. Die Skala reicht von berühmten bühnenmusikalischen Beispielen, etwa Beethovens Vorspiel zu Goethes *Egmont,* über Griegs Bühnenmusik zu Ibsens *Peer Gynt* bis zu elektronischen Geräuschen oder Klangkulissen bei zeitgenössischen Stücken. An großen Theatern gibt es die besondere Position eines Schauspielmusikers, der die für einzelne Stücke erforderliche Musik nach Rücksprachen mit dem Regisseur komponiert, der – wenn notwendig – entsprechende Tonbänder für die Proben erstellt, damit die Schauspieler sich in diese Musik einhören. Dieser Kapellmeister studiert auch, wenn gesungen werden soll (beispielsweise bei Nestroy-Inszenierungen) mit den Schauspielern die musikalischen Nummern ein und dirigiert das Orchester, wenn nicht Tonbänder verwendet werden. Einige Theater verfügen über ein eigenes Aufnahmestudio. Dort wird nicht nur die Musik aufgenommen, sondern auch das Material für die akustische Untermalung einer Inszenierung, z. B. Trompetensignale hinter der Bühne, Schlachtenlärm, Windgeräusche oder vorbeibrausende Züge.

Diese Bänder werden meistens vom Regisseur, seinen Assistenten und dem Tontechniker gemeinsam erstellt. Diese wissen, in welcher Zusammenstellung und zu welchem Zeitpunkt die Geräuschkulisse dramaturgisch benötigt wird. Bei den Proben und bei den Vorstellungen werden die

Bänder von einer Tonkabine aus, die sich ähnlich der Beleuchtungskabine im hinteren Teil des Zuschauerraumes befindet, gesteuert und bedient. Das geschieht durch Tontechniker, an einigen Theatern bereits durch akademisch ausgebildete Toningenieure.

Erst zu den Endproben wird der Regieassistent nach genauen Anweisungen des Regisseurs auch die Statisten in die für sie bestimmten Aufgaben einweisen, mit ihnen die Volksszenen, zunächst ohne die Solisten, anlegen. Die Statisten, die meist andere Hauptberufe haben und deshalb an Vormittagen selten zur Verfügung stehen, arbeiten erst bei den letzten Proben mit den Schauspielern zusammen, wenn die Durchläufe stattfinden.

An dieser Stelle ist auch von zwei stillen Helfern einer Inszenierung zu berichten, die seit dem ersten Tag die Proben begleitet haben und deren Arbeitsanteil bei einer Produktion und später bei den Aufführungen nicht wegzudenken ist: der Souffleuse und dem Inspizienten. Der Inspizient ist für den reibungslosen Ablauf der Proben und der Vorstellungen verantwortlich. Er gibt der Technik die Lichtzeichen für ihre Einsätze, dem Tonmeister für Musikeinsätze oder für die Geräuschkulisse, und er achtet darauf, daß die Schauspieler rechtzeitig zu ihrem Auftritt kommen. Er gibt dem Vorhangzieher das Zeichnen zum Öffnen und Schließen des Vorhangs. Die Souffleuse ist gerade am Anfang der Proben, wenn der Schauspieler seinen Text noch nicht flüssig beherrscht, mit viel Geduld und Fingerspitzengefühl damit beschäftigt, dem Schauspieler im Text weiterzuhelfen. Sie hat sich auch alle Korrekturen des Textes, alle Betonungen und alle Pausen eingezeichnet, damit sie dem Schauspieler keinen falschen Einsatz gibt. Inspizient und Souffleuse sind entsagungsvolle Berufe, sie müssen das Theater lieben, auch wenn sie nicht im Rampenlicht stehen. Ihre Ruhe, ihre Ausgeglichenheit und ihr menschliches Verständnis sind in kritischen Proben- und Aufführungssituationen für Schauspieler und Regisseur eine große Hilfe.

Die technische Probe oder Dekorationsprobe

Etwa eine Woche vor der Premiere wird die Arbeit des Schauspielers auf der Bühne für einige Tage unterbrochen. Die Arbeit an der Dekoration in den Werkstätten, die ja parallel zur Probenzeit gelaufen ist, ist ihrem Ende zugegangen. Die einzelnen Dekorationsteile werden zum ersten Male auf der Dekorationsprobe zusammengefügt, die Prospekte aus dem Malersaal, die Schweißarbeiten von der Schlosserei und die Holzarbeiten aus der Schreinerei. Da die wenigsten Theater über Montagehallen verfügen, werden die einzelnen Dekorationsteile erstmals auf der Dekorationsprobe, die man auch technische Probe nennt, auf der Hauptbühne zusammenmontiert. Nun erleben die technischen Vorstände der einzelnen Werkstätten, wie die Arbeit ihrer Abteilungen sich in den gesamten künstlerischen und technischen Rahmen dieser Inszenierung einfügen läßt.

Wenn Korrekturen aus technischen Gründen notwendig werden, müssen einzelne Dekorationsteile wieder in die Werkstätten zurück. Bei der Dekorationsprobe wird auch der Umbau von einem Bild zum anderen geprobt, denn eine zu lange Unterbrechung der Spielhandlung durch Umbauten kann den wochenlang von den Schauspielern erprobten dramatischen Rhythmus so stark unterbrechen, daß der Darsteller die erforderli-

Die Bühne wird aufgebaut. Wir sehen die endgültige, geschrägte Bühne. Bühnenhandwerker und Beleuchter bauen wenige Tage vor der Premiere die Dekoration mit allen technischen Einrichtungen auf. Der bekannte Rhythmus von Auf- und Abbau wiederholt sich täglich an allen bundesdeutschen Repertoire-Theatern. Mit Beginn der Frühschicht, gegen 7 Uhr, wird die Dekoration der Vorstellung des Vorabends abgebaut, die Probendekoration für die nächste Premiere aufgebaut. Die Probe beginnt um 10 Uhr, gegen 14 Uhr ist sie zu Ende. Die Probendekoration wird abgebaut und die Dekoration für die abendliche Aufführung wird aufgebaut.

che Spannung nicht mehr halten kann. Deswegen werden technisch schwierige Umbauten durch die Bühnenhandwerker zum Teil während der technischen Probe, vor allem aber später, zwischen der Haupt- und Generalprobe, mehrmals geübt.

Die Beleuchtungsprobe

Erst wenn die Dekoration vollständig aufgebaut ist, kann sie beleuchtet werden. Die Ausleuchtung bestimmt der Bühnenbildner zusammen mit dem Regisseur. Die Umsetzung erfolgt durch den Beleuchtungsmeister, der bei dieser Probe neben dem Regisseur und Bühnenbildner am Regiepult sitzt und per Mikrofon die einzelnen Beleuchtungsanweisungen an die Beleuchter im Bühnenbereich und in der Kabine weitergibt. Sie richten die einzelnen Lichtpositionen ein, von Szene zu Szene, von Bild zu Bild. Die über das ganze Bühnenhaus und im Zuschauerraum verteilten Hunderte von einzelnen Scheinwerfern werden genau nach den erforderlichen Lichtpositionen eingestellt, in ihrer Lichtstärke genau geregelt, eingefärbt, das Auf- und Abblenden am Anfang und am Ende einer Szene, die Länge der Dunkelpausen genau festgelegt. All diese Daten werden zugleich für die Vorstellungen, natürlich auch schon probeweise für die folgende Haupt- und Generalprobe, in der Schaltzentrale der Beleuchtung eingespeichert, heute meist auf elektronischem Wege. Diese Daten können dann jederzeit für die Einzelvorstellungen abgerufen werden.

Die Hauptprobe und die Generalprobe

Bei der Hauptprobe spielen die Schauspieler in der technisch soweit wie möglich vorbereiteten Szenerie zum ersten Male in Kostüm und Maske. Nach der Anstrengung der wochenlangen Proben, nach den oft nur wenigen Durchlaufproben kämpfen die Schauspieler nun mit allem: Mit dem ungewohnten Kostüm, dem ungewohnten Licht, das oft noch während der Hauptprobe durch Mikrofonkontakt vom Regiepult zur Beleuchtungszentrale verändert werden kann. Die begreifliche Nervosität der Schauspieler steigert sich, wenn der Auftritt der Statisten zu langsam erfolgt, das Tonband Sekunden zu spät mit dem erlösenden Trompetensignal einsetzt, der ungewohnte Bühnenteppich schnelle, während der Proben festgelegte Drehungen behindert, die Vorhänge eines Fensters sich nicht zuziehen lassen, weil die Gardinenrollen haken. Für Haupt- und Generalproben gibt es keine Regelung der Ruhezeit vor einer Vorstellung. Gerade also in den letzten Tagen vor der Premiere steht der Schauspieler, zusammen mit dem Regiestab, zusammen mit allen technischen Abteilungen unter besonderer Anspannung. So wird es verständlich, wenn es auf den Hauptproben, auf der Generalprobe nervöse Ausbrüche gibt, aber diese berühmten Generalproben-Kräche bedeuten nach einem alten Theater-Aberglauben auch den Erfolg einer Premiere.

Dabei sollen gerade die Generalproben wie eine Abendvorstellung ablaufen. Tatsächlich gibt es aber nur wenige Generalproben, in denen diese Forderung erfüllt wird. Zu den Haupt- und Generalproben, oft auch zu den letzten Stückproben, setzt sich der Intendant neben den Regisseur

Das Endprobenstadium hat
begonnen: Regisseur (am
Regiepult), Intendant,
Ausstatter und Technischer
Leiter bei der Haupt- und
Generalprobe, den beiden
letzten Proben vor der
Premiere. Die
Originaldekoration steht
auf der Bühne, die
Schauspieler spielen, durch
den Regisseur kaum noch
unterbrochen, in Kostüm
und Maske das ganze Stück
im Ablauf.

an das Regiepult in der Mitte des Parketts. Was er bisher nur aus dem Text, aus den Bühnenbildentwürfen und Figurinen, aus den Besetzungsgesprächen kennt, erlebt er nun auf der Bühne. Aus den lange vorbereiteten Prozessen ist nun ein Produkt geworden. Der Intendant, wie andere zuschauende Bühnenvorstände, wird es sich genau überlegen, inwieweit jetzt noch Kritik oder abändernde Vorschläge weiterhelfen können. Aus künstlerischen oder technischen Gründen eine Premiere zu verschieben, ist für das Regieteam, für die Schauspieler, aber auch für die Technik und Verwaltung eine große Belastung. Nicht nur, weil der auf den Wochenplakaten, auf den Einladungen an die Kritiker festgelegte Premierentermin nicht mehr stimmt und das Theater in den Verdacht kommt, seine selbstgestellten Aufgaben nicht erfüllen zu können, sondern auch, weil eine verschobene Premiere, die damit notwendig werdenden neuen Probenzeiten, auch den gesamten Organisationsplan des Theaters gefährden.

So ist es für alle Beteiligten ein Moment ungeheurer Erleichterung, wenn sich am Abend der Premiere pünktlich zur angesetzten Zeit der Zuschauerraum füllt, die Programmhefte verkauft werden, der Vorhang sich öffnet und die Schauspieler mit einer Leichtigkeit und Selbstverständlichkeit zum ersten Male „ihr Stück" spielen, als ob es keine Proben, keine Tränen, keine Probleme in der Beleuchtung, in der Materialbeschaffung für das Bühnenbild, in der Einhaltung der Termine gegeben hätte.

Der Beifall, der nach dem Schlußvorhang den Schauspielern für das Spiel dankt, ist sicherlich nicht der einzige Gradmesser für den Erfolg. Die Qualität ihrer Arbeit, die mehr oder weniger ausgeschöpften Möglichkeiten, die ihnen der Text gab, haben die Schauspieler nach Haupt- und Generalprobe in der langen „Kritik" des Regisseurs schon erfahren. In dieser Kritik, die von den trivialsten Einzelheiten – wie z. B. ein Requisit abgelegt werden soll – bis zu grundsätzlichen Fragen des einzelnen Darstellungsvermögens reicht, liegen die letzten Möglichkeiten der Einwirkung des Regisseurs auf die Schauspieler, damit diese am Abend der Premiere noch überzeugender spielen. Gleiche Überzeugungskraft, gleiche Präzision werden aber von den sichtbaren und unsichtbaren Mitarbeitern einer Inszenierung an jedem Theaterabend verlangt. Diese Konzentration auch während der 20. oder 30. Vorstellung ist ein Bestandteil des Niveaus eines Theaters. Dieses Niveau schlägt sich in der Anerkennung des Publikums, damit auch an der Abendkasse, nieder. Es gilt noch immer der klassische Satz: „Jeden Abend ist Premiere." Der Erfolg einer Aufführung mißt sich nicht nur an den kurzlebigen Kritiken der Presse, sondern auch am abendlichen Beifall, am täglichen Kassenbericht.

Theater ist ein künstlerischer Vorgang, Theater ist aber auch ein Produktionsablauf, der arbeitsteilig mit ungewöhnlicher Präzision ablaufen muß, gleichgültig, ob nun zwei oder zwanzig Darsteller am Abend vor den Zuschauern auftreten und spielen.

Drei technische Zentralen:
der Beleuchtungsstand, die
Tonkabine, das
Inspizientenpult. Der
Inspizient gibt vor der
Premiere das wichtigste
Zeichen: „Vorhang auf“.
Die Premiere beginnt. Sie
demonstriert das Ergebnis,
die Arbeit vieler Monate,
sowohl von seiten der
Schauspieler als auch der
vielen einzelnen
Werkstätten.

Folgende Doppelseite:
Die Premiere der *Braut von
Messina* ist zu Ende.
Ensemble, Regisseur und
Ausstatter bedanken sich
für den Schlußapplaus.

Schauspiel-Ausbildung

Das Lehrprogramm

An einzelnen Instituten gibt es verschiedene Bezeichnungen für die Unterrichtsfächer

Ausbildungsbereich	Unterrichtsfächer	Unterrichtsform
Körper	Bewegungslehre Körpertraining Tanz Jazztanz Steppen Pantomime Maskenarbeit Akrobatik Bühnenfechten Bühnenkampf	Gruppenunterricht
Stimme/Sprache	Atemtechnik Stimmbildung Sprecherziehung Chorsprechen Vers-Sprechen Gesang/Theatersong	Einzel- und Gruppenunterricht
Darstellung	Improvisation Szenische Etüden Szenische Arbeit Ensemble-Unterricht Rollenstudium Schulinszenierungen	Einzel- und Gruppenunterricht
Theorie	Theater- und Schauspieltheorien Theater- und Literaturgeschichte Dramen- und Rollen-Analyse Aufführungsanalysen Bühnen-Vertragsrecht Bühnentechnik Theorie und Praxis des nicht-institutionalisierten Theaters	Gruppenunterricht (Seminar)

Die staatlichen und städtischen Schauspielschulen

in der Bundesrepublik Deutschland, in Österreich und der Schweiz:

Hochschule der Künste Berlin, Fasanenstraße 1, 1000 Berlin 12

Konservatorium für Musik und Theater Bern, Laupendahlerstr. 45, CH-3008 Bern

Westfälische Schauspielschule Bochum, Institut der Stadt Bochum, Lohring 20, 4630 Bochum

Staatliche Hochschule für Musik Ruhr, Folkwang Hochschule für Musik/Theater/Tanz, Abtei, 4300 Essen 16

Hochschule für Musik und Darstellende Kunst Frankfurt/Main, Eschersheimer Landstraße 29–39, 6000 Frankfurt 1

Hochschule für Musik und Darstellende Kunst Graz, Leonhardstraße 15, A-8010 Graz (Steiermark)

Hochschule für Musik und Darstellende Kunst Hamburg, Harvestehuder Weg 12, 2000 Hamburg 13

Hochschule für Musik und Theater Hannover, Emmichplatz 1, 3000 Hannover 1

Otto-Falckenberg-Schule, Fachakademie für Darstellende Kunst der Landeshauptstadt München, Hildegardstraße 3, 8000 München 22

Musikhochschule des Saarlandes, Bismarckstr. 1, 6600 Saarbrücken 3

Hochschule für Musik und Darstellende Kunst „Mozarteum", Mirabellplatz 1, A-5020 Salzburg

Staatliche Hochschule für Musik und Darstellende Kunst Stuttgart, Urbansplatz 2, 7000 Stuttgart 1

Hochschule für Musik und Darstellende Kunst Wien, Lothringerstr. 18, A-1030 Wien

Schauspiel-Akademie Zürich, Winkelwiese 4, CH-8001 Zürich (Halbstaatlich)

Auf dem Weg zum Schauspieler

Eignung – Ausbildung – Engagement

Die Schauspielerei ist ein Handwerk wie jedes andere auch. Wie der Instrumentalist in der Musik sein Instrument beherrschen muß, so muß auch der Schauspieler seine Instrumente handhaben können: seine Stimme, seinen Körper, seine dramatische Gestaltungskraft. Dies alles muß der angehende Schauspieler lernen. Voraussetzung allerdings ist eine theatralische Begabung. Um das schauspielerische Handwerk zu erlernen, gibt es drei Wege: den Besuch einer staatlichen oder städtischen Fachschule, den Besuch einer privaten Schauspielschule und den Einzelunterricht bei einem privaten Lehrer.

Die umfangreichste und fachlich beste Ausbildung garantieren die staatlichen und städtischen Schauspielschulen (siehe Aufstellung auf der gegenüberliegenden Seite). Deswegen ist der Andrang zu diesen Schulen auch ungewöhnlich groß, während nur eine beschränkte Zahl von Ausbildungsplätzen zur Verfügung steht. Durchschnittlich können an einer Schule pro Jahr 8–12 Schüler aufgenommen werden. Im Frühjahr 1984 beispielsweise haben sich an der Falckenberg-Schule in München mehr als 500 Anwärter um die wenigen Ausbildungsplätze beworben.

Unabhängig von den Schulen prüft und berät ein sogenannter „Paritätischer Ausschuß", der aus einer gleichen Anzahl von Mitgliedern der deutschen Theaterleiter und der Genossenschaft der deutschen Bühnenangehörigen besteht, diejenigen Kandidaten, die nicht an eine der staatlichen und städtischen Schulen gehen wollen oder können (Näheres an anderer Stelle).

In beiden Fällen können nur Grundvoraussetzungen überprüft werden: Ist die seelische und geistige Bereitschaft vorhanden, sich in das Leben und Verhalten anderer Menschen einzufühlen und dieses Erleben später in Bühnenfiguren umzusetzen; sind Körper und Stimme (zentrale Elemente des Schauspielerberufes) in der Substanz außergewöhnlich genug und ausbildungsfähig. Vor allem aber soll das dramatische Talent (die Spielfähigkeit) geprüft werden. Trotz vieler objektiver Prüfungskriterien ist die gerechte Beurteilung einer jeden künstlerischen Begabung außerordentlich schwierig und vom subjektiven Stilgefühl und Geschmack der Prüfenden abhängig.

Die Ausbildung an den öffentlichen Schulen ist in der BRD kostenlos. Sie wird nach dem Bundesausbildungsförderungsgesetz (BaFöG) finanziell vom Staat unterstützt. Der Unterricht bei Privatlehrern und an privaten Schulen ist zeitlich variabel, außerdem kostenpflichtig. Die Höhe der Unterrichtsgebühren ist unterschiedlich.

An den Hochschulen dauert die Ausbildung in der Regel vier Jahre. Die Schauspielschüler lernen in Jahrgangsgruppen und im Einzelunterricht (vgl. Tabelle auf der gegenüberliegenden Seite). An manchen Schulen finden nach ein oder zwei Jahren Zwischenprüfungen statt, andere Schulen ersetzen sie durch ständige studienbegleitende Ausbildungsberatung. Das Schauspielstudium wird mit einem Diplom abgeschlossen.

Bei kaum einer anderen Ausbildung kümmern sich so viele Lehrkräfte um die persönliche Entwicklung des einzelnen Lernenden. Für die vierzig bis sechzig Studierenden eines Schauspielinstitutes stehen rund 15 bis 20 haupt- und nebenamtliche Lehrkräfte zur Verfügung. Diese Notwendigkeit ergibt sich aus der Eigentümlichkeit des darstellerischen Berufes. Der Schauspieler muß alles in einer Person vereinen: Er ist gleichzeitig der Schöpfer, das Kunstwerk und das Material. In dem gleichen Augenblick, in dem der Darsteller als Romeo auf der Bühne steht, formt und gestaltet er diese Figur mit seinem Körper, seiner Stimme, seinem Verstand und seinem Gefühl. Für diesen vielschichtigen Prozeß braucht er eine vielfältige Ausbildung, Hilfe bei der Lösung der Probleme, die er nicht gleichzeitig angehen und nicht alleine lösen kann.

Im Grundstudium wird zunächst die Ausdrucksfähigkeit der Stimme, ihre Tragfähigkeit und ihr Umfang entwickelt. In vielen Spezialfächern – Körpertraining, Improvisation, Pantomime, Maskentechniken, Kampftechniken, Artistik – wird die Ausdrucksfähigkeit des Körpers entwickelt. Durch Vorstellungs- und Fantasie-Übungen lernt der Schauspielschüler – noch vor der Arbeit an einzelnen Rollen – sein persönliches Empfinden und Denken so zu erweitern, daß er sich fantasievoll und einfühlsam in ihm fremde Verhaltensweisen und ihm widerstrebende Gefühle hineinversetzen und sie ausdrücken kann. Diese Umwandlungs- und Umsetzungsprozesse werden im Einzel- und Gruppenunterricht gelehrt. Gerade im Gruppenunterricht wird er manche Hemmschwelle überwinden lernen. Die künstlerische Arbeit findet im schauspielerischen Beruf ja in der „Öffentlichkeit" statt: Die Kollegen, mit denen er späterhin proben wird, der Regisseur, der mit ihm arbeiten wird, sind bei allen Versuchen, die Rolle zu erlernen und zu beherrschen, anwesend und beeinflussen seine Arbeit. Im Gruppenunterricht lernt er von Anfang an, sich in ein Ensemble einzufügen, aber auch, sich als künstlerische Persönlichkeit zu behaupten.

Im Hauptstudium hat sich der Schauspielschüler dann mit ganz gegensätzlichen Rollenfiguren der Bühnenliteratur auseinanderzusetzen. Dabei verlagern sich die Schwerpunkte seiner Ausbildung immer wieder: So wird zeitweise die künstlerische Ausdeutung und Darstellung einer Rollenfigur – vornehmlich im Ensemble-Unterricht – wichtiger als das Körper- und Stimm-/Atem-Training.

Im Ensemble-Unterricht lernt er das Zusammenspiel mit den Kollegen. Trotz aller Konzentration auf die eigene Rolle muß der angehende Schauspieler lernen, das Spiel der anderen Figuren für seine Rolle mit zu benutzen, auf das Angebot zu reagieren (in Tempo, Tonfall, Ausdruck), auch wenn es seinen eigenen Vorstellungen nicht entspricht.

Dieses mitverantwortliche, gemeinsame künstlerische Handeln auf den Proben wird an vielen Schauspielschulen in der letzten Stufe der Ausbildung, dem Projekt-Unterricht, erarbeitet. Die Schüler wählen sich ein „Projekt", das sind Szenencollagen oder ein Theaterstück (klassische oder moderne Stoffe), das sie gemeinsam interessiert. Dieses Stück wird nun nach allen Regeln des professionellen Theaters geprobt, diskutiert, inszeniert und zur Aufführung gebracht.

Das Hauptgewicht der ersten Ausbildungsphase (Grundstudium und Hauptstudium) liegt in der individuellen künstlerischen und technischen Entwicklung. Erst die Endphase, der Projektunterricht, zielt auf eine gemeinsame Produktion, die Aufführung, ab.

Zu den traditionellen
Ausbildungsfächern an
unseren Schauspielschulen
gehört noch immer das
Fechten.
Der Fechtmeister mit zwei
Stude ten bei der Arbeit
mit dem Sportsäbel. Der
Sportsäbel ist eine
Grundwaffe für die
Fechtausbildung. Er ist
eine vielseitig verwendbare
Bühnenwaffe und wird
nicht nur bei
Schauspielaufführungen,
sondern auch in der Oper
und im Ballett eingesetzt.
Der Bühnensportsäbel
gleicht der Waffe, die man
heute in Sportvereinen
beim Sport- und
Leistungsfechten benutzt.

Die pantomimische
Ausbildung ist eine der
Disziplinen, die erst nach
dem Krieg in die Lehrpläne
einiger (nicht aller)
Schauspielschulen
aufgenommen worden
sind. Bedeutende
französische Pantomimen
wie Jean-Louis Barrault
und Marcel Marceau (mit
seiner berühmten Figur
Bip) haben darauf starken
Einfluß gehabt.

Neben dieser ersten schauspielerischen Bewährungsprobe baut der Schauspielschüler in den letzten Semestern seiner Ausbildung ein Programm zum Vorsprechen auf: Zusammen mit seinen Lehrern stellt er eine Auswahl von Monologen und Szenenausschnitten aus klassischen und modernen Rollen zusammen. So hat er zwei Möglichkeiten, sich seinen zukünftigen Arbeitgebern (also den Intendanten und Spielleitern der Theater) als fertig ausgebildeter Schauspielschüler zu präsentieren: Einmal in der Gemeinschaftsproduktion seines Projektes, zu deren Aufführungen Intendanten, Regisseure und Dramaturgen vieler Theater in die Schulen eingeladen werden, zum anderen mit seinem persönlichen Vorsprechprogramm, das sein Können und seine zukünftigen Möglichkeiten in einem Querschnitt zeigt.

An den bundesdeutschen Schauspielschulen gibt es zwar festgelegte Ausbildungsregelungen (Studienplan, Lehrstoff, Prüfungsbedingungen), aber keine verbindliche Ausbildungstheorie. Drei Richtungen kann man feststellen.

● Die Lehre nach Konstantin Sergejewitsch Stanislawski, die in die psycho-physische Handlungsweise einführt. Nach dieser Lehre sind (etwa durch Lee Strasbergs „actor's studio" in New York) ganze Generationen amerikanischer Theater- und Filmschauspieler ausgebildet worden. Ihr Einfluß auf die europäische Theaterarbeit ist bis heute in Ost und West spürbar.

● Die andere Lehre ist Bertolt Brechts Theorie des „epischen Theaters". Sie hat vor allem die Theaterarbeit des ersten Nachkriegsjahrzehnts in der Bundesrepublik stark mitgeprägt. Für die schauspielerische Praxis besonders bedeutender Teil dieser Theorie ist der häufig zitierte „Verfremdungseffekt".

● Die dritte Lehre ist die des „totalen Körpertheaters", bei der die Sprache nicht mehr dominiert. Sie stammt von dem Franzosen Antonin Artaud (1896–1948) und wurde nach dem Zweiten Weltkrieg von dem polnischen Theatermann Jerzy Grotowski in seinem „Theaterlabor" in Wroclaw (Breslau) weiterentwickelt.

Diese drei teilweise entgegengesetzten Methoden haben einen starken Einfluß auf das, was an den deutschen Schauspielschulen gelehrt wird. Ausschlaggebend für die Wahl der Theorie ist nur der jeweilige Schulleiter oder die Zusammensetzung des Kollegiums, manchmal auch der einzelne Lehrer. Methodenregelung oder Richtlinienverordnungen durch den Staat oder die Kommunen gibt es in der Bundesrepublik erfreulicherweise nicht. Die Ausbildung an den staatlichen und städtischen Schulen deckt jedoch nur einen Teil des jährlichen Bedarfes an Anfängern an den Theatern der BRD.

Privatschulen oder Privatlehrer haben in der Regel nicht die vielfältigen Möglichkeiten wie die städtisch oder staatlich unterstützten Schauspiel-Institute an den Kunst- und Musikhochschulen. Trotz eines Schulgeldes von über 300 DM monatlich können Privatschulen selten genügend hauptamtliche Speziallehrer für die verschiedenen Spezialunterrichtsfächer engagieren. Der Ensemble-Unterricht entfällt aus Raummangel oft ganz, da vielen der Privatlehrer meist nur ein Raum in ihrer Wohnung, selten eine Probebühne o. ä. zur Verfügung steht. Privatlehrer geben daher meist nur Einzelunterricht und beschränken ihren Unterricht vornehmlich auf die Bereiche Rollenarbeit, Atem- und Stimmtechnik. Eine körperliche

Meine Methode beruht darauf, die inneren und äußeren Vorgänge miteinander zu verbinden und das Gefühl für die Rolle durch das physische Leben des menschlichen Körpers hervorzurufen. Wenn der Schauspieler mit Hilfe der Worte und Handlungen die einfachsten physischen Aufgaben so ausführt, daß er in ihnen die Wahrheit fühlt und an diese einfache physische Wahrheit ehrlich glaubt, so mag er ruhig sein. Das schafft einen guten Boden für das richtige Gefühl.
(Konstantin Stanislawski)

„Theater" besteht darin, daß lebende Abbildungen von überlieferten oder erdachten Geschehnissen zwischen Menschen hergestellt werden, und zwar zur Unterhaltung ... Die Spielweise, welche zwischen dem ersten und zweiten Weltkrieg am Schiffbauerdamm-Theater in Berlin ausprobiert wurde, um solche Abbilder herzustellen, beruht auf dem „Verfremdungseffekt" (V-Effekt). Eine verfremdete Abbildung ist eine solche, die den Gegenstand zwar erkennen, ihn aber doch zugleich fremd erscheinen läßt.
(Bertolt Brecht)

Theater, wie ich es verstehe, ist ein Theater aus Blut, ein Theater, das bei jeder Vorstellung körperlich etwas erreicht haben wird, ebenso für den, der spielt, wie für den der kommt, um dem Spiel zuzusehen; übrigens spielt man nicht, man handelt. Das Theater ist in Wirklichkeit die Genesis der Schöpfung.
(Antonin Artaud)

Basis-Ausbildung muß sich der Schüler an anderer Stelle zusätzlich holen und bezahlen.

Die Interessenverbände der Theaterschaffenden kennen seit langem diese Gefahren einer ungenügenden, einseitigen und teuren Ausbildung, die bei der hohen Arbeitslosigkeit dem Absolventen privater Schulen kaum Chancengleichheit einräumt. Sie gründeten deswegen berufsständische Prüfungskommissionen. Diese sind paritätisch zusammengesetzt aus Mitgliedern des Deutschen Bühnenvereins (Arbeitgeberseite) und der Genossenschaft Deutscher Bühnenangehöriger (Arbeitnehmerseite). So hofft man, mit berufsberatenden Eignungsprüfungen, mit einer Zwischenprüfung und einer Abschlußprüfung die schlimmsten Auswüchse der privaten Ausbildungs-Situation zu verhindern. Die Arbeit dieser Prüfungskommissionen wurde gerade in den letzten Jahren von wachsender Bedeutung: wegen des großen Andranges an die öffentlich unterstützten Schauspielschulen belebte sich der Markt der Privatschulen und Privatlehrer wieder.

Im letzten Jahrzehnt hat sich außer den drei vorher beschriebenen klassischen Ausbildungsgängen – staatliche Schulen, Privatschulen, Einzelunterricht – noch eine Ausbildungsmöglichkeit, sozusagen am Rande, entwickelt. Das „Theatermachen" bei „freien Gruppen" nämlich. Bei dieser Theaterform mischt sich das Professionelle mit dem Amateurhaften. Natürlich führt dieser Ausbildungsweg durch das nur „Mitmachen" nicht unbedingt zum professionellen Kunsttheater; jedoch ist in Einzelfällen bei entsprechender Lernfähigkeit ein solcher Sprung denkbar.

Den schweren Übergang von der Ausbildung ins erste Engagement erleichtern staatliche und private Vermittler. Die Studienbescheinigungen und Diplome der Hochschulen, die Abschlußzeugnisse der paritätischen Prüfungskommissionen, die es in allen Bundesländern gibt, sind die Voraussetzung dafür, daß die Zentrale Bühnen-, Fernseh- und Filmvermittlung (ZBF) der Bundesanstalt für Arbeit einen Schauspiel-Schulabgänger an kleine oder größere Theater vermittelt. Die Agenturen der ZBF in Frankfurt (Zentrale), Berlin, Hamburg und München arbeiten kostenlos, zahlen in bestimmten Fällen sogar die Reisekosten, damit sich der Anfänger an den Theatern mit seinem Vorsprechprogramm vorstellen kann. Privatagenten beanspruchen für ihre Vermittlerdienste z. Zt. je 3 % der zukünftigen Jahresgage von Schauspieler und Theater, wenn es zu einem Vertragsabschluß kommt.

Die ersten beiden Engagementsjahre des jungen Schauspielers sind die sogenannten „Anfängerjahre". Die Anfängergagen beginnen z. Zt. bei etwa 1600 DM brutto pro Monat (Stand Juli 1984). Gagentarife gibt es für die sogenannten „Solokräfte" des Schauspiels nicht. Die Höhe der Gage und andere Bedingungen des Vertrages werden frei ausgehandelt. Das Vertragsrecht an den deutschen Theatern kennt nur zeitlich begrenzte Arbeitsverhältnisse. Spätestens bis zum 15. Oktober müssen beide Vertragspartner in einer „Anhörung" sich äußern, ob und wie der Vertrag für die kommende Spielzeit erneuert, also verlängert wird oder nicht. So wissen beide Seiten frühzeitig, ob der Vertrag zu gleichen Bedingungen weitergeführt wird, ob die Vertragsbedingungen (Vertragsdauer, Höhe der Gage, Beschäftigung in Haupt- oder Nebenrollen) abgeändert werden oder ob der Vertrag nicht verlängert wird. Die Arbeitslosigkeit in den künstlerischen Theaterberufen wächst, weil auch für die Theater die öffentlichen Mittel spürbar gekürzt werden. Die Fixkosten der Theater

Der Mittelpunkt aller
schauspielerischen
Ausbildung ist noch immer
das Rollenstudium, der
dramatische oder
Darstellungsunterricht.
Die Arbeit des Lehrers gilt
dabei dem einzelnen
Schüler (Arbeit an
Monologen) und ebenso
der Gruppe (Ensemble-
Unterricht). Diese Arbeit
gipfelt in der öffentlichen
Aufführung von Szenen,
Einaktern oder ganzen
Stücken. Solche
öffentlichen
Veranstaltungen finden
1–2mal im Jahr an allen
Schauspielschulen statt.

aber (wie die Tariflöhne der Angestellten, Bühnentechniker und Handwerker, die Materialkosten für Bühnenbild und Kostüme, Heizungskosten usw.) steigen ständig. Die Genossenschaft Deutscher Bühnenangehöriger (GDBA) und die Zentrale Bühnenvermittlung (ZBF) sprechen von etwa 4500–5000 Berufsschauspielern in der BRD. Davon waren 1984 rund 4000 im Engagement, rund 1000 beschäftigungslos, das sind 25 Prozent. Die Dunkelziffer nicht öffentlich gemeldeter stellungsloser Darsteller ist hoch.

Die Arbeitslosigkeit trifft vor allem die Schauspielerinnen. An den Schauspielschulen lernen pro Jahrgang oft ebensoviele Schauspielschülerinnen wie Schauspielschüler. Dieses Verhältnis verändert sich jedoch an den Theatern zu ungunsten der Schauspielerinnen. In der Bühnenliteratur gibt es mehr Männer- als Frauenrollen. Danach setzen sich auch im allgemeinen die Schauspiel-Ensembles zusammen: laut Bühnenjahrbuch 1985 sind unter jeweils 100 Ensemble-Mitgliedern nur 35 Frauen. Die Positionen für jüngere Schauspieler überwiegen dabei in der Regel.

Die Krise im Berufsleben eines Schauspielers, also der Moment, in dem sich der inzwischen praxiserfahrene Darsteller fragt, ob er auch den richtigen Beruf gewählt hat, kommt meist zwischen dem fünften und zehnten Berufsjahr. Und dann wird sich für ihn entscheiden, ob sich die harte Ausbildung, ob sich dieser ungewöhnliche Einsatz von Körper, Initiative, Leidenschaft und Geist gelohnt hat – und noch weiter zur Entwicklung drängt – oder ob am Ende nur noch die Resignation eines „provinziellen Darstellungsbeamten" übrig bleibt.

Der Beruf des Schauspielers ist hart, ja oft brutal. Eine totale soziale Absicherung bei gleichzeitigem Anspruch auf Spitzenqualität schließt sich von selbst aus, trotz aller sozialen Errungenschaften, die die Genossenschaft Deutscher Bühnenangehöriger im Laufe dieses Jahrhunderts erfreulicherweise für ihre Mitglieder erreicht hat.

Nur wer glaubt, sich in die Figuren der dramatischen Literatur hineinfühlen und -denken zu können, wer sie nicht nur ganz für sich ausleben, sondern auch noch aus dem Bewußtsein heraus formen und gestalten möchte, wer dazu eine ausdrucksfähige Stimme besitzt, Kunstverstand, geistige und körperliche Beweglichkeit und die Leidenschaft, darstellen zu wollen – nur der sollte prüfen lassen, ob seine Begabung reicht, Berufsschauspieler zu werden. Nur eine gute Ausbildung bei gleichzeitiger überdurchschnittlicher individueller Begabung ergeben Chancen in diesem Beruf.

Kleines Theaterlexikon

Das Lexikon erläutert wichtige technische, organisatorische und dramaturgische Begriffe des Theaters, sofern sie nicht bereits im Hauptteil behandelt wurden. Aufgenommen sind nur Fachbegriffe des Gegenwartstheaters, keine historischen, und nur solche, die als Fremdwörter, Spezialausdrücke oder mehrdeutige Bezeichnungen wenig vertraut oder mißverständlich sein mögen. Was man hier nicht findet, kann man in der Regel über das Register im Haupttext erschließen.

Abendregie

Künstlerisch-organisatorische Vorbereitung und Überwachung der Einzelvorstellung, im Unterschied zur Regelung ihres technischen Ablaufs, für die der Inspizient zuständig ist. Abendregisseur ist in der Regel der Regieassistent, der bei allen Proben dabei war und deshalb die künstlerischen Schwierigkeiten und Ansprüche der Inszenierung bis in jedes Detail kennt. Er verfolgt die Abendvorstellung oft von einer besonderen „Regieloge" aus und ist dafür verantwortlich, daß sie künstlerisch auf dem Stand der Premiere ist.

Adaption

Auch: Adaptation. Anpassung eines literarischen Werkes an die technischen und stilistischen Erfordernisse einer anderen Darstellungsform, etwa die Dramatisierung eines Romans, die Modernisierung eines alten Stückes, die Bühnenbearbeitung eines Dialogs.

Agent

Ein selbständig arbeitender Unternehmer, der einzelne Künstler oder Ensembles unter Vertrag hat und diese an Bühnen, Konzertunternehmen oder sonstige Veranstalter für einzelne Vorstellungen, manchmal auch für längere Vertragszeiten, vermittelt. Der Agent lebt von den Vermittlungsprovisionen, die er in aller Regel von dem Künstler, aber auch von dem Veranstalter bezieht. Der überwiegende Teil aller Gastspiele wird von Agenten vermittelt und organisiert.

Alternieren

Von Vorstellung zu Vorstellung wechselnde Besetzung einer Rolle mit einem von zwei Schauspielern. Im Gegensatz zum „Einspringen" vereinbarter, regelmäßiger Wechsel, früher aus erzieherischen Gründen, zur Pflege des Ensemblespiels, auch als künstlerisch reizvolle Aufgabe oder publikumswirksame Attraktion. Laurence Olivier und John Gielgud alternierten 1935 in London in Shakespeares *Romeo und Julia* in den Rollen des Romeo und Mercutio.

Amphitheater

Römischer offener Großbau, bei dem eine elliptische Arena vollständig von stufenförmig ansteigenden Sitzreihen umschlossen wird. Die Stufenreihen werden wie beim römischen Theater von Gewölben getragen und durch Gürtelgänge und Treppenaufgänge unterteilt. Amphitheater dienten für Gladiatorenkämpfe und Tierhetzen, manchmal auch für Seeschlachten, wenn die Arena überflutet werden konnte. Theatervorstellungen fanden in ihnen nicht statt. Der römische Schriftsteller Plinius d. Ä. berichtet von einem um 50 v. Chr. gebauten hölzernen Amphitheater, das aus zwei gegeneinandergedrehten Theatern bestand. Damit sollte wohl vor allem das Wort als „Doppel-Theater" verständlich gemacht werden. Die römischen Theater hatten allerdings einen halbkreisförmigen, keinen halbovalen Grundriß. Im römischen Reich sind etwa 80 steinerne Amphitheater nachgewiesen. Das älteste erhaltene ist das von Pompeji (80–70 v. Chr.), das größte das Kolosseum in Rom, das 80 n. Chr. fertiggestellt wurde und etwa 80 000 Zuschauer fassen konnte.

Es hat sich eingebürgert, das Adjektiv „amphitheatralisch" auch zur Bezeichnung von bestimmten Zuschauerraumformen im gedeckten Theater zu verwenden. Gemeint sind dann stark ansteigende gerundete Stufenreihen auf keilförmigem Grundriß, wie z. B. im Bayreuther Festspielhaus (1872–76). Richard Wagner wollte mit dieser Anordnung, die eine (soziale) Gliederung des Zuschauerhauses in Ränge und Logen vermeidet, an das antike Theater anknüpfen.

Im modernen, vor allem im englischen Theaterbau werden auch die steil in einem Viertelrund ansteigenden Sitzreihen im obersten Rang Amphitheater genannt.

Bühnenbohrer

Ansehrolle

Eine Rolle, die dem Künstler die Möglichkeit gibt, sich während der Hauptbeschäftigungszeit von Dezember bis April, der regelmäßigen Ansehzeit, „sehen lassen zu können", d. h. sich in mindestens zwei Fachrollen seines Kunstfachs (Rollengebiet) auf der Bühne, möglichst in Premieren, zeigen zu können, damit er bei Bühnenleitern, Film- und Fernsehregisseuren usw. bekannt wird, vor allem wenn er ein neues Engagement sucht. Sein „Marktwert" zeigt sich in diesen Ansehrollen. Auf deren Einräumung hat er einen Anspruch (Beschäftigungsanspruch). Wenn ihm das Theater diese Ansehrollen nicht gibt, kann es auf Schadenersatz verklagt werden.

Aristotelisches Theater
Siehe Katharsis

Bearbeitung
Siehe Adaption

Beiseite

Auch: à part. Kurzes Selbstgespräch (ein Kommentar, eine Selbstaussage, oft nur Ausrufe) einer Dramenfigur, die dabei von den übrigen Figuren der Szene nicht gehört, zumindest nicht verstanden wird. Da das Publikum das Beiseite versteht, wird es dazu gebracht, die Situation aus der Perspektive der à part sprechenden Figur zu sehen: die Illusion ist gebrochen, die Fiktion verdoppelt. Das Beiseite wendet sich nicht offen an die Zuschauer, sondern ist Medium einer indirekten Kommunikation zwischen der einen Figur und dem Publikum. Theaterformen, die das Spiel mit der „Rampe" kultiviert haben, verwenden das Beiseite häufig, vor allem das komische Volkstheater, während ein stärker realistisch abbildendes Theater es als „unwahrscheinlich" meidet.

Beleuchtungsbrücke
Siehe Portal

Beleuchtungsmeister

Er stellt nach den Ideen und Wünschen von Regisseur und Bühnenbildner die Beleuchtung für die jeweilige Szene ein und fertigt über alle Einstellungen ein Szenarium für die Beleuchter und das Stellwerk an, aus dem Aufstellung, Farbe, Größe und Richtung der Lichtkegel, Helligkeit und die Art der Beleuchtungsübergänge zu ersehen sind. Er ist dafür verantwortlich, daß alle Beleuchtungseinrichtungen und -geräte den sicherheitstechnischen Vorschriften entsprechen. Er muß im Besitz eines amtlichen Befähigungszeugnisses sein.

Beleuchtungsregelanlage
Siehe Stellwerk

Betriebsbüro

Das künstlerische Betriebsbüro ist zuständig für alles, was die Planung, Disposition, Terminabstimmung, kurzfristige Änderung usw. des laufenden Vorstellungs- und Probenbetriebs betrifft (soweit es nicht zur Routinearbeit einzelner Abteilungen gehört), also: interne und externe Bekanntmachung/Plakatierung der Spielpläne, Aufstellung der täglichen Probenpläne, Aushang der Besetzungslisten, Organisation von Umbesetzungen und Vorstellungsänderungen, Vorbereitung und Abwicklung von fremden Gastspielen im Haus und eigenen Gastspielen außer Haus. Im Betriebsbüro arbeiten je nach Größe des Hauses ein bis drei Disponenten. Es ist eine wichtige tägliche Anlaufstelle für die Ensemblemitglieder.

Brücke
Siehe Portal

Bühne

Spielfläche für die Darsteller. Sie ist, neben dem Zuschauerraum, der zweite Hauptraum des Theaters. Über ihr befindet sich die Oberbühne, unter ihr die Unterbühne. Zur Vorbereitung und Bereitstellung von Dekorationen dienen Seiten- und Hinterbühnen. Die Bühne wird nach vorne begrenzt vom Portal oder einem architektonisch gegliederten Proszenium. Den Platz zwischen Portalrahmen und Orchestergraben bzw. der ersten Zuschauerreihe nennt man Vorbühne.

Bühnenbohrer

Auch: Theaterbohrer, Theaterschraube. Die letztere Bezeichnung macht deutlich, daß mit dem Bühnenbohrer nicht gebohrt, sondern eher geschraubt, also befestigt wird. Mit dem Bühnenbohrer werden Stellwände und Versatzstücke, aber auch Podeste und Praktikabel am Bühnenfußboden gegen Verrutschen gesichert (Fußbohrer) oder Stützen oben an den Versatzstücken und unten am Bühnenfußboden befestigt.

Bühnengerüst

Siehe Podest

Bühnenmanuskript

Vom Theaterverlag für die Bühne vervielfältigter Text eines Werkes, das noch nicht gedruckt vorliegt oder noch nicht in der angebotenen Fassung veröffentlicht worden ist, gelegentlich auch als billigere und praktischere Einzelausgabe eines bereits gedruckten Dramas. Bühnenmanuskripte werden den Theatern regelmäßig als Angebote zugeschickt und dienen oft auch als Texthefte bei den Proben. Für diesen Gebrauch sind sie meist in handlichem Querformat hektographiert.

Bühnenmeister

Auch: Theatermeister. Sorgt für die technische Abwicklung der Vorstellungen und Proben und die dabei erforderlichen Auf-, Um- und Abbauten, Verwandlungen und sonstigen szenisch-technischen Vorgänge. Er hat die anfallenden Arbeiten sachgemäß und sicherheitstechnisch einwandfrei ausführen zu lassen. Der Bühnenmeister muß im Besitz eines amtlichen Befähigungszeugnisses sein.

Bühnenwagen

Auf Rollen gesetzte größere oder kleinere Bühnenflächen, die von Hand oder auch mechanisch verschoben werden können. Mit Bühnenwagen kann man Umbauten schnell und ohne großen Personalaufwand durchführen, indem man Dekorationen, Aufbauten, aber auch Darstellergruppen auf die Bühne oder von der Bühne fährt.

Charge

Nebenrolle. Die abschätzige Nebenbedeutung hat das Wort erhalten, weil man Episoden- und Nebenfiguren, oft Bediente und Boten, eben als unwichtig ansieht und weil französisch „charger" so viel wie übertreiben heißt: Chargendarsteller versuchen durch Überzeichnung ihren Kleinrollen ein charakteristisches Profil zu geben und kompensieren damit die Begrenztheit ihrer Aufgabe. Von Schauspielern, die nur Klischeeansichten einer Figur geben, sagt

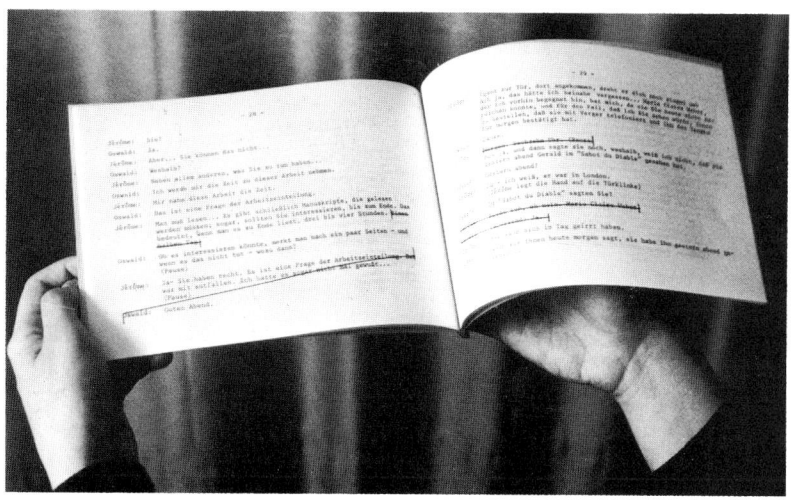

man, sie „chargieren". Kollegen sprechen von „Knallchargen".

Cyclorama

Siehe Rundhorizont

Debüt

Erstes Auftreten eines Schauspielers – am Anfang seiner Laufbahn, in einer Rolle, im Rahmen eines neuen Engagements, in einer Stadt.

Dekorationszug

Siehe Zug

Disponent

Siehe Betriebsbüro

Donnermaschine

Dient zur akustischen Darstellung von Donner. Die einfachste Form ist das „Donnerblech", eine senkrecht an Seilen aufgehängte große Blechtafel, die an der unteren Kante gefaßt und schnell hin- und herbe-

Bühnenmanuskript

Bühnenwagen

175

Drehscheibe

wegt wird. Eine ältere Form war der „Donnerwagen" oder die „Rumpelkarre", ein mit Steinen beladener Kasten, der auf nicht ganz runden Rädern auf dem Bühnenboden hin- und hergeschoben wurde. Heute benutzt man meistens einen mit einem Paukenfell überspannten großen Resonanzkasten, bei dem die Klöppel entweder von mehreren Personen mit der Hand bedient werden oder, an einer motorbetriebenen Welle elastisch angebracht, schnell oder langsamer drehend gegen das Paukenfell schlagen. Durch die Qualität der Lautsprecher ist es heute auch möglich, Donner über Tonband einzuspielen.

Drehbühne
Drehbarer Teil des Bühnenbodens, in Kreisform, oft mit einem Durchmesser in Portalbreite, in der Mitte der Bühne fest eingebaut oder als Plattform auflegbar (Drehscheibe). In Schauspielhäusern gibt es in der Regel die weniger aufwendige Form der Drehscheibe. Sie ist meist in Segmente zerlegt in die mehrfachen Auflageteile der Hubpodien eingeschachtelt oder in Bühnenwagen eingebaut und wird beim seltenen Gebrauch erst montiert. Eine Drehbühne hat schon Leonardo da Vinci 1490 entworfen, dem japanischen Kabuki-Theater war sie seit dem 17. Jahrhundert geläufig, für das europäische Theater wurde sie 1896 von dem Münchener Obermaschinendirektor Carl Lautenschläger neu entwickelt. Ursprünglich eingeführt, um den schwerfälligen illusionistischen Ausstattungsbühnen des 19. Jahrhunderts schnellere Szenenverwandlungen zu ermöglichen, wurde doch schon von Max Reinhardt ihr spieltechnischer Reiz erkannt und vor allem in Shakespeare-Insze

nierungen genutzt. Als Transportscheibe wechselnder Schauplätze war die Drehbühne bald nicht mehr gefragt, als bewegter Spielort und szenisches Symbol wurde sie von der Regie noch oft eingesetzt, etwa in den Inszenierungen des Berliner Ensembles von Brechts *Mutter Courage* und Shakespeares *Coriolan*. Heute scheint sich das Interesse an der Drehbühne im Schauspiel erschöpft zu haben.

Eiserner Vorhang
Auch: Schutzvorhang. „Der Eiserne" ist kein Vorhang, sondern ein großes Metalltor, das sich im Brandfalle von oben vor dem Hauptvorhang absenkt. Er trennt damit den Zuschauerraum vom Bühnenraum feuerhemmend und rauchdicht und wird, um eine Erwärmung zu verzögern, von oben mit Wasser berieselt.

En suite
In ununterbrochener Folge. Kommerzielle Großstadttheater spielen eine Inszenierung en suite, um den Publikumszulauf bestmöglich zu nutzen, die laufenden Vorstellungskosten so niedrig wie möglich zu halten und die Investitionen der Herstellung so schnell wie möglich aufzuwiegen und durch die Kasseneinnahmen schließlich zu übertreffen. Das Gegenteil des en-suite-Spielplans ist der Repertoire-Spielplan. Mischformen – Serienvorstellungen etwa monatlich wechselnder Stücke – sind nicht selten (Berliner Schaubühne, Piccolo Teatro Mailand).

Erstaufführung
Erste Aufführung eines schon uraufgeführten Werkes in einer anderen Sprache oder einem anderen Land. Manchmal wird auch die erste Aufführung an einem Ort oder Theater mit der Bezeichnung geschmückt. Die Angaben sind oft mißverständlich; schon die Abkürzungen DE oder DEA lassen in der Regel offen, ob es sich um eine deutschsprachige, deutsche oder bundesrepublikanische Erstaufführung handelt. Im 19. und frühen 20. Jahrhundert waren Uraufführung und Erstaufführung im Sprachgebrauch noch nicht genau unterschieden, eine Uraufführung konte Erstaufführung genannt werden und umgekehrt.

Extempore
Kurze Textimprovisation. Während das Stegreifspiel einen nur in groben Umrissen im Szenarium festgelegten Spielablauf improvisierend ausgestaltet, setzt das Extempore eine sprachliche Fixierung der Aufführung voraus, von der es überraschend abweicht. Das Extempore bezeichnet einen zusätzlichen Einfall und eine bewußt

gesetzte Pointe des Schauspielers aus dem Augenblick heraus (ex tempore), nicht die notdürftige Überbrückung eines „Hängers". Nestroy hat mit Extempores häufig die Zensur umgangen und ad absurdum geführt und wurde dafür arrestiert. Viele Schauspieleranekdoten beziehen sich auf Extempores.

Gage
Hierunter versteht man das feste Monatsgehalt des angestellten Bühnenangehörigen, aber auch das einmalige Gehalt (Abendgage) des Gastes, der je nach Vereinbarung auch für Proben eine besondere Probengage erhält. Die Gagen sind frei aushandelbar. Eine gesetzliche Mindestgage gibt es nicht.

Galerie
Siehe Schnürboden, Obermaschinerie

Garderober
Saloppe Bezeichnung für die Ankleidemeister und -gehilfen, die in den Schauspielergarderoben die Kostüme für die Vorstellung bereitlegen, den Schauspielern bei Bedarf beim Ankleiden helfen und nach der Vorstellung die Kostüme kontrollieren, zur Reparatur oder Reinigung aussortieren bzw. in den Fundus zurückbringen. Die Garderober sind die Schneider der Kostüme im Abenddienst.

Gasse
Siehe Soffitte

Geschlossene Vorstellung
Nur für bestimmte Besucher zugängliche Aufführung ohne öffentlichen Kartenverkauf, z. B. an einem ausschließlich für Mitglieder einer Besucherorganisation reservierten Vorstellungstag.

Hänger
Auch: Hängestück. Ein meist schlappes, roll- oder wickelbares Bühnenbildteil, das an einem Zug aufgehängt wird und bis hoch unter den Schnür- oder Rollenboden weggezogen werden kann. Ein Hänger kann ein Vorhang, eine Soffitte, aber auch ein (oft bemalter) Prospekt sein.

Hänger
Das Wort bezeichnet im Bühnenjargon auch einen Gedächtnisausfall des Schauspielers, ein Stecken- oder Hängenbleiben im Text.

Hosenrolle
Von einer Frau gespielte Männer- oder Knabenrolle. Um eine Hosenrolle im strengen Sinn handelt es sich nur, wenn

dies entweder innerhalb der Handlungsfiktion als Verkleidung oder als Besetzungsnotwendigkeit vom Autor für die Figur vorgesehen ist: Shakespeares Viola *(Was ihr wollt)* und Rosalinde *(Wie es euch gefällt)* verkleiden sich als Jünglinge; Cherubino wurde von Mozart als Rolle für einen Sopran, Oktavian (im *Rosenkavalier*) von Richard Strauss für einen Mezzosopran komponiert. Hamlet dagegen wird nicht zur Hosenrolle, wenn Sarah Bernhardt ihn spielt. Man kann aber sagen: Sarah Bernhardt spielte gerne Hosenrollen.

Eiserner Vorhang

Hubpodium
Eine bewegliche Teilfläche des Bühnenfußbodens, die maschinell angehoben oder abgesenkt werden kann. Mitunter kann diese Fläche auch angekippt werden, um eine Schräge zu bilden. Wenn ein Podium so weit anzuheben ist, daß darunter eine zweite Spielfläche Platz findet, spricht man von

Hubpodien

Obermaschinerie:
Feststellbremse

einem Doppelstockpodium. In Podien oder Doppelstockpodien größerer Fläche können auch Drehbühnen eingebaut sein. Podien werden zur Gestaltung von Bodengliederungen und Dekorationsgrundbauten, für szenische Verwandlungen, Transportzwecke oder Veränderungen von Saalfußböden und Orchesterflächen genutzt.

Impresario
Heißt im Italienischen Unternehmer. Theateragent, der vor allem Gastspiele vermittelt und für Künstler die Geschäfte führt.

Inspizientenpult
Stehpult mit Ruf-, Sprech- und Signalanlagen nahe dem Portalrahmen mit Blick auf die Bühne. Das Inspizientenpult ist das „Zentralorgan" der Vorstellung. Von hier aus überwacht und leitet der Inspizient den Betriebsablauf der Aufführung, wie er auf den Proben festgelegt und in sein Inspizierbuch eingetragen worden ist. Das Pult hat folgende Einrichtungen: elektrische Uhr, Monitor für die Videowiedergabe der Vorstellung aus der Sicht der Zuschauer, Ruftasten mit Signallicht für die Aufenthaltsräume der Darsteller und des technischen Personals, Sprechverbindungen zu diesen Räumen, Mikrophon für Ansagen ins Foyer oder den Zuschauerraum und zum Einrufen in alle Räume des Theaters, wo sich Schauspieler und Techniker aufhalten (also auch Kantine, Flure, Toiletten), Telefonanschlüsse, Signalanlagen für die Steuerstände der Maschinerie, Beleuchtung und Tonkabine, für die Vorhangbedienung, Lichtzeichen im Bühnenraum, und Klingel.

Katharsis
Reinigung. Begriff aus der nur in Teilen erhaltenen Vorlesung über Poetik des Aristoteles. Als Wirkungsziel der Tragödie definiert Aristoteles hier die „Reinigung" von den zuvor beim Zuschauer erregten Leidenschaften Mitleid (Jammer) und Furcht (Schrecken). Die Stelle ist immer wieder anders ausgelegt worden: Reinigung nicht von, sondern der Leidenschaften als ihre Veredelung, Reinigung nicht beim Zuschauer, sondern im Stück als Ausgleich. Brecht sah in der Katharsis den Gegenbegriff zu seinem epischen, verfremdenden Theater, das er deshalb „nichtaristotelisch" nannte; die Katharsis war ihm das folgenlose Ende einer Gemütsaufwallung. Für Aristoteles war sie wohl eher ein medizinischer Begriff der Läuterung durch Abfuhr von Affekten.

Konventionalstrafe
Eine Vereinbarung zwischen den Vertragsparteien, wonach für ein gewisses Fehlverhalten der einen Partei der anderen ein Geldanspruch zusteht. Es handelt sich um eine Vertragsstrafe, die als „Druckmittel" vereinbart wird und in aller Regel in der Zahlung einer pauschalierten Geldsumme besteht.

Landesbühne
Auch: Landestheater. Neben den Staats- und Stadttheatern der dritte Typus der öffentlich-rechtlichen Theater in der Bundesrepublik Deutschland, als „Stadttheater auf Rädern" bezeichnet. Es handelt sich um meist kleinere Schauspielensembles mit intensivem Abstecherbetrieb in ihrer Region. In der Weimarer Republik sind viele dieser gemeinnützigen Wandertheater entstanden, heute gibt es 15 Landesbühnen, nur drei davon auch mit Musiktheaterbetrieb. Trotz ihres Namens haben sie mehrere Rechtsträger (bei Saarbrücken und Tübingen nur das Land), werden aber weitgehend von den Bundesländern subventioniert. Die Rechtsformen sind Zweckverband, eingetragener Verein, GmbH und andere. Die Landesbühnen gastieren in ihrem Spielgebiet regelmäßig in bis zu 50 Orten. Insgesamt ergibt sich eine gewisse Kontinuität der Theaterarbeit, im Gegensatz zu ihrer Konkurrenz an den Abstecherorten, den kommerziellen Tourneebühnen. Wegen des verzweigten Abnehmersystems müssen die Landesbühnen ihre Spielpläne schon ein Jahr früher als andere Theater veröffentlichen. Die häufigen Reisen schränken die Probenzeiten ein.

Licht
Siehe Beleuchtungsmeister, Stellwerk

Normalvertrag

Ein Tarifvertrag, in dem die wesentlichsten Bestimmungen des Dienstvertrags, bezogen auf die Besonderheiten des Bühnenberufs, festgehalten sind. Wesentliche Bestandteile sind die Bezeichnung der Tätigkeit, die gegenseitigen Leistungspflichten, Sonderregelungen der Arbeitszeit und Ruhezeit, Urlaubs- und Zuwendungsansprüche, die besonderen Voraussetzungen der Aufhebung (Nichtverlängerung) bzw. der Verlängerung des Vertrags sowie die Vereinbarung einer speziellen Bühnenschiedsgerichtsbarkeit für Streitfälle. Normalverträge gibt es für den Solobereich (Einzeldarsteller: Schauspieler, Sänger, Tänzer; Spielleiter, Dramaturgen, Kapellmeister, Singchordirektoren, Tanzmeister, Repetitoren, Inspizienten und Souffleure sowie Personen in ähnlicher Stellung), für den Opernchor und die Balletttänzer (Tanzgruppenmitglieder).

Obermaschinerie

So nennt man denjenigen Teil der Bühnenmaschinerie, der oberhalb der Spielfläche liegt. Dazu gehört der Schnür- oder Rollenboden mit allen auf oder über ihm angebrachten Antriebsmaschinen sowie den an ihm hängenden maschinellen Einrichtungen wie Arbeitsgalerien, Beleuchterbrükken, Rundhorizontanlagen, Flugwerken und Zügen. Den Bereich, in welchem diese Anlagen untergebracht sind, nennt man Oberbühne.

Oberspielleiter

An vielen Theatern die Führungsposition eines meist für mehrere Jahre festverpflichteten Regisseurs, bei Mehrspartenbetrieben manchmal in der Funktion eines Direktors der Sparte, aber auch neben einem Schauspieldirektor/Operndirektor arbeitend. Die traditionelle Aufgabe des Oberspielleiters ist es, sich um das künstlerische Niveau und die Entwicklung des Ensembles zu kümmern.

Podest

Auch: Bühnengerüst, Praktikabel, Stellage. Begehbares Bauteil zur Herstellung von Bodenerhebungen und Bühnenaufbauten aller Art. Es besteht aus einem zusammenklappbaren Holzrahmen (mitunter auch Metall) und einer Einlegetafel oder -platte. Es hat, damit man es vielseitig benutzen kann, normalisierte metrische Abmessungen. Die Podeste werden ergänzt durch weitere Bauteile wie Stufen, Treppen, Schrägen.

Podium

Siehe Hubpodium

Portal

Auch: Bühnenrahmen, Bühnenportal, Portalrahmen, Portalanlage, Technisches Portal. Die bilderrahmenartige Umfassung der Bühne, wie sie vom Zuschauer aus sichtbar ist. Sie bildet die vordere Öffnung des „Guckkastens" (Guckkastenbühne). Das Portal besteht aus zwei Seitenteilen, den Portaltürmen, und einem Oberteil, der Portalbrücke. Diese Teile können fest angeordnet oder verfahrbar sein, um die Bühnenöffnung zu verkleinern oder zu vergrößern. Türme und Brücke sind, für den Zuschauer nicht sichtbar, zur Bühnenseite hin in mehreren Etagen begehbar und mit Beleuchtungsgeräten bestückt.

Praktikabel

Siehe Podest

Obermaschinerie:
Fahrstand Handzüge

Portalbrücke (abgefahren)

Prospekt-Aufzug

Prospekt

Auch: Rückhänger. Eine bemalte Fläche aus Leinwand, Nessel, Tüll oder ähnlichem, die den Hintergrund einer Szene bildet. Der Prospekt hängt in einem Zug und kann auch nach oben weggezogen werden wie der Hänger. Wenn er nicht mehr benötigt wird, rollt oder wickelt man ihn von unten nach oben zusammen und lagert ihn im Prospektmagazin, wo er mit dem „Schlappen"-Aufzug, einem langen, schmalen Lift, in die Fächer transportiert werden kann.

Punktzug

Siehe Zug

Regelzentrum

Siehe Stellwerk

Regiebetrieb

Dies ist ein Begriff aus der Rechtsstruktur der Theater der öffentlichen Hand. Er stammt aus dem Merkantilismus. Im Gegensatz zum rechtlich selbständigen Betrieb, der von einem „Privat"-Unternehmer (einschließlich der öffentlichen Hand) betrieben wird, etwa in Form einer Gesellschaft (Aktiengesellschaft oder GmbH), zeichnet sich der Regiebetrieb dadurch aus, daß der Rechtsträger (das Land oder die Kommune) das Theater als staatlichen/städtischen Verwaltungszweig betreibt. Der Verwaltungsdirektor und sein Personal sind bei der öffentlichen Hand angestellt. Das wirtschaftliche Risiko übernimmt die öffentliche Hand, indem sie den nicht durch Einnahmen gedeckten Teil der Ausgaben trägt. Die Unabhängigkeit des Theaterleiters (Intendant) wird durch die verfassungsrechtliche Kunstfreiheit gewährleistet, d. h. der Staat darf trotz seiner finanziellen Unterstützung nicht in die künstlerische Entscheidung eingreifen. Regiebetrieb hat nichts zu tun mit dem Begriff „Regie" im Zusammenhang mit einer Theaterinszenierung.

Repertoire

Gesamtheit der spielbaren Stücke (bei einem Schauspieler: der Rollen), im engeren Sinne: der auf dem Spielplan stehenden Stücke. „Repertoirestücke" nennt man solche, die allgemein in einem Land mit gewisser Regelmäßigkeit auf den Spielplänen erscheinen. Repertoire-Theater (Theater, die „Repertoire spielen" und nicht „en suite") sind solche, die genügend spielbare Stücke zur Verfügung haben, um fast täglich ein anderes ansetzen zu können. Repertoire-Spielpläne in London wechseln meist nur wöchentlich.

Rollenboden

Siehe Schnürboden

Rollenfach

Versuch, das künstlerische Wirkungsfeld eines Darstellers zu umgrenzen, im Musiktheater vor allem durch die Stimmlage des Sängers definiert. Rollenfächer traten erstmals im Berufstheater der Commedia dell'arte auf und bezeichneten feste Typen, die die Schauspieler oft lebenslang spielten und als eine Art „Besitz" betrachteten. Im Theaterwesen des 18. Jahrhunderts dienten sie zur Orientierung bei der Ensemblebildung. Die Rollenfachbezeichnungen, die jetzt aufkamen, stammten meist aus dem französischen Theater, dessen Stücke die Spielpläne beherrschten und im Figurenschema stark formalisiert waren. Der Intrigant, der Bonvivant, der Père noble, die Kokette, die Soubrette und die „Utilité" (Einspringer) ließen die französische Herkunft noch lange erkennen. Andererseits bemühten sich schon vor 1800 einzelne Theaterleiter, die Rollenfächer aufzulösen, sofern sich Besetzungsansprüche damit verbanden. Für Theaterkünstler, die eine individuelle Charakterdarstellung anstrebten, konnte die Normierung auch nur ein grober Anhalt sein. Die Entwicklung der Regie machte sie vollends gegenstandslos.

Rechtlich und praktisch ist das Rollenfach aber noch von einer gewissen Bedeutung. Innerhalb der Kunstgattung (Oper, Operette, Schauspiel, Musical) ist das Kunstfach (also beispielsweise lyrischer oder Heldentenor, Salondame, Naive u. a.) im Dienstvertrag anzugeben. Das Rollengebiet kann auch noch näher bezeichnet werden. Die Bezeichnung soll vermeiden, daß Streitigkeiten über die Verpflichtung zur Übernahme einer Rolle aus einem anderen Fach (beispielsweise Sprechrolle eines Sängers) entstehen. Wichtig ist die Bezeichnung auch im Zusammenhang mit der Ansehrolle. Es gibt allerdings einige Schauspielensembles, bei denen grundsätzlich auf die sog. „Fachbezeichnung" verzichtet wird.

Rundhorizont

Auch: Cyclorama, Horizont, Bühnenhimmel. Er umschließt die gesamte Bühne halbrund und meist hoch bis unter den Schnür- oder Rollenboden und erzeugt so bei entsprechender Beleuchtung für den Zuschauer den Eindruck eines unbegrenzten Raumes, eben eines Horizonts. Er besteht aus einem Stück hellblau oder „luftfarben" bemalter Leinwand und hängt, gleich einem Vorhang, in einer die Bühne halbrund umschließenden Schiene.

Schnürboden

Auch: Rollenboden. Alte Bezeichnung eines Oberbodens über der Bühne oder einer Arbeitsgalerie seitlich der Bühne, an der in historischen Theatern die Aufhängeseile festgeschnürt wurden. Heute heißt der durchgängig begehbare Bereich, hoch über der gesamten Bühne, Rollenboden. Er ist benannt nach den vielen Rollen, über die all die Drahtseile zusammenlaufen, die die Prospektstangen tragen. Der Schnür- oder Rollenboden ist Teil der Obermaschinerie.

Schräge

Eine Schräge ist in den Grundmaßen den Podesten angepaßt und dient zur betonten Sichtbarmachung des bespielten Bühnenbodens, zur notwendigen Anhebung von Darstellern oder Darstellergruppen, zur Verstärkung der Bühnenbildperspektive u. a. Mit schrägstellbaren Podien kann der Bühnenboden insgesamt oder in größeren Teilen angeschrägt werden. Als Bauteil, zusammen mit Podesten, ist die Steigung der Schräge wiederum den Podesthöhenmaßen angepaßt.

Soffitte

Eine im gerade noch sichtbaren oberen Bereich quer über die Bühne hängende Stoffbahn. Sie verhindert die Einsicht in die Obermaschinerie und kann, zusammen mit seitlichen senkrechten sog. „Schenkeln", auch eine Art Rahmen herstellen. Mehrere hintereinandergehängte Rahmen bilden dazwischenliegende „Gassen". Im Barocktheater waren die Soffitten ebenso wie die Kulissen perspektivisch bemalt (Wolken, Saaldecken usw.).

Spielplan

Folge der aufzuführenden oder bereits aufgeführten Stücke. Theater stellen ihren Spielplan nach Spielzeiten zusammen. Er kann Uraufführungen, Erstaufführungen, Neuinszenierungen, Übernahmen von Inszenierungen aus der abgelaufenen Spielzeit und Wiederaufnahmen nach längerer Pause enthalten. Die deutschen öffentlichen Theater publizieren ihre Spielplanvorschau im Frühjahr für die Abonnenteninformation und -werbung und geben am Ende einer Saison oder Ära gerne Spielplanübersichten. Der Begriff Spielplan wird häufig auch allgemeiner im Sinne von Repertoire gebraucht. Repertoire-Theater, die fast täglich ein anderes Stück spielen, veröffentlichen Monats- und Wochenspielpläne. Hier meint der Begriff eine genaue und vollständige Festlegung der Aufführungsfolge.

Schnürboden

Soffitte

181

Steckscharnier

Stellwerk

Spielzeit
Auch: Saison. Zusammenhängender, ununterbrochener Spielbetrieb von der Dauer eines Jahres (abzüglich der Ferienzeit), in Deutschland allgemein von September/Oktober bis Juni/Juli, regional verschieden je nach den Ferienordnungen der Länder. Die Spielzeit wird als konzeptionelle und vertragliche Einheit betrachtet, während das Wirtschaftsjahr der Theater wie das Haushaltsjahr der öffentlichen Hand meist das Kalenderjahr ist.

Spotlight
Amerikanische Bezeichnung für einen Punktlicht-Scheinwerfer, der ein stark konzentriertes punktförmiges Licht für besondere Effekte ermöglicht.

Steckscharnier
Zwei Scharnierhälften, die durch einen eingesteckten Stift rasch verbunden werden können. Steckscharniere werden häufig beim Aufbau von Dekorationen und Stellwänden verwendet. Sie ermöglichen ein schnelles und einfaches Zusammenschließen von Wandteilen, Versatzstücken u. ä.

Stellwand
Siehe Versatzstück.

Stellwerk
Noch bis einige Jahre nach dem Krieg ein mechanisches Gerät zur Bedienung von Schiebe- oder Drehwiderständen und damit zur Regulierung der Bühnenbeleuchtung. Seit diese Regulierung elektrisch über Stromtore oder Magnetverstärker erfolgt, spricht man von einer Stellwarte. Die neuesten Bezeichnungen dafür sind auch Beleuchtungsregelanlage oder Lichtregelanlage.

Striche
Für die Aufführung gestrichene Textstellen in einem Stück nennt man kurz Striche. Es ist üblich und aus vielen Gründen notwendig, Stücke einzustreichen, sei es als bloße Kürzung auf eine angemessene Spieldauer, sei es als interpretatorische Vorarbeit und Akzentsetzung. Streichen ist nicht nur ein Tilgen, sondern stiftet auch neue Zusammenhänge. Gustaf Gründgens hat vom „Hineinstreichen" gesprochen. Auch die graphische Technik des Streichens spiegelt nicht ein Durchstreichen von Text, sondern führt das Auge des Lesers mit einer Linie vom letzten gesprochenen Wort zur Anschlußstelle. Das Einstreichen eines Stükkes besorgt heute kaum mehr der Dramaturg, sondern der Regisseur, der die individuelle Besetzung lebendiger vor Augen hat und im Einstreichen bereits Probenarbeit antizipiert. Während der Probe können Striche wieder „aufgemacht" werden.

Szenar
Auch: Szenarium. Entwurf eines Handlungsablaufs für ein Drama, mit dem sich der Autor beim Schreiben einen vorläufigen Überblick über die geplante Folge der Szenen verschafft. Szenare sind aus der Werkstatt vieler Dramatiker überliefert. Den Stegreifspielern der Commedia dell' arte dienten Szenarien zur Verständigung über die Hauptvorgänge auf der Bühne. Heute werden für Inspizienten, Bühnenmeister und Beleuchter Szenarien als Orientierungspläne angefertigt. Sie enthalten vor allem die szenisch-technischen Abläufe. Bei der Analyse eines Stücks kann ein Szenar als Strukturmodell der Handlung hilfreich sein.

Tantieme

Dies ist ein Begriff aus dem Urheberrecht. Er bezeichnet die Vergütung des Urhebers eines Kunstwerkes (Schauspielautor, Komponist/Librettist, Choreograph), der die Nutzung (Aufführung) seines Werkes einem Theater überläßt und hierfür pro Aufführungsabend einen gewissen Prozentsatz aus den Einnahmen des Kartenverkaufs erhält. Der Urheberanteil (für Theaterverlag/Autor) beträgt in der Regel 12 % der Kasseneinnahmen, manchmal bis zu 18 %. Ein aufgeführtes Werk ist bis 70 Jahre nach dem Tod des Autors tantiemepflichtig.

Technischer Direktor

Er ist mit der verantwortlichen Leitung des gesamten technischen Theaterbetriebs beauftragt. Dazu gehören Bühnentechnik, Beleuchtung, Elektroakustik, Produktionswerkstätten, Transport und Lagerhaltung, Einkauf und Materialverwaltung und die allgemeine Haustechnik. In manchen Theatern sind ihm auch die Kostüm- und die Maskenbildner-Abteilungen unterstellt. Er entwickelt nach den Ideen des Regisseurs und den Entwürfen des Bühnenbildners das künstlerisch-technische Konzept der Aufführung. Er läßt dazu die Dekorationen erstellen, diese auf der Bühne einrichten und beleuchten und ihre Umbauten und Verwandlungen durchführen. Er berät die Theaterleitung in künstlerisch-technischen und sicherheitstechnischen Fragen.

Untermaschinerie

So nennt man alle unterhalb der Spielfläche oder mit ihr niveaugleich liegenden maschinellen Einrichtungen wie Versenkungen, Hubpodien mit oder ohne Schrägstellvorrichtungen, aber auch Drehscheiben, Drehbühnen, maschinell angetriebene Bühnenwagen u. a. Der Bereich, in dem die meisten dieser Anlagen untergebracht sind, heißt Unterbühne. Sie kann sich in mehreren Etagen nach unten erstrecken.

Uraufführung

Abgekürzt: U oder UA. Erste Aufführung eines Bühnenwerkes. Manchmal wird der Begriff auch usurpiert für die erste Aufführung einer Übersetzung (eigentlich: Erstaufführung) oder Bearbeitung. Die Kennzeichnung ist für die Theater von Interesse, weil sie ihnen eine spezielle Beachtung der Kritik sichert.

Verfolger

Kurzwort für Verfolgungsscheinwerfer. Er dient dazu, Darsteller mit einem Lichtkegel zu erfassen und ihnen auf ihren Wegen

über die Spielfläche zu folgen. Das Gerät muß durch einen Beleuchtungstechniker allseitig leicht zu bewegen und deshalb „ausgewogen" aufgehängt sein.

Untermaschinerie

Versatzstück

Auch: Stellwand. Ein verrahmtes, flaches Dekorationsteil (Wand, Fenster, Tür, Mauer, Busch o. ä.), das, wie die Bezeichnung sagt, leicht aufgestellt und versetzt werden kann. Stellwände, die oft auch bereits mit einer Klappstütze versehen sind, eignen sich vor allem für Probendekorationen, da mit ihnen schnell und ohne großen Personalaufwand ein Raum oder eine Szene zu markieren ist.

Versenkung

Auch: Personenversenkung, Tischversenkung. Ein kleinflächiges Hubelement, das für das Heben oder Versenken (möglich

Verfolger

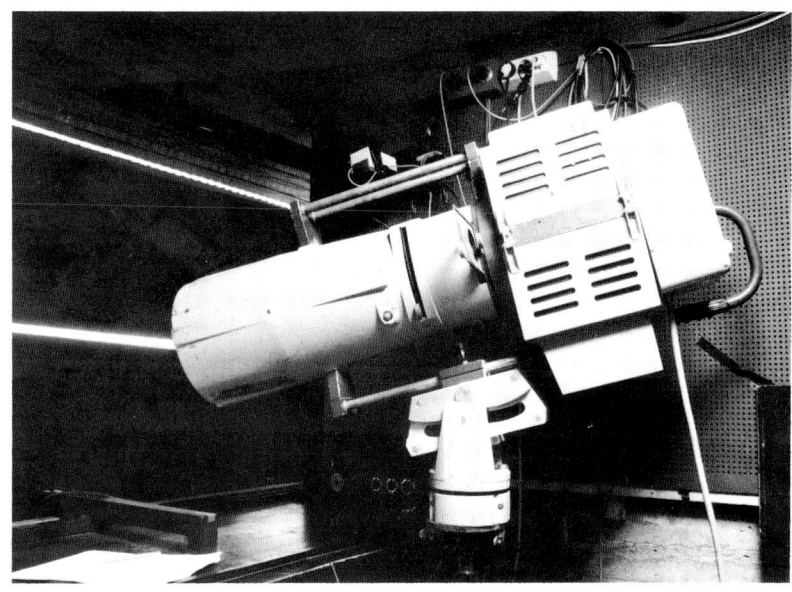

Versenkung

Windgeräuschmaschine

Zugstangen

auch: Erscheinen oder Verschwinden) von Personen, aber auch von kleinen Dekorationsteilen oder Möbeln verwendet wird. Der obere Teil der Versenkung, der Versenkungstisch, kann entweder einen Teil des Bühnenfußbodens bilden, oder er kann unter diesem in Vorbereitung sein. Die dadurch entstehende Öffnung im Boden ist dann durch einen Versenkungsschieber abgedeckt, der sich kurz vor dem Auffahren öffnet, indem er sich unter den Bühnenboden schiebt.

Wiederaufnahme
Abgekürzt: WA. Wenn eine Inszenierung, die längere Zeit nicht mehr gespielt worden ist, unverändert wieder auf den Spielplan gesetzt wird, so kennzeichnet man das Wiedererscheinen als „Wiederaufnahme". Dazu sind Wiederaufnahme-Proben notwendig. „Neueinstudierung" sagt man nur im Musiktheater. Werden Besetzung und Konzept wesentlich verändert, so spricht man von einer Neuinszenierung.

Windgeräuschmaschine
Dient zur akustischen Darstellung von Wind und Sturm im Theater, wenn nicht eine Einspielung vom Tonband vorgezogen wird. Eine mit Hand betriebene Mechanik erzeugt die Windgeräusche durch das Drehen einer Art Schaufelrad, über das ein Stück Segeltuch oder ähnliches Material lose gespannt ist. Eine elektrische Windgeräuschmaschine besteht aus einem stufenlos regelbaren Elektromotor (oft auch zwei), auf dessen Welle einige Bambus- oder Stahlrohrstäbe befestigt sind, die mit wechselnder Geschwindigkeit durch die Luft peitschen.

Zug
Auch: Dekorationszug, Prospektzug, Gegengewichtszug, Konterzug. Besteht aus einer Laststange in Bühnenbreite, die an vier, fünf oder sechs Drahtseilen nach oben abgehangen ist. Diese Seile führen über Einzelrollen auf dem Schnür- oder Rollenboden zu einer an der Bühnenseitenwand angebrachten Sammelrolle und von dort wieder hinunter zu einem auf- und abzufahrenden Gegengewicht. Mit diesem wird die an die Laststange jeweils angebundene Last (Prospekt, Hänger, Soffitte oder andere Dekorationsteile) ausgeglichen. Der so beschriebene Zug wird mit Hand bedient. Es gibt außerdem hydraulische und elektrische Züge, bei denen kein ständig zu veränderndes Gegengewicht nötig ist. Wenn nur ein einziges Aufhängeseil oder Lastseil nach oben und weiter zur hydraulischen oder elektrischen Winde führt, spricht man von einem Punktzug.

Literaturverzeichnis

Diese Auswahl enthält, von wenigen Ausnahmen abgesehen, nur neuere Literatur zum Theater, nur Bücher, keine Aufsätze, und nur Darstellungen, keine Quellen und Dokumentationen. Die Gliederung weicht etwas von der des Buches ab, die Titel sind nach Sachgruppen und darin chronologisch geordnet. Aus Platzgründen wurden oft Untertitel weggelassen und bei mehreren Verlagsorten nur der erste genannt.

Handbücher

Enciclopedia dello spettacolo, 9 Bde. Roma 1954–62, Nachtragsbde. 1966, 1968
Martin Hürlimann (Hrsg.): Das Atlantisbuch des Theaters, Zürich 1966
Christoph Trilse, Klaus Hammer, Rolf Kabel: Theaterlexikon, Berlin/DDR 1977
Phyllis Hartnoll (Hrsg.): The Oxford Companion to the Theatre, 4. Aufl. London 1983
Henning Rischbieter (Hrsg.): Theater-Lexikon, Zürich 1983
Daniel Couty, Alain Rey u. a.: Le Théâtre, Paris 1980
Georg Hensel: Spielplan. Schauspielführer, revid. Aufl. 3 Bde. Frankfurt 1981
George C. Izenour: Theatre Design, New York 1977

Theatergeschichte allgemein

Heinz Kindermann: Theatergeschichte Europas, 10 Bde. Salzburg 1957–74
Allardyce Nicoll: The Development of the Theatre, 5. Aufl. London 1966
Margot Berthold: Weltgeschichte des Theaters, Stuttgart 1968
Phyllis Hartnoll: Das Theater, Wien 1970
Bamber Gascoigne: Illustrierte Weltgeschichte des Theaters, München 1971
Cesare Molinari: Theater, Freiburg 1975 (ital. 1972, revid. Aufl. Milano 1983)
Oscar G. Brockett: History of the Theatre, 3. Aufl. Boston 1977
Herbert A. Frenzel: Geschichte des Theaters. Daten und Dokumente 1470–1890, erweiterte Aufl. München 1984
Richard Southern: Die sieben Zeitalter des Theaters, Gütersloh 1966
Siegfried Melchinger: Geschichte des politischen Theaters, 2 Bde. Frankfurt 1974
Klaus v. See u. a. (Hrsg.): Neues Handbuch der Literaturwissenschaft, bisher 19 Bde., Frankfurt, später Wiesbaden 1972–84
Rudolf Stamm: Geschichte des englischen Theaters, Bern 1951
The Revels History of Drama in English, 8 Bde. London 1975–83

Theater der Antike

Margarete Bieber: The History of the Greek and Roman Theater, 2. Aufl. Princeton 1961
Horst-Dieter Blume: Einführung in das antike Theaterwesen, 2. Aufl. Darmstadt 1984
Gustav Adolf Seeck (Hrsg.): Das griechische Drama, Darmstadt 1979
Arthur W. Pickard-Cambridge: The Dramatic Festivals of Athens, 2. Aufl. Oxford 1968
Siegfried Melchinger: Das Theater der Tragödie, München 1974
Egert Pöhlmann: Die Proedrie des Dionysostheaters im 5. Jahrhundert und das Bühnenspiel der Klassik. In: Museum Helveticum, 38. Jahrgang 1981
George Thomson: Aischylos und Athen. Eine Untersuchung der gesellschaftlichen Ursprünge des Dramas (engl. 1941), Berlin/DDR 1956, Repr. Berlin 1976
Eckard Lefèvre (Hrsg.): Das römische Drama, Darmstadt 1978
Edmond Frézouls: Aspects de l'histoire architecturale du théâtre romain. In: Aufstieg und Niedergang der römischen Welt, II (Prinzipat) Bd. 12, 1, Berlin 1982

Theater im Mittelalter und in der Renaissance

Hans Heinrich Borcherdt: Das europäische Theater im Mittelalter und in der Renaissance (1935), unveränderte Neuausgabe Reinbek 1969
Glynne Wickham: The Medieval Theatre, London 1974
William Tydeman: The Theatre in the Middle Ages, Cambridge 1978
Wolfgang Greisenegger: Die Realität im religiösen Theater des Mittelalters, Wien 1978
Grace Frank: The medieval French drama (1954), 3. unveränd. Aufl. Oxford 1967
Henri Rey-Flaud: Le cercle magique. Essai sur le théâtre en rond à la fin du Moyen Age, Paris 1973
Elie Konigson: L'espace théâtral médiéval, Paris 1975
David Brett-Evans: Von Hrotsvit bis Folz und Gengenbach, 2 Bde. Berlin 1975
Theo Stemmler: Liturgische Feiern und geistliche Spiele, Tübingen 1970

George R. Kernodle: From Art to Theatre, Chicago 1944, Reprint 1970
Franco Ruffini: Teatri prima del teatro, Roma 1983

Die Commedia dell'arte und ihre Nachfolge
Pierre Louis Duchartre: The Italian Comedy, 3. Aufl. New York 1966 (frz. 1924)
Allardyce Nicoll: The World of Harlequin, Cambridge 1963, Neuausgabe 1976
Wolfram Krömer: Die italienische Commedia dell'arte, Darmstadt 1976
Karl Riha: Commedia dell'arte, 3. Aufl. Frankfurt 1982
Gustave Attinger: L'esprit de la commedia dell'arte dans le théâtre français, Paris 1950,
    Reprint Genf 1969
Walter Hinck: Das deutsche Lustspiel des 17. und 18. Jahrhunderts und die italienische
    Komödie. Commedia dell'arte und théâtre italien, Stuttgart 1965
Rudolf Münz: Das „andere" Theater. Studien über ein deutschsprachiges teatro dell'arte
    der Lessingzeit, Berlin/DDR 1979
Günther Hansen: Formen der Commedia dell'arte in Deutschland (1968), Emsdetten 1984

Elisabethanisches Theater
Robert Weimann: Shakespeare und die Tradition des Volkstheaters, Berlin/DDR 1967
C. Walter Hodges: The Globe Restored, 2. revid. Aufl. London 1968
The Elizabethan Theatre I–VIII, Toronto 1969–83
Andrew Gurr: The Shakespearean Stage 1574–1642, Cambridge 1970
Glynne Wickham: Early English Stages, Bd. 2: 1576 to 1660, 2 Bde. London 1963/72
Ina Schabert (Hrsg.): Shakespeare-Handbuch, 2. Aufl. Stuttgart 1978
Wolfgang Weiß: Das Drama der Shakespeare-Zeit, Stuttgart 1979
Ann J. Cook: The Privileged Playgoers of Shakespeare's London, Princeton 1981
Michael Hattaway: Elizabethan Popular Theatre. Plays in Performance, London 1982
Gerald E. Bentley: The Profession of Player in Shakespeare's Time, Princeton 1984

Bühnen des Barock
Hans Tintelnot: Barocktheater und barocke Kunst, Berlin 1939
Richard Alewyn, Karl Sälzle: Das große Welttheater, Hamburg 1959, erweiterte Neuaus-
    gabe (ohne die Dokumentation von Sälzle) München 1985
Per Bjurström: Giacomo Torelli and Baroque Stage Design, Stockholm 1961
Alois M. Nagler: Theatre Festivals of the Medici 1539–1637, New Haven 1964
Cesare Molinari: Le Nozze degli Dèi, Roma 1968
Thomas E. Lawrenson: The French Stage in the XVIIth Century, Manchester 1957
Norman D. Shergold: A History of the Spanish Stage, Oxford 1967
Sebastian Neumeister: Mythos und Repräsentation. Die mythologischen Festspiele Calde-
    róns, München 1978

Klassisches französisches Theater
Erich Auerbach: La Cour et la Ville. In: E. Auerbach: Vier Untersuchungen zur
    Geschichte der französischen Bildung, Bern 1951
John Lough: Paris Theatre Audiences in the 17th and 18th Centuries, London 1957
William L. Wiley: The Early Public Theatre in France, Cambridge/Mass. 1960
S. Wilma Deierkauf-Holsboer: L'histoire de la mise en scène dans le théâtre français à Paris
    de 1600 à 1673, Paris 1960
John Lough: Seventeenth-Century French Drama: the Background, Oxford 1979

Vom höfischen zum bürgerlichen Theater
Roger Bauer, Jürgen Wertheimer (Hrsg.): Das Ende des Stegreifspiels. Die Geburt des
    Nationaltheaters, München 1983
Maurice Descotes: Le public de théâtre et son histoire, Paris 1964
Henri Lagrave: Le théâtre et le public à Paris de 1715 à 1750, Paris 1972
The London Stage 1660–1800, 11 Bde. Carbondale/Illinois 1960–68
Peter Holland: The ornament of action: text and performance in restoration comedy,
    Cambridge 1979
Jocelyn Powell: Restoration Theatre Production, London 1984
Allardyce Nicoll: The Garrick Stage, Manchester 1980
Helmut G. Asper: Hanswurst, Emsdetten 1980
Hilde Haider-Pregler: Des sittlichen Bürgers Abendschule, Wien 1980
Sybille Maurer-Schmoock: Deutsches Theater im 18. Jahrhundert, Tübingen 1982
Willi Flemming: Goethe und das Theater seiner Zeit, Stuttgart 1968

Wiener Volkstheater

Otto Rommel: Die Alt-Wiener Volkskomödie, Wien 1952
Roger Bauer: La Réalité, Royaume de Dieu, München 1965
Jürgen Hein (Hrsg.): Theater und Gesellschaft. Das Volksstück im 19. und 20. Jahrhundert, Düsseldorf 1973
Reinhard Urbach: Die Wiener Komödie und ihr Publikum, Wien 1973
Erich Joachim May: Wiener Volkskomödie und Vormärz, Berlin/DDR 1975
Volker Klotz: Dramaturgie des Publikums, München 1976 (Kap. Vorstadttheater)
Jürgen Hein: Das Wiener Volkstheater: Raimund und Nestroy, Darmstadt 1978

Theaterentwicklungen im 19. Jahrhundert

Marvin Carlson: The French Stage in the Nineteenth Century, Metuchen/N. J. 1972
Marvin Carlson: The German Stage in the Nineteenth Century, Metuchen/N. J. 1972
Helmut Schanze: Drama im bürgerlichen Realismus (1850–1890), Frankfurt 1973
Steven De Hart: The Meininger Theater, Ann Arbor/Michigan 1981

Theater der Moderne allgemein

Julius Bab: Das Theater der Gegenwart (seit 1870), Leipzig 1928
Oscar G. Brockett, Robert R. Findlay: Century of Innovation. A History of European and American Theatre and Drama Since 1870, Englewood Cliffs/N. J. 1973
Joachim Fiebach: Von Craig bis Brecht, Berlin/DDR 1975
Jean-Jacques Roubine: Théâtre et mise en scène 1880–1980, Paris 1980
Antonio Attisani (Hrsg.): Enciclopedia del teatro del '900, Milano 1980
John L. Styan: Modern Drama in Theory and Practice, 3 Bde. Cambridge 1981
Manfred Brauneck: Theater im 20. Jahrhundert, Reinbek 1982
Edward Braun: The Director and the Stage from Naturalism to Grotowski, New York 1982

Theater der Jahrhundertwende

Denis Bablet: Esthétique générale du décor de théâtre de 1870 à 1914, Paris 1965
John A. Henderson: The First Avant-Garde 1887–1894 (Frankreich), London 1971
Manfred Brauneck: Literatur und Öffentlichkeit im ausgehenden 19. Jahrhundert, Stuttgart 1974
Claudine Amiard-Chevrel: Le théâtre artistique de Moscou 1898–1917, Paris 1979

Theater zwischen 1. und 2. Weltkrieg

Joachim Paech: Das Theater der russischen Revolution 1917–24, Kronberg/Ts. 1974
Denis Bablet (Hrsg.): Les voies de la création théâtrale, Bd. 7, Paris 1979
Günther Rühle: Theater für die Republik 1917–1933, Frankfurt 1967
Günther Rühle: Zeit und Theater, 3 Bde. Berlin 1972–74, Taschenb. 6 Bde. 1980
Richard Weber: Proletarisches Theater und revolutionäre Arbeiterbewegung 1918–25, Köln 1976, Neuausg. 1978
Kunstamt Kreuzberg/Berlin, Institut für Theaterwissenschaft der Universität Köln (Hrsg.): Weimarer Republik, 3. Aufl. Berlin 1977
Manfred Voigts: Brechts Theaterkonzeptionen (bis 1931), München 1977
John Willett: Erwin Piscator, Frankfurt 1982
Boguslaw Drewniak: Das Theater im NS-Staat, Düsseldorf 1983

Theater seit 1945

Siegfried Kienzle: Schauspielführer der Gegenwart, 4. Aufl. Stuttgart 1984
Siegfried Melchinger, Henning Rischbieter (Hrsg.): Welttheater, Braunschweig 1962
Denis Bablet, Jean Jacquot u. a. (Hrsg.): Les voies de la création théâtrale, Bd. 1–6, 9–11, Paris 1970–78, 1981–83
Hannelore Schubert: Moderner Theaterbau, Stuttgart 1971
Joachim Fiebach, Helmar Schramm (Hrsg.): Kreativität und Dialog. Theaterversuche der 70er Jahre in Westeuropa, Berlin/DDR 1983
Werner Mittenzwei: Das Zürcher Schauspielhaus 1933–1945, Berlin/DDR 1979
Berliner Ensemble (Hrsg.): Theaterarbeit, Dresden 1952, erweit. Berlin/DDR 1961
Werner Mittenzwei u. a.: Theater in der Zeitenwende, 2 Bde. Berlin/DDR 1972
Hans Daiber: Deutsches Theater seit 1945, Stuttgart 1976
Henning Rischbieter: Theater. In: Wolfgang Benz (Hrsg.): Die Bundesrepublik Deutschland, Bd. 3: Kultur, Frankfurt 1983
Helmut Kreuzer (Hrsg.): Deutsche Dramaturgie der Sechziger Jahre, Tübingen 1974
Günther Rühle: Theater in unserer Zeit, 2 Bde. Frankfurt 1976/82

Peter Iden: Die Schaubühne am Halleschen Ufer 1970–79, München 1979, Taschenbuch 1982

Christian W. Thomsen: Das englische Theater der Gegenwart, Düsseldorf 1980

Ruth v. Liebenstein-Kurtz: Das subventionierte englische Theater, Tübingen 1981

Anne-Marie Gourdon: Théâtre, public, perception, Paris 1982

System, Struktur, Betrieb

John Allen: Theatre in Europe, Eastbourne 1981

Jürgen Hofmann: Kritisches Handbuch des westdeutschen Theaters, Berlin 1981

Deutscher Bühnenverein: Theater-Statistik (jährlich seit 1965/66), Köln 1967 ff.

Deutscher Bühnenverein: Vergleichende Theater-Statistik 1949-1974, Köln 1977

Deutscher Bühnenverein: Was spielten die Theater? Werkstatistik (jährlich seit 1981/82), Köln 1982 ff. (Zuvor in den Dezemberheften der „Deutschen Bühne")

Deutscher Bühnenverein: Was spielten die Theater? Bilanz der Spielpläne in der Bundesrepublik Deutschland 1947–1975, Köln 1978

Genossenschaft Deutscher Bühnen-Angehörigen: Deutsches Bühnen-Jahrbuch. Das große Adreßbuch für Bühne, Film, Funk und Fernsehen, Hamburg (gegr. 1889)

Schriften der Dramaturgischen Gesellschaft 1–18, Berlin 1973–84

Walther Unruh: Theatertechnik. Fachkunde und Vorschriftensammlung, Berlin 1969

Erika Wahl-Zieger: Theater und Orchester zwischen Marktkräften und Marktkorrektur, Göttingen 1978

Hans-Albrecht Harth: Publikum und Finanzen der Theater, Thun 1982

Peter Hohenemser: Verteilungswirkungen staatlicher Theaterfinanzierung, Frankfurt 1984

Ausbildung

Konstantin S. Stanislawski: Die Arbeit des Schauspielers an sich selbst, 2 Bde. Berlin/DDR 1961/63, 3. Neuausgabe Berlin 1984

Konstantin S. Stanislawski: Die Arbeit des Schauspielers an der Rolle, Berlin/DDR 1955, 3. Neuausgabe Berlin 1984

Peter Brook: Der leere Raum, Hamburg 1969, Neuausgabe Berlin 1985

Antonin Artaud: Das Theater und sein Double, Frankfurt 1969, Taschenbuch 1979

Jerzy Grotowski: Das arme Theater, Velber 1969

Jakob Jenisch (Hrsg.): Das Schauspielerseminar Lee Strasberg am Schauspielhaus Bochum, Bochum 1979

Michael Tschechow: Werkgeheimnisse der Schauspielkunst, Zürich 1979

Gerhard Ebert: Improvisation und Schauspielkunst, Berlin/DDR 1979

Gerhard Ebert, Rudolf Penka (Hrsg.): Schauspielen. Handbuch der Schauspieler-Ausbildung, Berlin/DDR 1981

Peter Lackner: Schauspielerausbildung an den öffentlichen Theaterschulen der Bundesrepublik Deutschland, Frankfurt 1985

Bundesanstalt für Arbeit: Blätter zur Berufskunde, Bd. 2 - Nr. XI A 01: Schauspieler, – Nr. XI C 07: Regisseur/Dramaturg, Bielefeld 1977, 1979

Zeitschriften

Theater heute, Zürich: Orell Füssli + Friedrich, monatl., seit 1960 (mit Jahrbuch)

TheaterZeitSchrift, Berlin: Verein, vierteljährlich, seit 1982

Die Deutsche Bühne, Zürich: Orell Füssli + Friedrich, monatlich, seit 1956

Bühne, Wien: Geyer, monatlich, seit 1982 (vorher Die Bühne, seit 1958)

Maske und Kothurn, Wien: Böhlau, vierteljährlich, seit 1955

Theater der Zeit, Berlin/DDR: Henschel, monatlich, seit 1946

Theatre Research International, Oxford University Press, dreimal jährlich, seit 1975 (vorher Theatre Research/Recherches Théâtrales, seit 1958)

Plays & Players, South Croydon/Sussex: Brevet, monatlich, seit 1953

New Theatre Quarterly, Cambridge UP, seit 1985 (Theatre Quarterly 1971–80)

The Drama Review, Cambridge/Mass.: MIT Press, vierteljährlich, seit 1967 (vorher Tulane Drama Review, seit 1957, Carleton Drama Review 1955–57)

Theatre Journal, Washington/D.C.: American Theatre Association, vierteljährlich, seit 1979 (vorher Educational Theatre Journal, seit 1949)

Performing Arts Journal, New York: PAJ Publ., dreimal jährlich, seit 1976

Theater, New Haven, dreimal jährlich, seit 1977 (vorher Yale/Theatre, seit 1968)

Revue d'histoire du théâtre, Paris: Société, vierteljährlich, seit 1948

Sipario, Milano: Phono Publishing Co., monatlich, seit 1946

Register

Gottsched, Johann Christoph 67, 71, 76, 79
Grabbe, Chr. Dietrich 81
Granville-Barker, Harley 102
Grassi, Paolo 116
Gregory, Lady 102
Griffiths, Trevor 113
Grillparzer, Franz 79, 81
Grotowski, Jerzy 169, 170
Gründgens, G. 109, 172, 182
Guckkastenbühne 44, 70, 94, 118, 179
Gutzkow, Karl 82
Gwynn, Nell 70

Halbe, Max 89
Hamsun, Knut 90, 97
Harden, Maximilian 93
Hare, David 113
Hašek, Jaroslav 99
Hauptmann, Gerhart 89, 90, 93, 94, 96, 97, 110
Hebbel, Friedrich 81, 84
Henschel, Wilhelm 75
Henslowe, Philip 44, 46
Herrmann, Karl Ernst 120
Heufeld, Franz 67
Heyme, Hansgünther 129, 192
Hill, Aaron 68
Historismus 81, 84, 85, 88, 89, 91, 92
Hochhuth, Rolf 118
Höfisches Theater 30, 31, 47, 64, 65, 70
Höflich, Lucie 98
Hofmannsthal, H. v. 89, 94, 97
Hoftheater 48, 51, 57–59, 76–79
Hottier, Philippe 117

Ibsen, Henrik 81, 89, 90, 92, 93, 97, 120, 155
Iffland, August Wilhelm 68, 75, 83, 88, 150
Illusion 20, 25–28, 50, 51, 57, 58, 70, 72, 80, 88, 90
Immermann, K. L. 83, 86, 87
Improvisation 29, 31, 33, 106, 166, 176
Inspizient 45, 99, 156, 161, 173, 178
Intendant 9, 17, 86, 119, 124–128, 158–160, 169
Intermedien 50
Ionesco, Eugène 114
Irving, Sir Henry 88

Jahrmarkt 37, 38
Jarry, Alfred 96
Jeßner, Leopold 106
Jewreinow, Nikolai 104
Jones, Inigo 47, 48, 50
Jonson, Ben 46–48, 70
Jouvet, Louis 104
Juvara, Filippo 57

Kändler, Johann Joachim 38
Kainz, Josef 86, 165
Kammerspiele 92, 98
Karneval 30, 36
Kascheur 132, 137, 138
Kean, Charles 85, 88
Kean, Edmund 85
Keeffe, Barry 113

Kemble, John Philip 85, 88
Kempe, William 46
Killigrew, Sir Thomas 70
Kipphardt, Heinar 118
Kirche 21, 22, 24, 27, 63, 66
Klassik 60–62, 64, 65, 83, 96
Klassikerinszenierung 91, 98, 99, 106, 114, 128, 130
Kleist, H. v. 81, 84, 114
Klingemann, August 82
Knipper, Olga 89
Koltès, Bernard-Marie 115
Kommerzielles Theater 45, 46, 54, 55, 82, 88, 91, 92, 99, 102, 112
Kommunikation 19, 39, 44, 45, 118, 174
Komödie 14, 16, 17, 19, 25, 27, 28, 62–64, 68
Konfiguration 15, 33, 44, 90
Kortner, Fritz 117, 131
Kostüm 16, 19, 22, 34, 36, 44, 57, 61–63, 81, 88, 137, 140–142, 147, 154, 155, 158, 159
Kothurn 19
Kulisse 51, 54–57, 65, 70, 72, 90
Kult 11, 14–17, 19, 20
„Kulturtheater" 82, 84, 99, 112, 116, 118, 119
„Kunsttheater" 96–99

Laienspiel 11, 22, 30, 104, 110
Lang, Franciscus 68
Lang, Jack 115
Lange, Joseph 67
Laube, Heinrich 83
Laurent, Jeanne 114
Lautenschläger, Carl 87, 176
Lazzo 33, 38, 64
Lecouvreur, Adrienne 66
Lederer, Joseph 38
LeKain, H. L. 62, 63, 66
Lemaître, Frédéric 82
Leonardo da Vinci 28, 176
Lessing, Gotthold Ephraim 60, 68, 74–76, 79, 83, 109
Lichtenberg, Georg Chr. 68
Lichtregie 100, 145
Lillo, George 74
Liturgie 22, 24
Livius Andronicus 20
Löwen, Johann Friedrich 68
Loge 26, 42, 54, 56, 70
Lope de Vega 48, 58
Lorca, Federico Garcia 125
Lotti, Cosimo 50, 58
Ludwig XIV. 36, 37, 55, 59–61, 63–65, 70
Lugné-Poe, Aurélien 96, 103

Machiavelli, Niccolò 28
Macklin, Charles 88
Madách, Imre 81
Maeterlinck, M. 89, 96, 97
Majakowski, Wladimir 104
Malersaal 118, 132, 135–138
Malraux, André 115
Marivaux, P. C. 37, 68, 115
Marlowe, Christopher 46, 102
Martin, Karl Heinz 106
Maschinen 28, 47, 51, 55, 56, 59, 60, 70, 80

Maske 11, 18, 19, 30, 33, 34, 36, 47, 141, 146, 158, 159
Masque 47
Mauro 56
Mazarin 36, 55
Medici 28, 48, 50
Mehring, Franz 93, 96
Meininger, die 82, 84, 86, 88, 92
Meisl, Karl 80
Melodram 68, 84
Menander 16, 19, 20
Mercer, David 113
Merian, Matthäus 39
Meyerhold, Wsewolod E. 38, 104, 106, 145
Mimen 20, 21, 36
Minetti, Bernhard 109
Mirakelspiel 25
Mitbestimmung 100, 118, 120
Mnouchkine, Ariane 38, 115–117
Moissi, Alexander 98
Molière, J.-B. 36, 59–61, 63, 64, 66, 76, 82, 98, 114, 116, 128, 144
Montdory 60
Moralität 25, 26
Mozart, W. A. 80, 177
Münzner, Wolf 129
Munch, Edvard 92, 98
Mysterienspiel 21, 25, 27
Mythos 15, 16, 27, 47, 56–58

Nationaltheater 64–68, 76, 82–84, 100, 102, 103, 113, 117
Naturalismus 89–93, 96
Neher, Caspar 102, 103, 110
Nemirowitsch-Dantschenko, Wladimir I. 89, 97
Nestroy, Johann 77, 78, 80, 155, 177
Neuber, Friederike C. 76, 124
Nichols, Peter 113

O'Casey, Sean 102
Öffentliche Hand 68, 123, 180
Öffentlichkeit 11, 40, 67, 93
Olivier, Sir Laurence 112, 173
Oper 50, 54, 55, 59, 74, 78–80
Orchestra 12, 14, 15, 19, 44
Orlik, Emil 94, 98
Osborne, John 113
Ostrowski, Alexander N. 81
Otway, Thomas 71

Palitzsch, Peter 111
Palladio, Andrea 26, 28, 32, 50, 51
Pallenberg, Max 98, 99
Pantomime 20, 22, 28, 33, 50, 84, 98, 106, 154, 166, 168
Paquet, Alfons 107
Parabase 16
Paraskenien 20
Parigi, Giulio 48, 50, 51, 55
Parkett 48, 51, 54
Parodie 16, 32, 58, 71, 78–80
Parodoi 20
Peduzzi, Richard 115
Peisistratos 11, 14
Pellesini, Giovanni 33
Pepys, Samuel 70
Periakten 47, 50, 51

190

Umschlagmotiv: Peter Kaghanovitch als Demetrius und Wolfgang Robert als Mönch in Hansgünther Heymes Inszenierung des Tragödienfragments *Demetrius* von Friedrich Schiller (Stuttgart, 1982)

Frontispiz: Ferrucio Soleri als Arlecchino in Giorgio Strehlers Inszenierung der Komödie *Der Diener zweier Herren* von Carlo Goldoni (Mailand, 1963)

Seite 14: Lageplan in: Herman Frank Mussche: Thorikos. Eine Führung durch die Ausgrabungen, Gent/Nürnberg 1978

Seite 15: Marmorplan „Forma Urbis" des Kaisers Septimius Severus, 193–211 n. Chr.

Seiten 18 und 19: Wandgemälde und Relief im Nationalmuseum Neapel

Seite 21: Handschrift in der Bibliothèque Nationale, Paris